권갑룡

鬼手诀

韩国权甲龙道场书系

权甲龙 著

岳亮 译

山西出版传媒集团
书海出版社

图书在版编目（CIP）数据

鬼手诀 /（韩）权甲龙著；岳亮译. —太原：书海出版社，2012.4（2020.6 重印）

ISBN 978-7-80550-877-1

Ⅰ. ①鬼…　Ⅱ. ①权…②岳…　Ⅲ. ①死活棋（围棋）-基本知识　Ⅳ. ①G891.3

中国版本图书馆 CIP 数据核字（2011）第 204703 号

鬼手诀

著　　者：（韩）权甲龙
译　　者：岳　亮
责任编辑：阎卫斌
装帧设计：谢　成

出 版 者：山西出版传媒集团 · 书海出版社
地　　址：太原市建设南路 21 号
邮　　编：030012
发行营销：0351-4922220　4955996　4956039
　　　　　0351-4922127（传真）　4956038（邮购）
E - mail：sxskcb@163.com　发行部
　　　　　sxskcb@126.com　总编室
网　　址：www.sxskcb.com

经 销 者：山西出版传媒集团 · 书海出版社
承 印 者：山西出版传媒集团 · 山西人民印刷有限责任公司

开　　本：890mm×1240mm　1/32
印　　张：8.125
字　　数：200 千字
印　　数：10001—13000 册
版　　次：2012 年 4 月第 1 版
印　　次：2020 年 6 月第 3 次印刷
书　　号：ISBN 978-7-80550-877-1
定　　价：25.00 元

前言

QIANYAN

2003年出版的《鬼手魔手》(1、2)得到了很多棋迷的关注,从那时过了6年,现在又出了新的"鬼手魔手"——《鬼手诀》。《鬼手魔手》,不仅在韩国,在中国、日本等地作为计算力锻炼的教材,得到了非常好的评价,但也有听到有些棋迷说太难了。所以,在创作《鬼手诀》时,不知道该定位在什么水准。出水准高的题需要大量的研究实践,而且更要注重作品的艺术性。

出高难度题的过程,确实相当艰难,经过很大的努力后,得到了宝贵的原创题目。这过程中,虽然发现过很多好的题目,可是很容易出现意外:有些好的题会出现两个答案,有时候很小的孩子单纯问:"这样简单下怎么办?"回答不了,所以忍痛放弃了很多漂亮的题。

我认为《鬼手诀》不经过共同研究的话,是不可能出世的。通过共同研究,我观察到了孩子们原来是那么的具有丰富的想象力,很令我惊喜。我们有时候为找不到出口很郁闷,可是过了很长时间找到出口时, 真是瞬间感受到巨大的快乐。有时候到了门口突然发现不行,那感觉就像掉下了山崖。可是通过这样的每个过程,得到的就是计算力的提高等等巨大的财富。

《鬼手诀》不是一天诞生的,这些宝贵的题目是经过到场职业棋手和院生们的长时间的计算训练、编辑和热情的研究后,才得到的。

最后希望这些宝贵的题目,能给围棋爱好者们带来棋艺进步、增强计算力的帮助。

目录

问题 1 灵活的思路

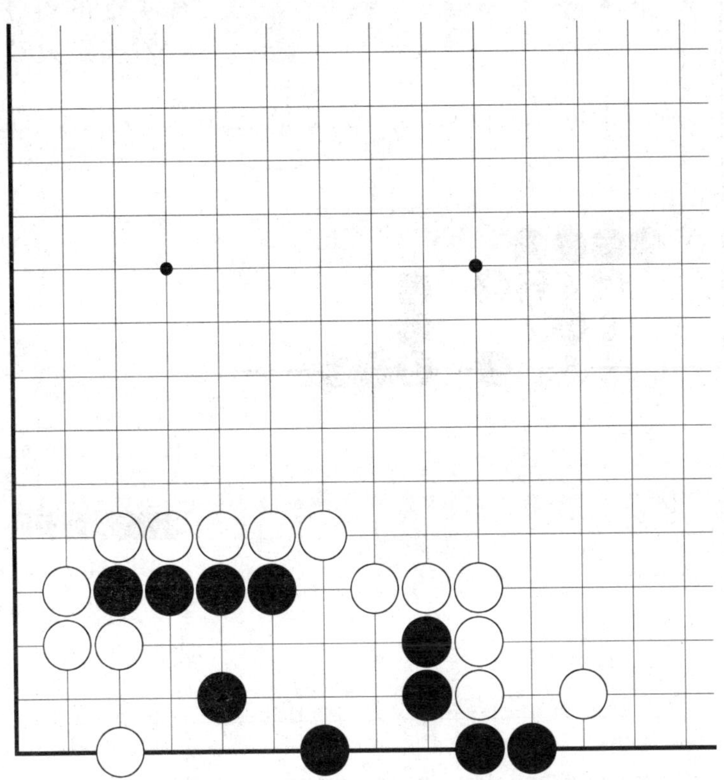

只有灵活的思路，才能看到活门的钥匙。

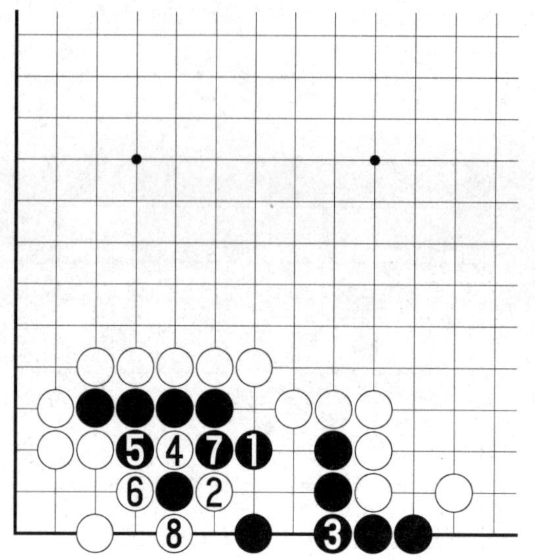

图1 挖

黑1摆出形状，但是白2走后有4挖的好手，至8成劫，黑失败。

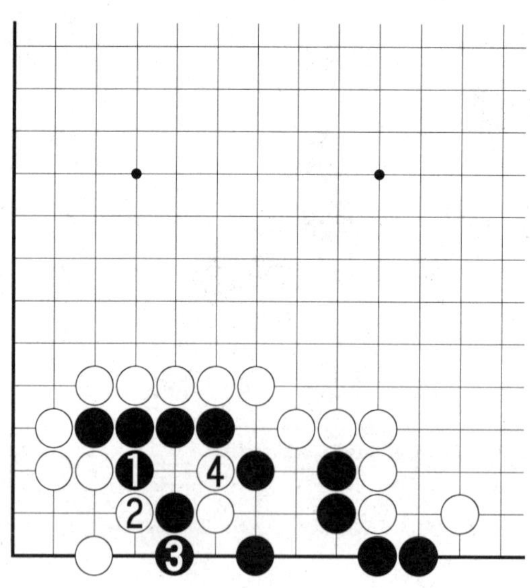

图2 避开劫

黑1想避开劫争，则白2挤后4破眼，黑还是失败。

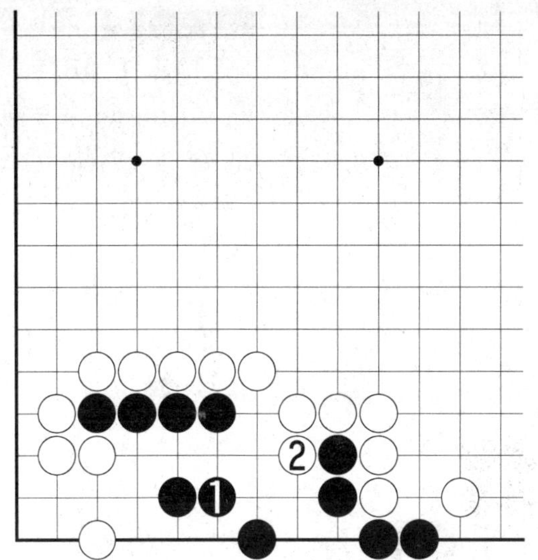

图3 悠闲的一手

黑1双是悠闲的一手，白2冲后则简单死亡。

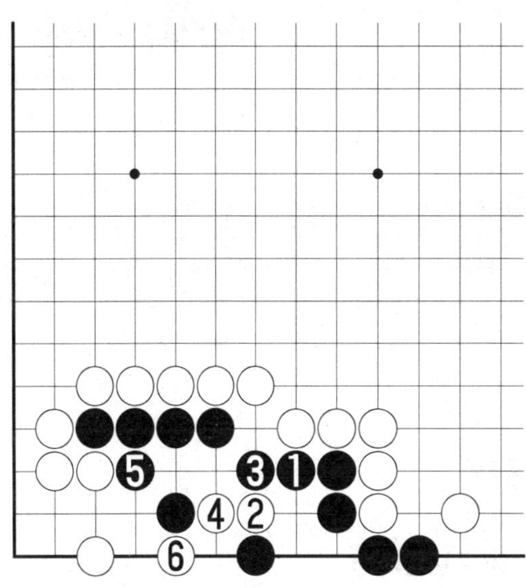

图4 渡过

黑1扩大眼位是正解的第一手，白2靠试应手重要，黑3挡则白4、6渡过,黑失败。

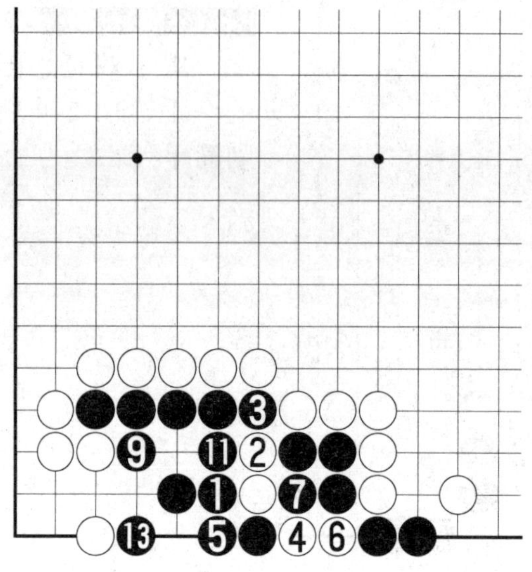

图5 正解

黑 1 扳后 3 断，白 4 时黑 5 粘是好手，7 提后 9 挡绝妙，至 13 巧妙成活。

⑧=⑥　⑩=④

⑫=❼

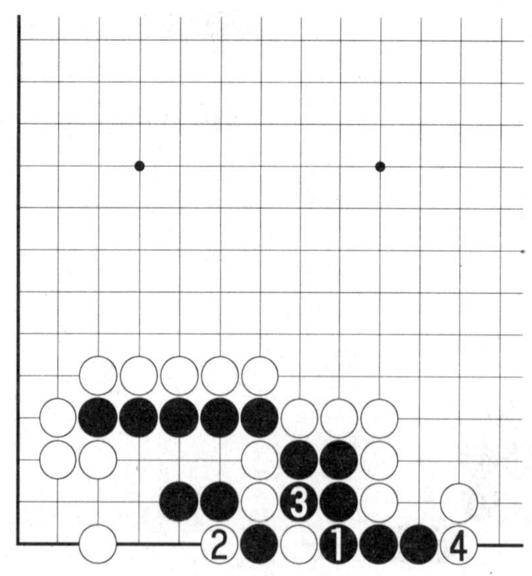

图6 自毁长城

图 5 时黑 5 如于本图 1 粘则自毁长城，至白 4 成劫。

问题2　俗手

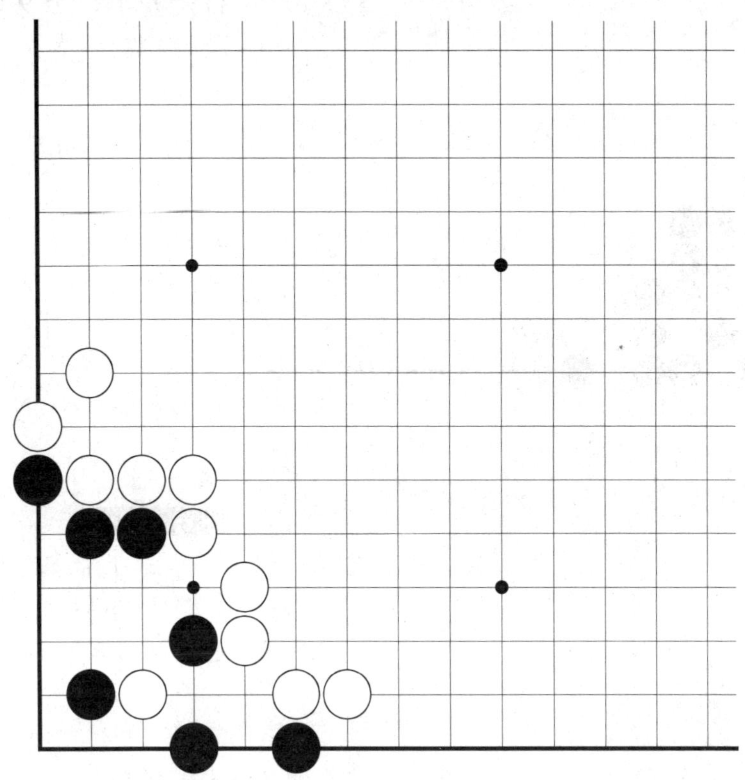

为了锻造最佳计算力的目标,全心全力的话,没有不可能的……

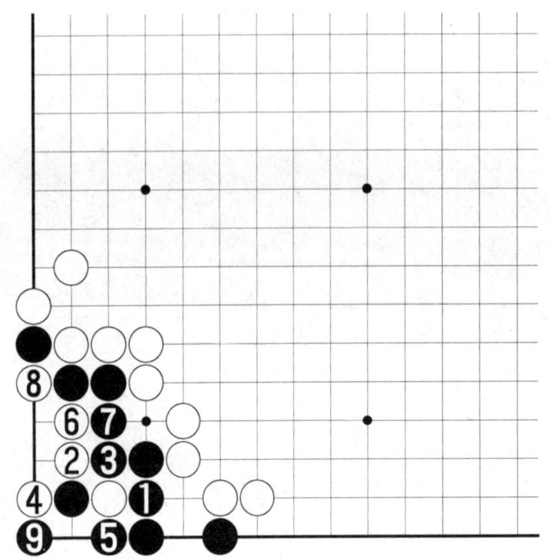

图 1　轻率

黑 1 粘是轻率的一手，白 2 后 4 打是先手，至 9 成劫,失败。

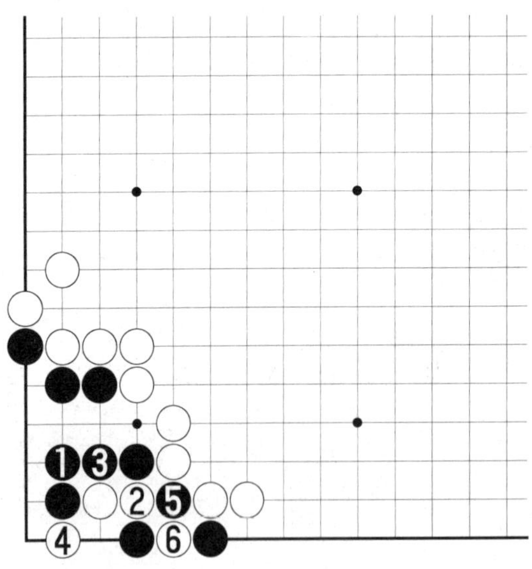

图 2　缓手

黑 1 长缓,白 2 先手冲后 4 扳，还是成劫。

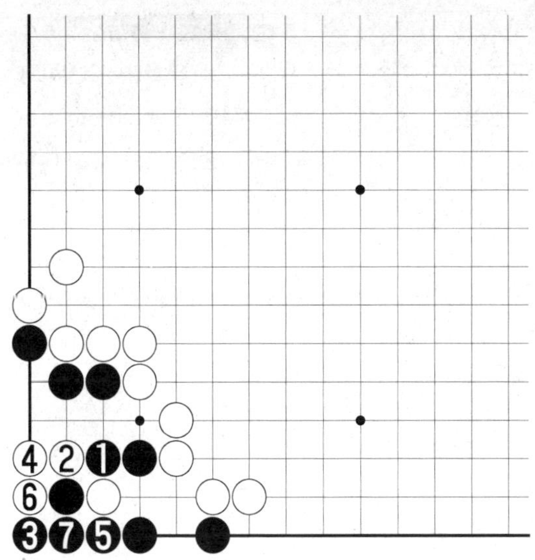

图3 正解

黑1挡白2断时，黑3尖——绝妙，接着5打下边重要，白6打则7粘成活。

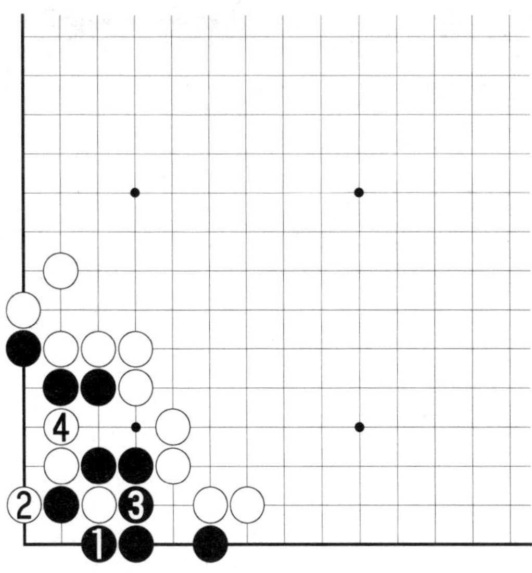

图4 错误的应对

图3时黑3如于本图1打则错误,至4还原图1。

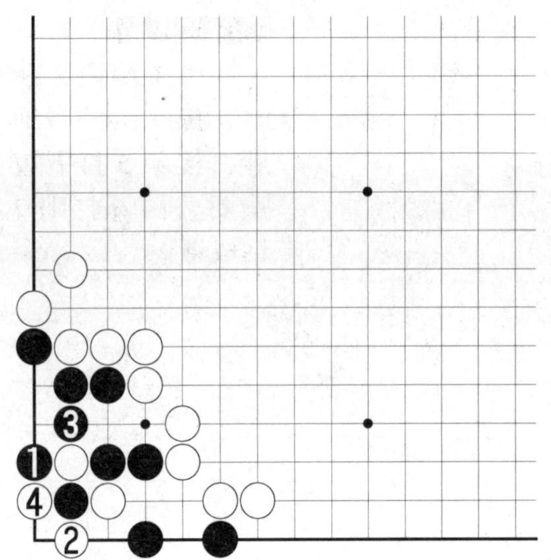

图 5　还是失败

图 3 黑 3 如于本图 1 打也不行，白 2 打后 4 扑成劫。

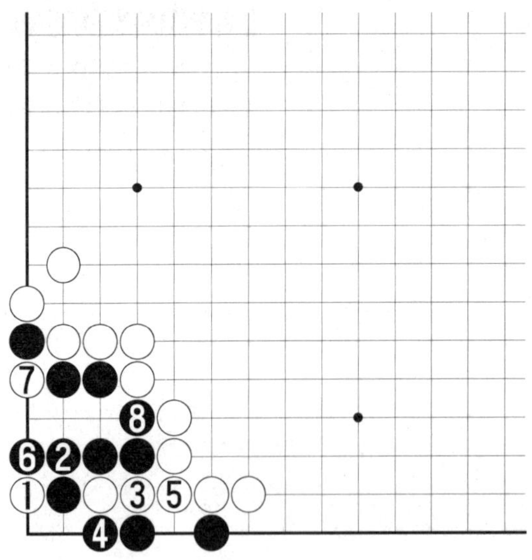

图 6　别无神通

图 3 白 2 如 1 夹抵抗，则黑 2 粘后 6 挡好手，至 8 成活。

问题3　慎密的侦探

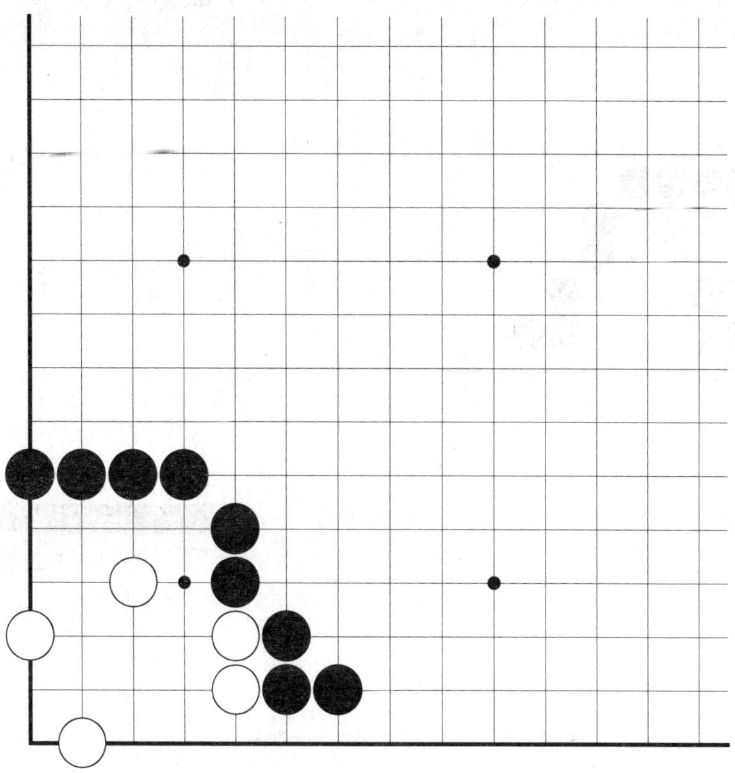

只有认真的劳动以后，才能得到休息和快乐。你的劳动越认真，得到的快乐就越多。

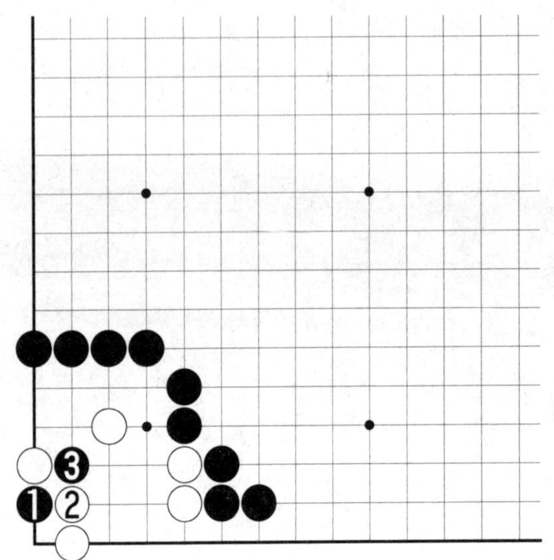

图 1　白的失手 1

黑 1 靠时白 2 挡错误，黑 3 断白即失去下一手。

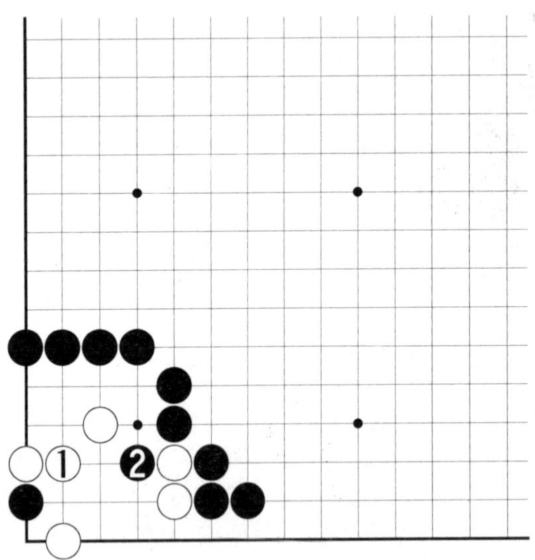

图 2　白的失手 2

图 1 白 2 如 1 长则黑 2 扳，白仍是不行。

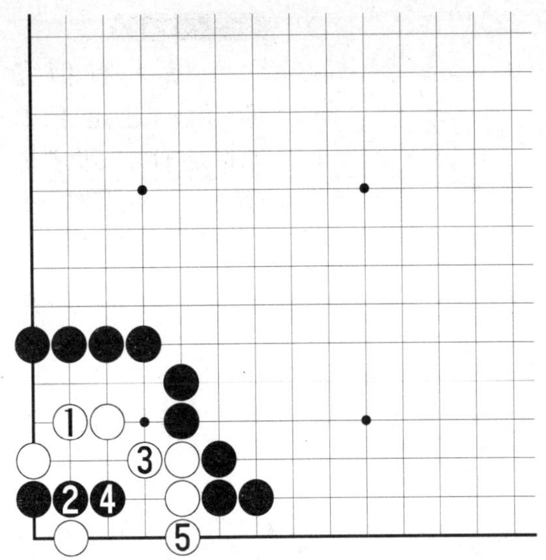

图3 弯三角

白1长重要，这时黑2冲必然，白3弯好手，黑4则白5立成活。

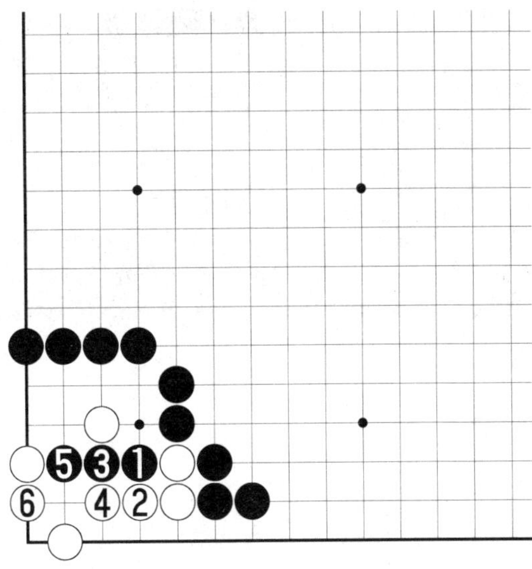

图4 退

黑1先扳后3、5长进，则白6退即可。

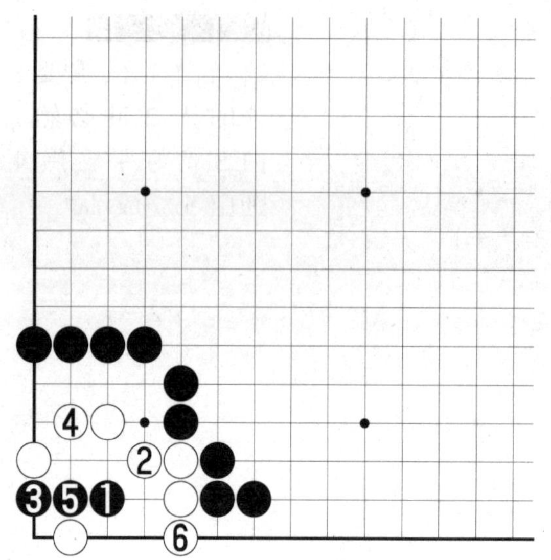

图5 还原

黑1看似急所，但白还是于2、4、6应住，即还原图3。

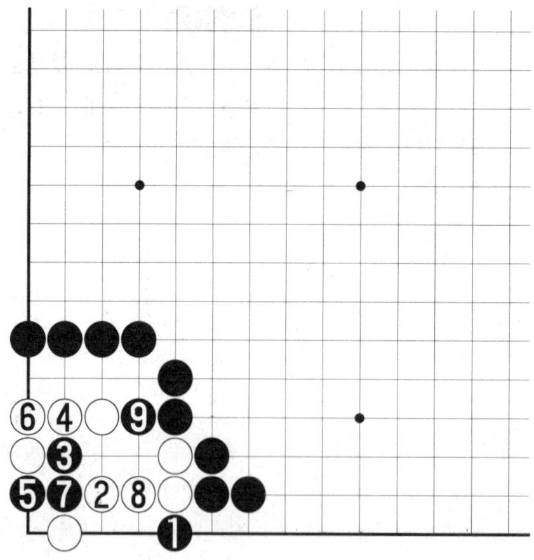

图6 正解

黑1单扳严厉，白2应时3至7从内部攻破后，9顶白即死。

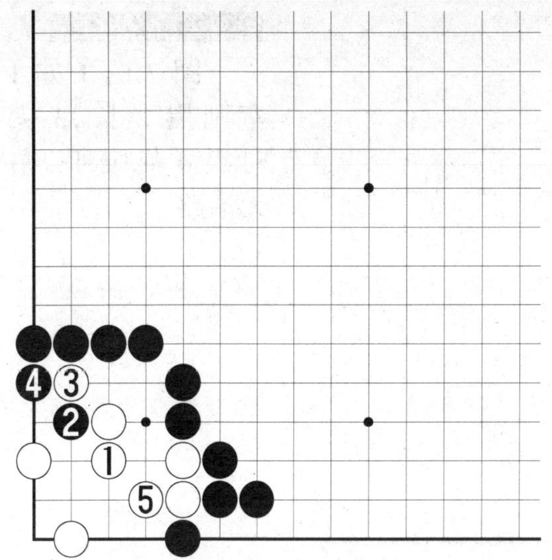

图 7　华而不实的一手

图 6 白 2 如于 1 位应，黑 2 华而不实，白 3 先挖后 5 弯即成活。

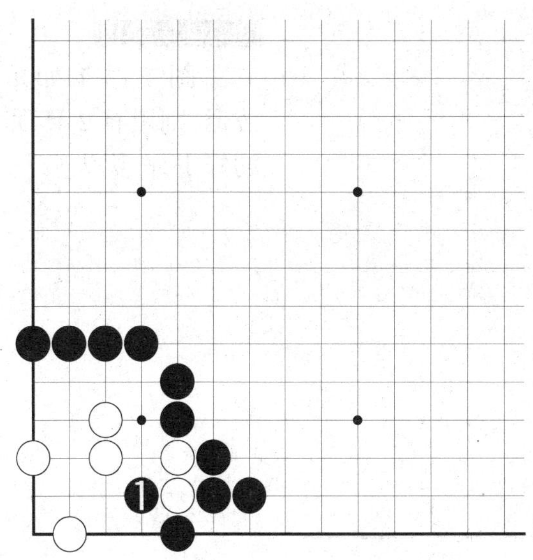

图 8　还是死棋

图 7 黑 2 只需 1 简单地打，白即无活路。

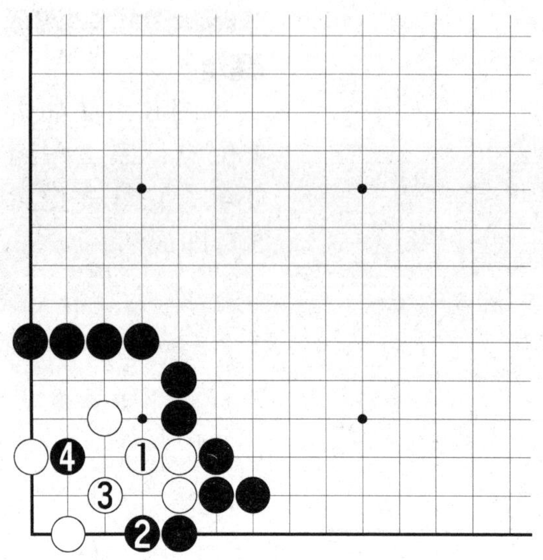

图9　痛烈的靠

图7白1如1弯则黑2长，3尖时黑4靠强手，白无活路。

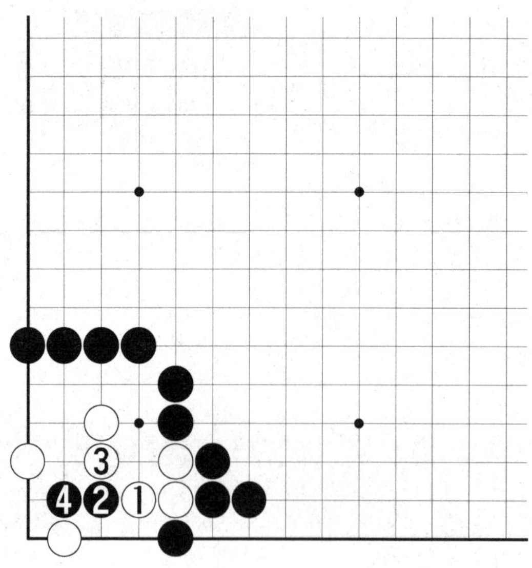

图10　鼻顶

图7白1如1位退，则黑有2鼻顶的好手，白仍失败。

问题4 初心

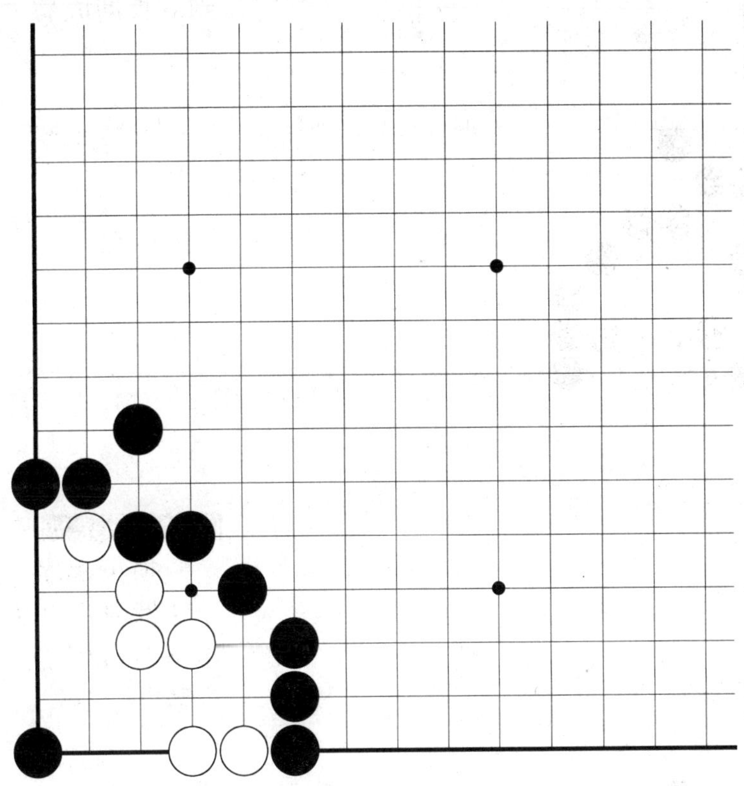

只要想到你最初的梦想，再努力认真去实践，就会实现你的梦想。

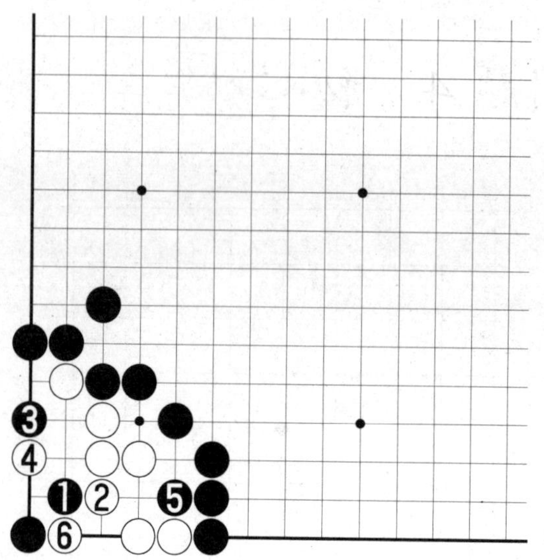

图 1　坚决的挡

黑 1 尖则白 2 挡即可，3、5 破眼则 6 扑即成劫。

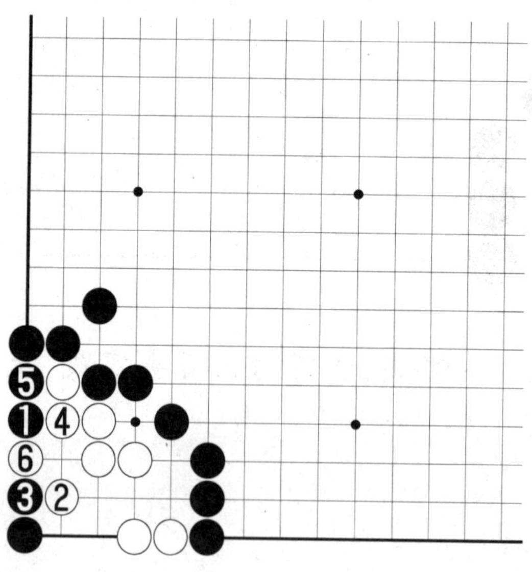

图 2　还是劫

换下次序。先于 1 跳则白 2 尖后至 6 还是成劫，黑失败。

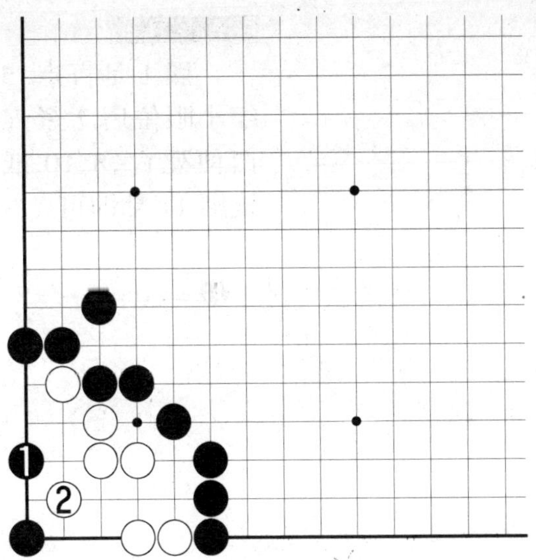

图3 毫无应手

黑1如跳则白2尖后即无下一手。

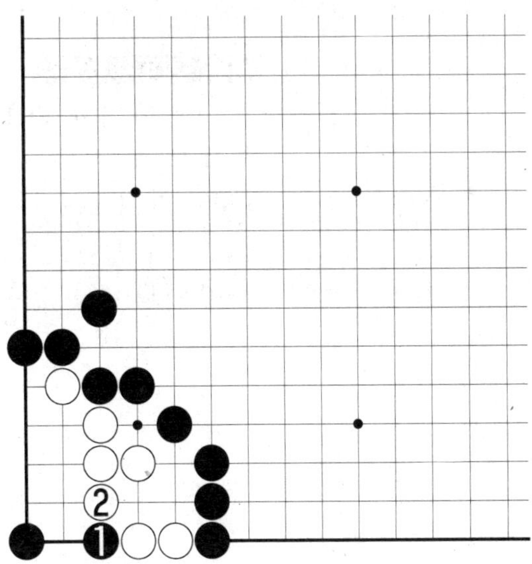

图4 别无神通

黑1靠则白2打吃，还是不行。

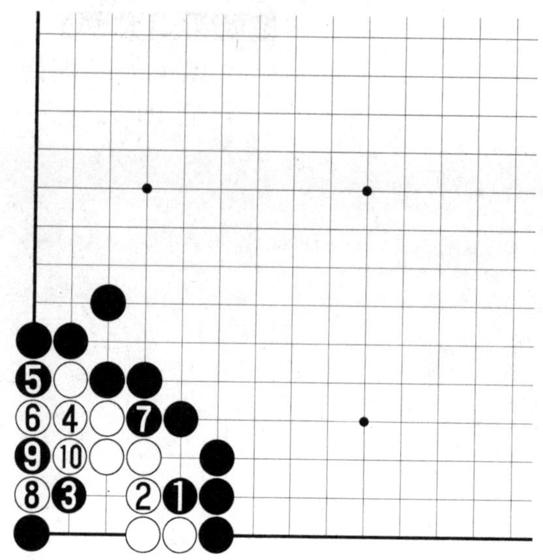

图5 正解

黑1是盲点，5缩小眼位后7紧气白便死亡，8、10抵抗则11粘即可。

⓫=⑧

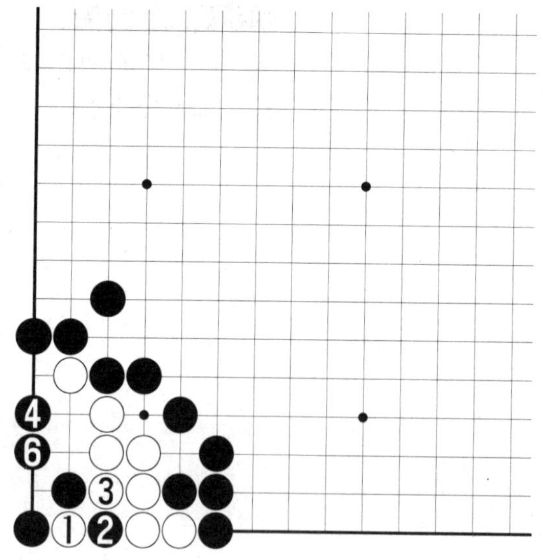

图6 打乱次序

上图白4如1先扑则黑2后4、6，仍是白不行。

⑤=①

问题5　茫茫人海

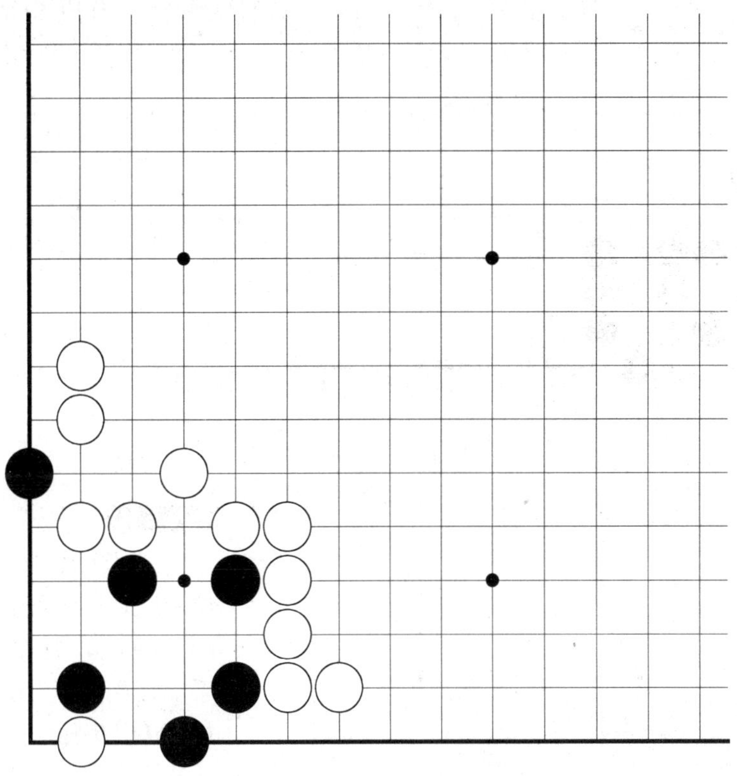

虽然你现在茫茫人海中，可千万不要放弃你心中的理想,如放弃,现在的辛苦和劳累 都是白费的。

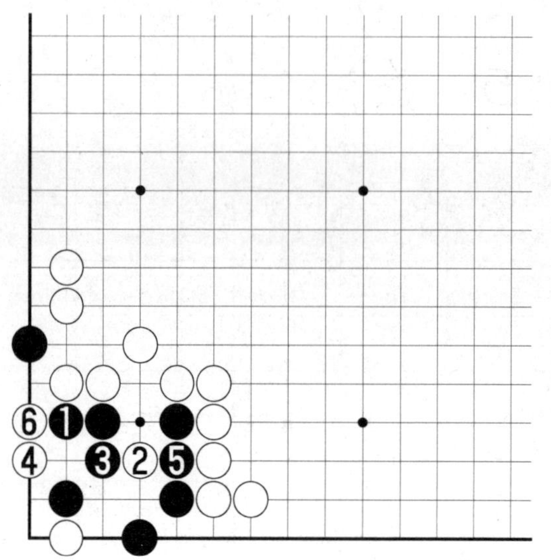

图1 点

黑1如扩大眼位则白2点即可，黑以下抵抗则白4点后6爬回即可，黑失败。

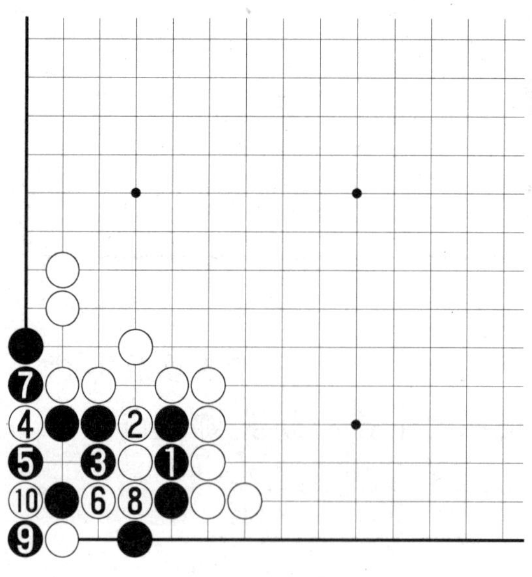

图2 扳

上图黑3如1位粘后3挡抵抗，则白有4扳的应手，以下至10成劫,黑仍失败。

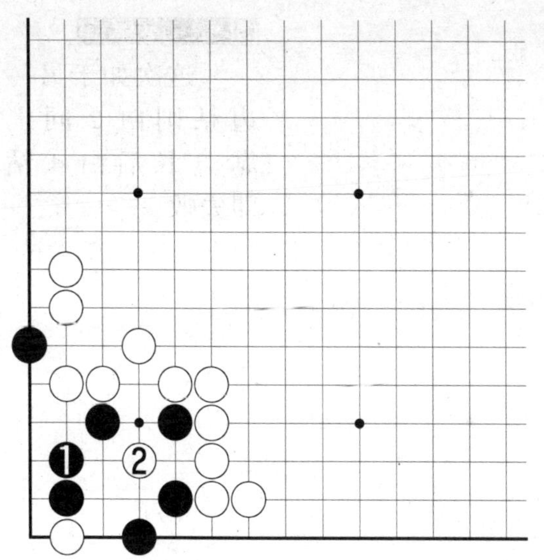

图3 无策

黑 1 长无谋，白 2 点即失败。

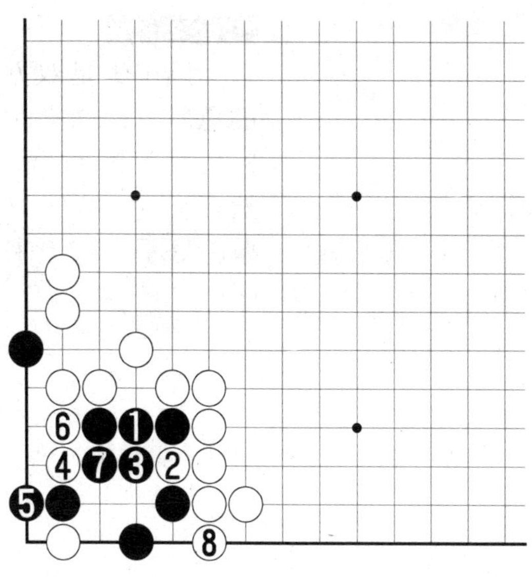

图4 靠

黑 1 粘则白 2 冲后 4 靠成立，7 团则白 8 立，黑成死形。

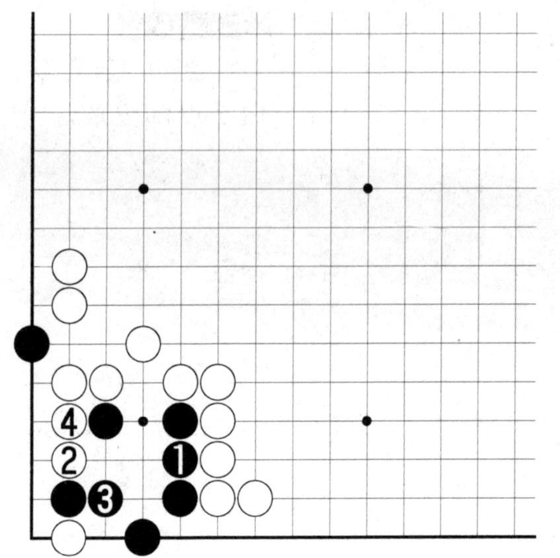

图5 还是靠

这次如于另一边粘则白2同上靠，3长后白4粘即失败。

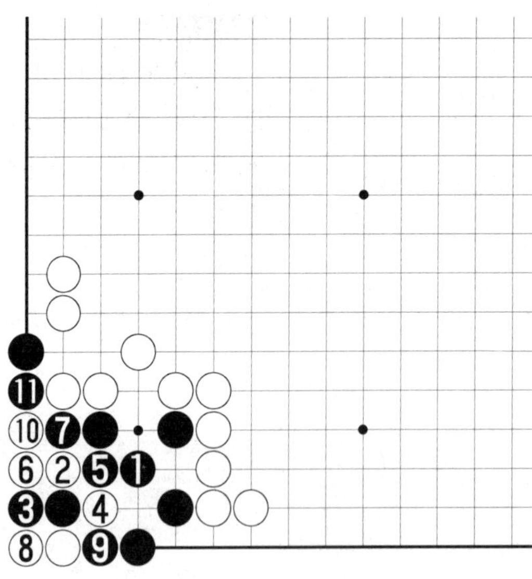

图6 正解

黑1尖是双方的急所，白2夹时3立后5断重要，然后白10爬时11单断好手。接下来……

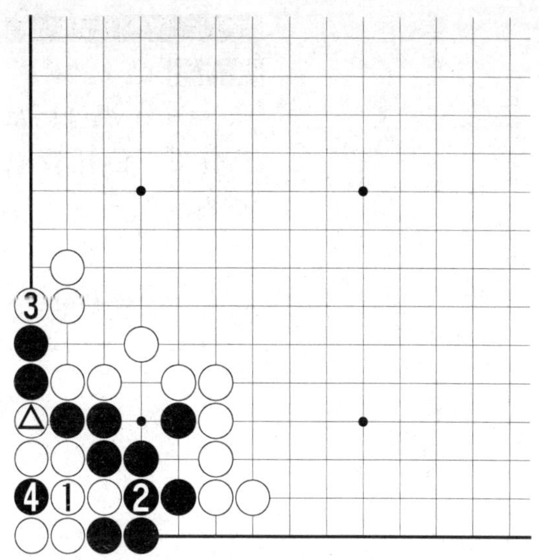

图 7　继续图

白虽于 1 位粘想吃住黑棋，但黑 4 提后有 6 单粘的好手成活。

⑤＝①　❻＝△

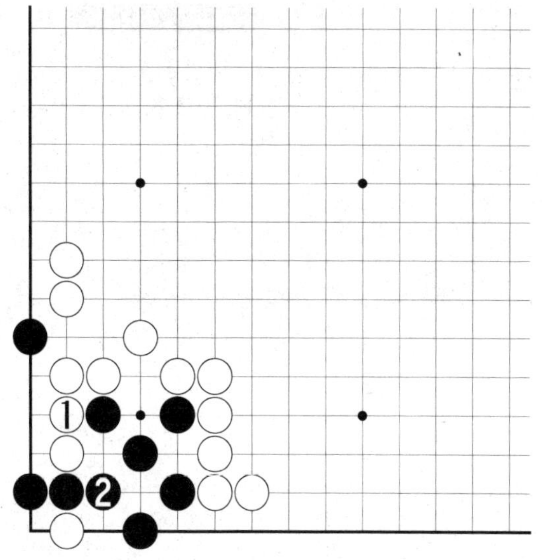

图 8　单长

图 6 白 4 如本图 1 位粘则黑 2 单长成活。

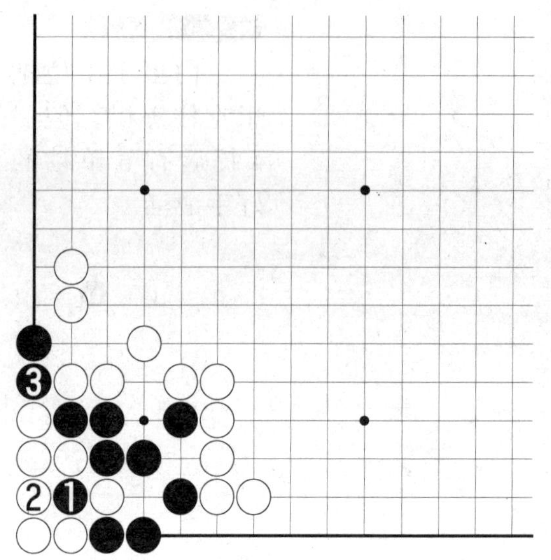

图 9 变化图：看似活棋

图 6 黑 11 如于本图 1 位扑看似活棋，3 断后……

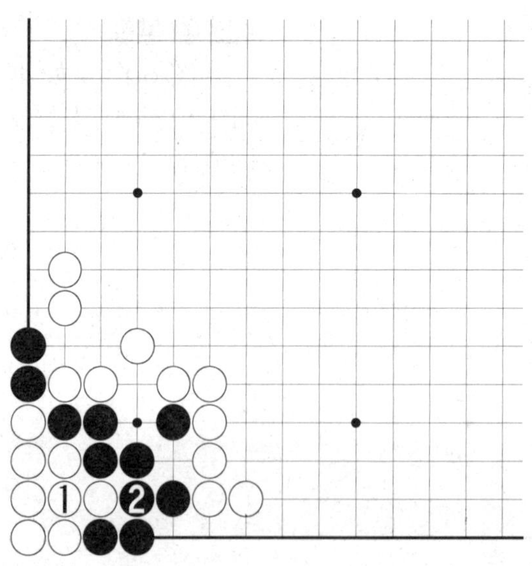

图 10 继续图

白 1 聚杀好手，黑2 提后 3 点即可。

③ = ①

问题6　洋葱里的皮

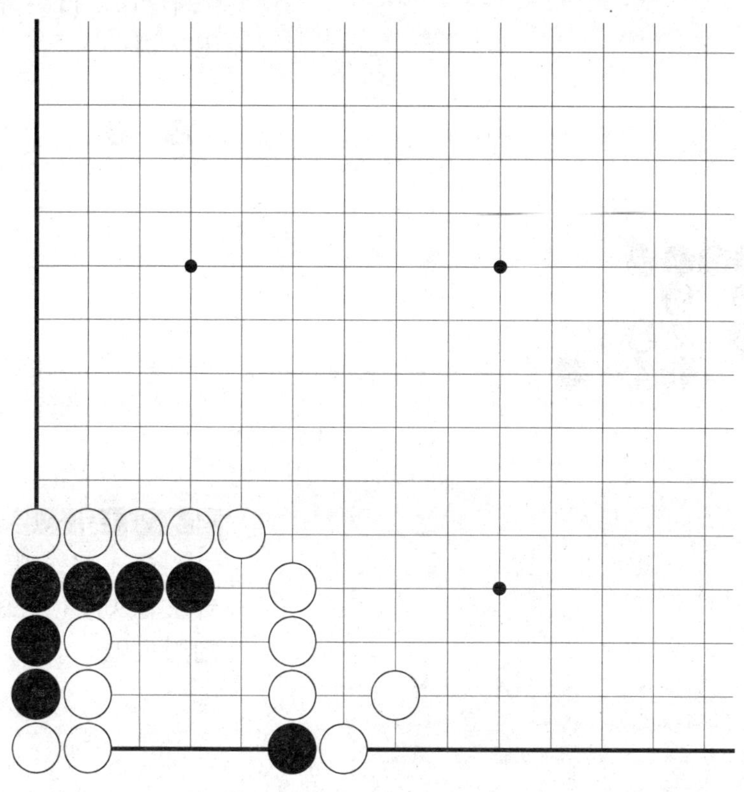

第一眼看去感到很简单，可是很容易得到失败的教训。就像洋葱里的皮一样，需要剥了再剥，深入的计算才可以。

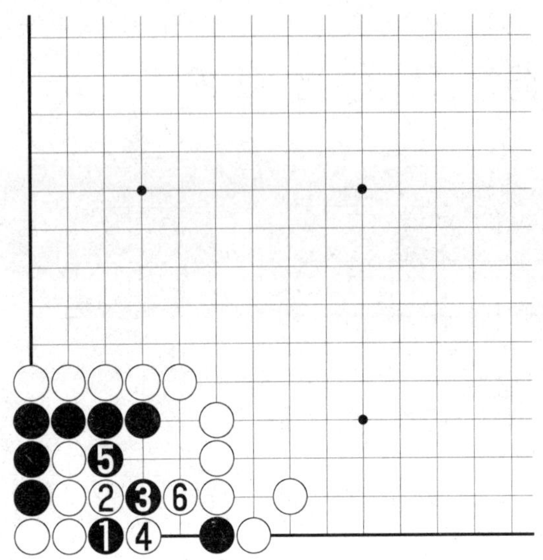

图 1　轻率的一手

黑 1 于一路靠轻率，白 2、4 后看似不行，6 打好手，黑 7 提……

❼ = ❶

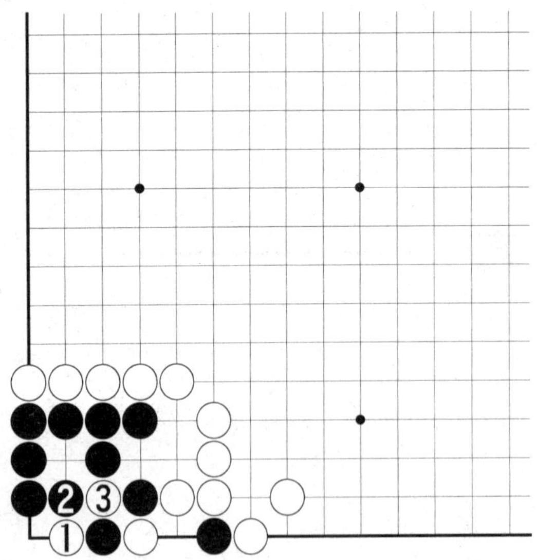

图 2　打劫失败

白 1 打，黑只有 2 做劫，3 成劫，则黑失败。

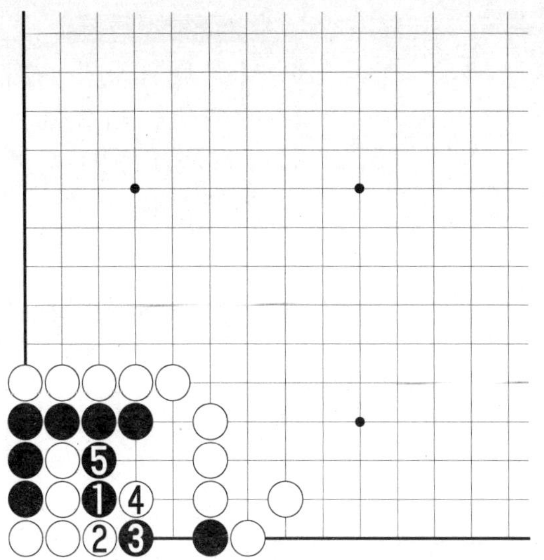

图3　还是劫

黑1靠看似能活，但白2爬妙手，黑3、5吃住5子后……

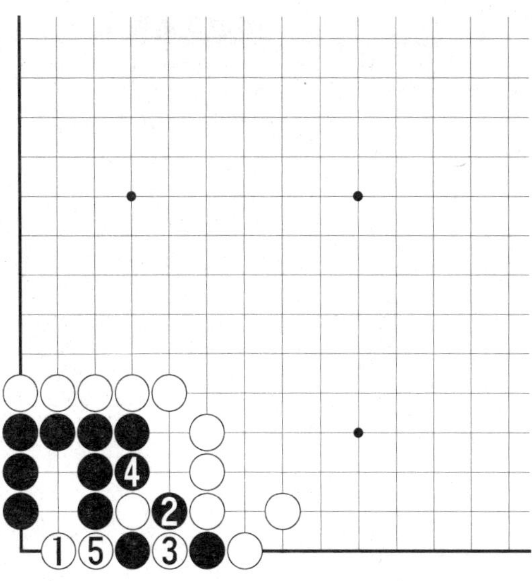

图4　继续图

白1点正准备着，黑2、4吃住一子时，白3、5对应仍是劫。

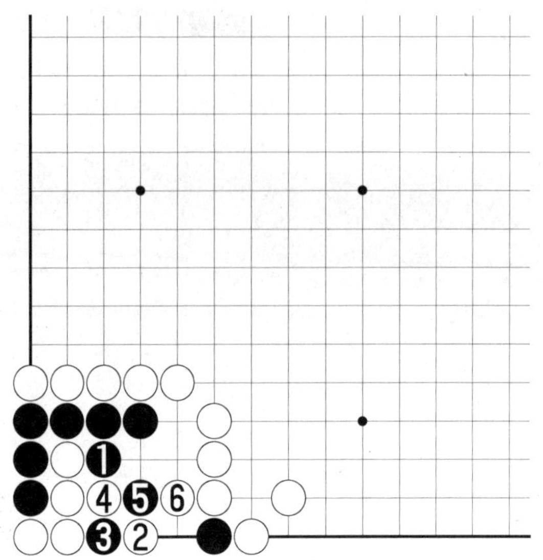

图5　还原图1

现在剩下1挡的变化，白2跳后6打便还原图1，黑还是失败。

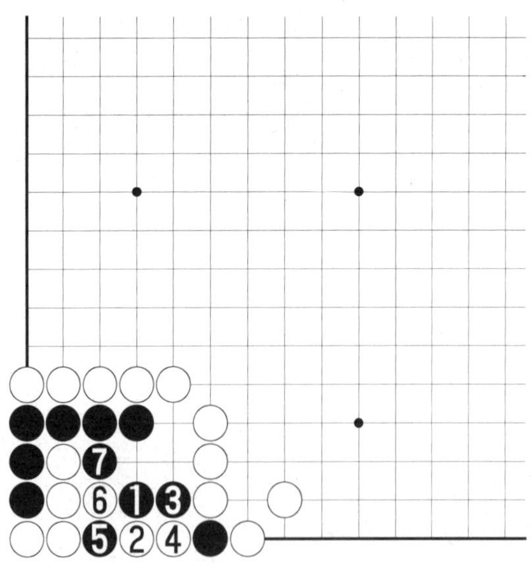

图6　正解

黑1跳是急所，白2托时黑先3顶好次序，7打吃住5子后……

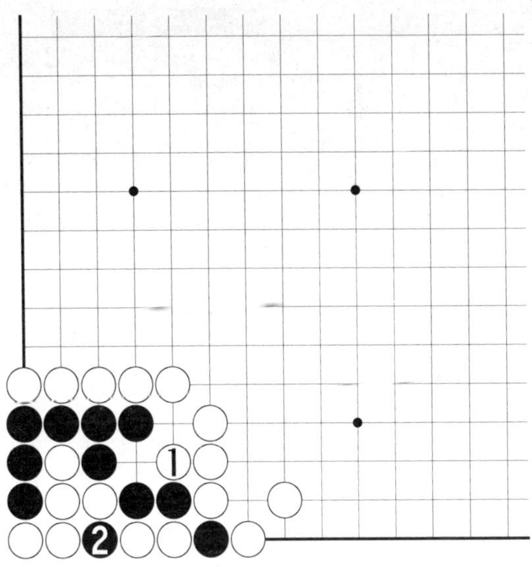

图7　继续图1

白1打，黑2提,继续下去……

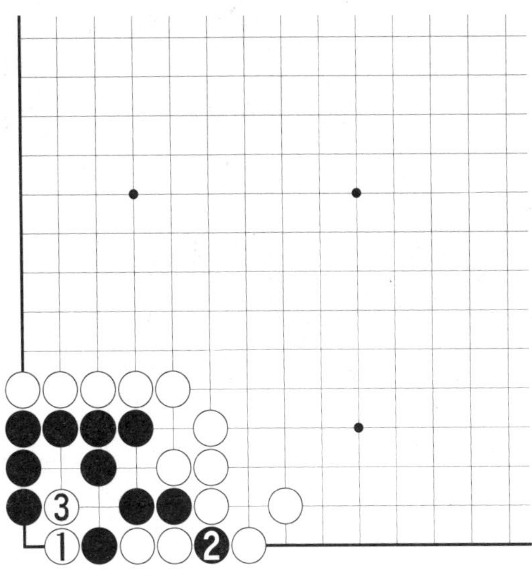

图8　继续图2

白1打后3长是最强的应手,继续下去……

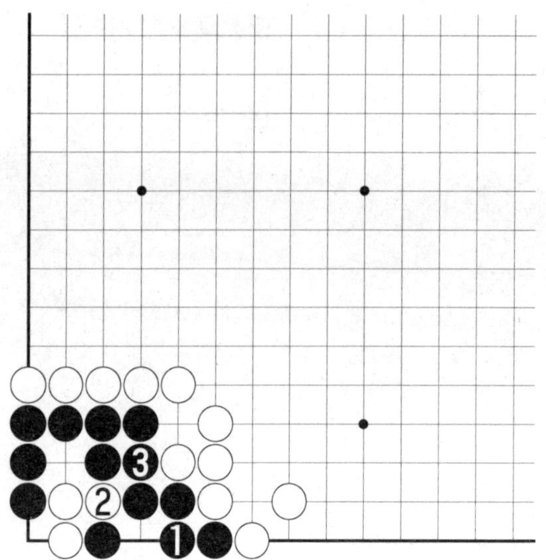

图 9　继续图 3

黑 1 粘后 3 最强，万年劫是正解，比图 2 的单劫较好。

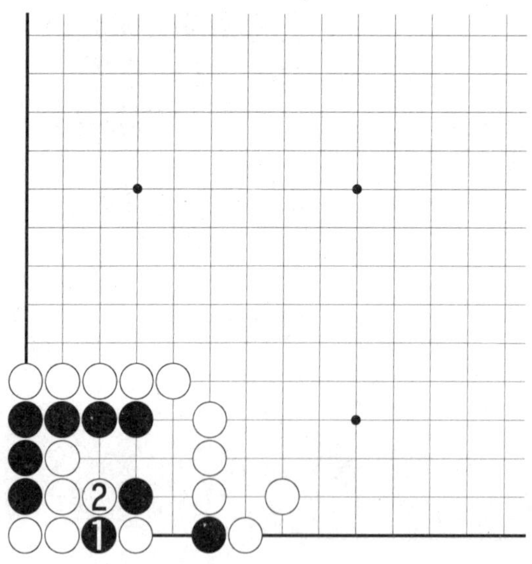

图 10　注意

图 6 黑 3 先顶重要，如 1 先扑则还原图 1。

问题7　忍耐

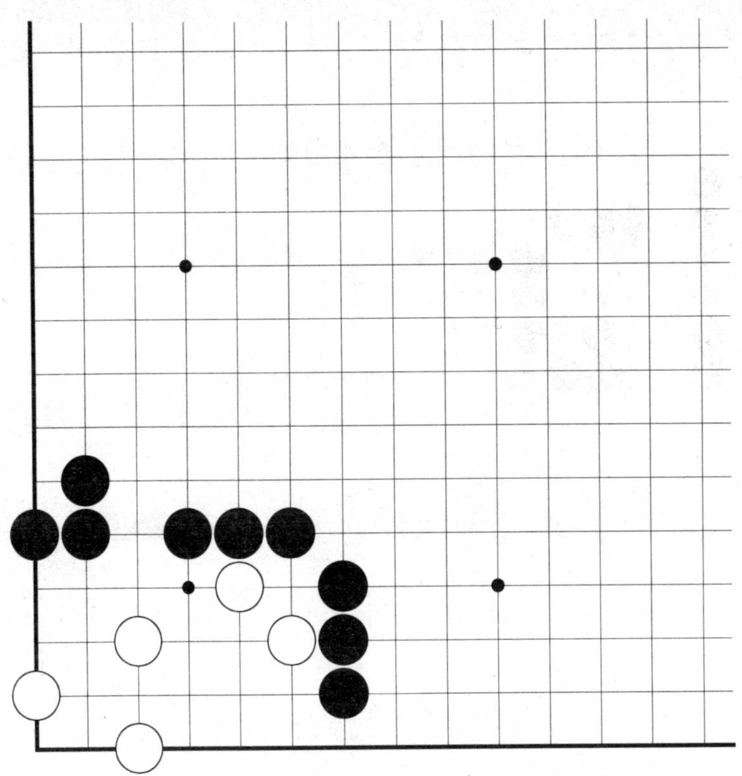

表面看对手占据了很多要点，可是对黑方来说也有很厚的墙壁，所以不用害怕，最关键的是，谁更能忍耐，这就是本题的胜负所在。

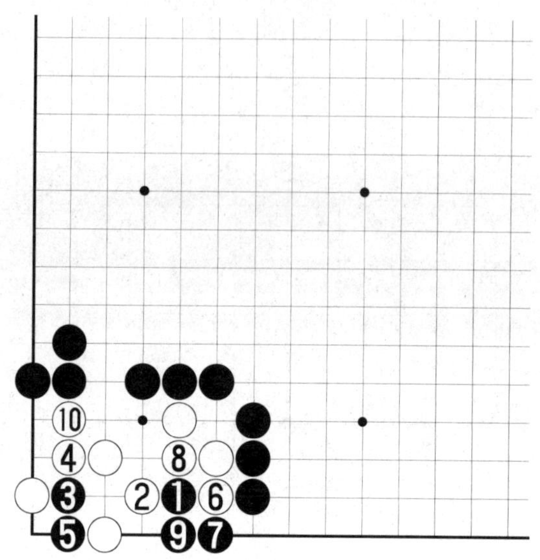

图1　见合

黑1跳则白2虎顶极具弹性，至10形成见合成活。

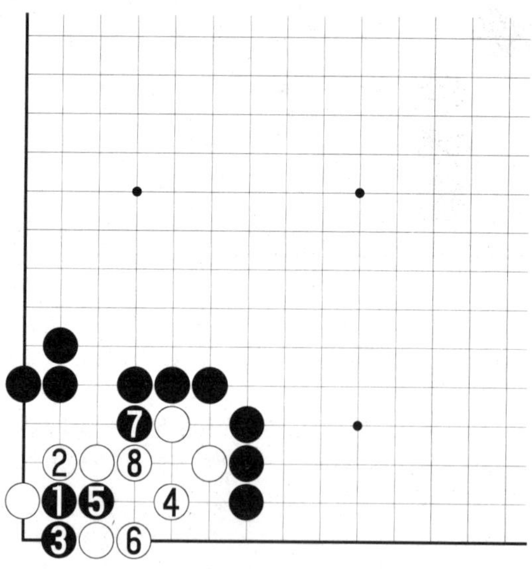

图2　双活

黑1靠后3破眼则白4虎是好手，至8成双活，黑失败。

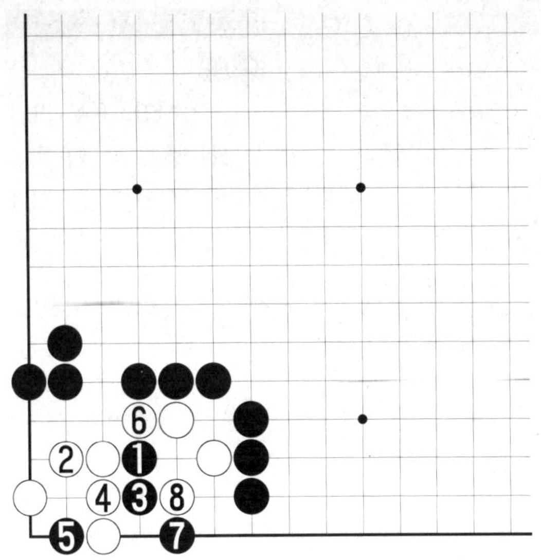

图3 并

黑1靠则白有2并的好手，3长则4粘后6冲吃二子成活。

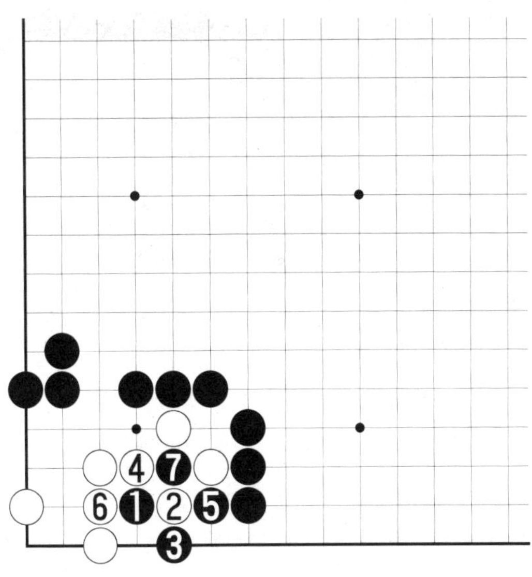

图4 正解

深入白形的1点是好手，白2顶则有黑3扳的好手，至7成劫。

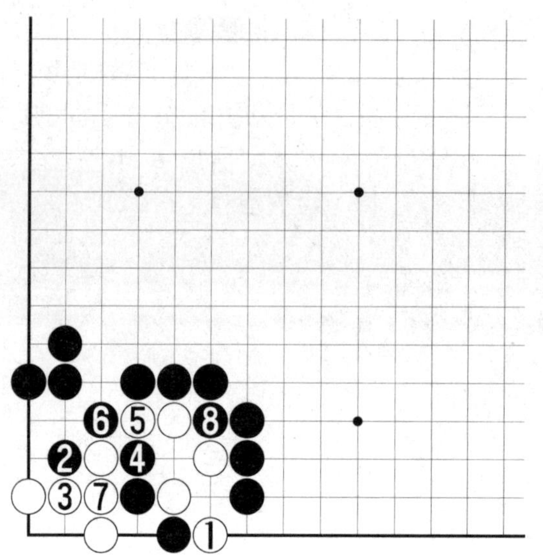

图5 变化1:接不归

上图白4如1挡则黑2靠好手，白只有3挡，这时黑4、6、8一气呵成,白不行。

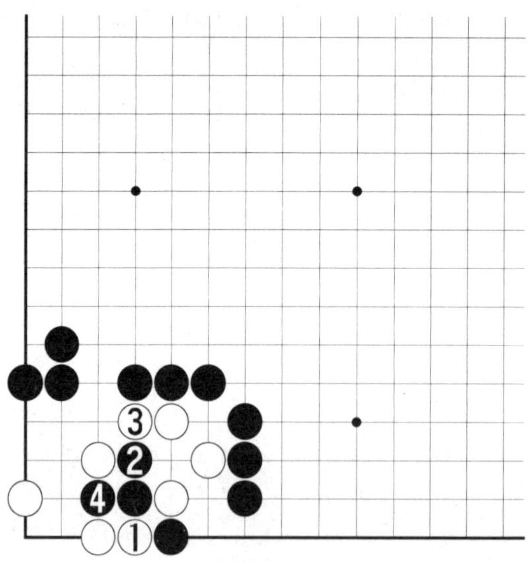

图6 变化2:白死亡

图4白4如本图1打抵抗，则黑2冲后4打即可，白无活路。

问题8 沙漠里的绿洲

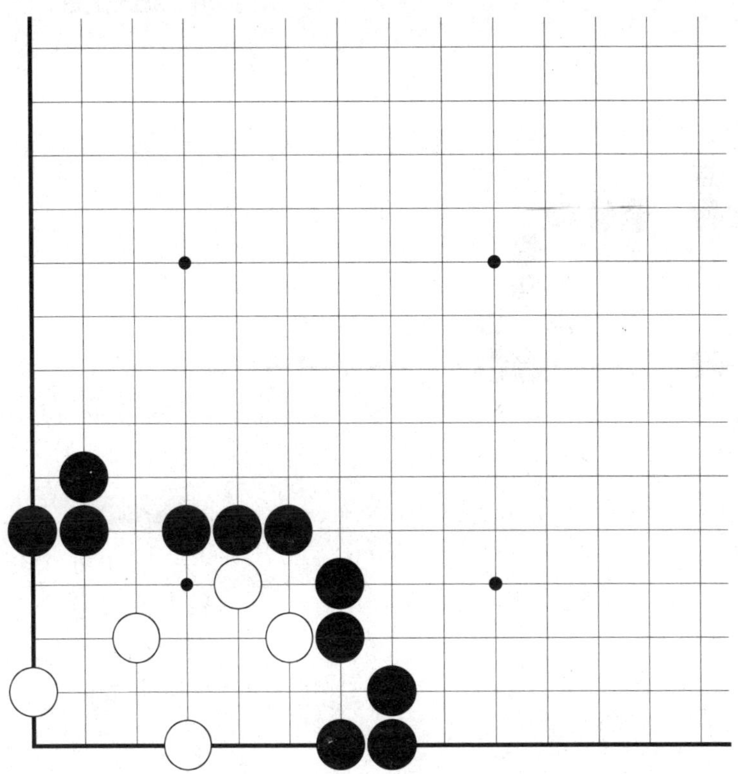

第一眼看上去是一道不愿去做的难题，可是通过忍耐的苦难后，会看到沙漠里的绿洲。

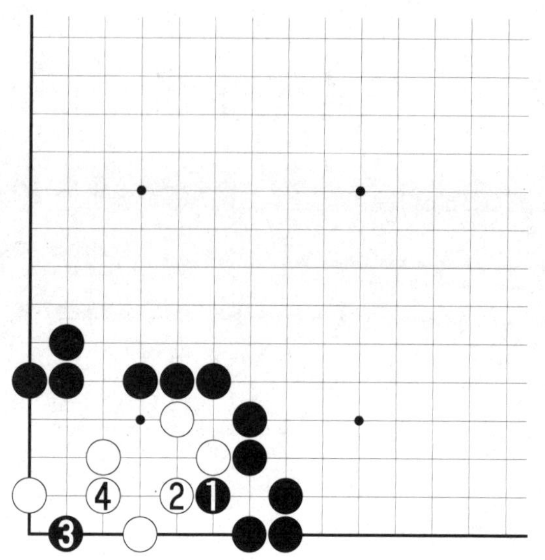

图1 无意义的一手

黑1虎则白2简单挡住，3点则4并轻松做活。

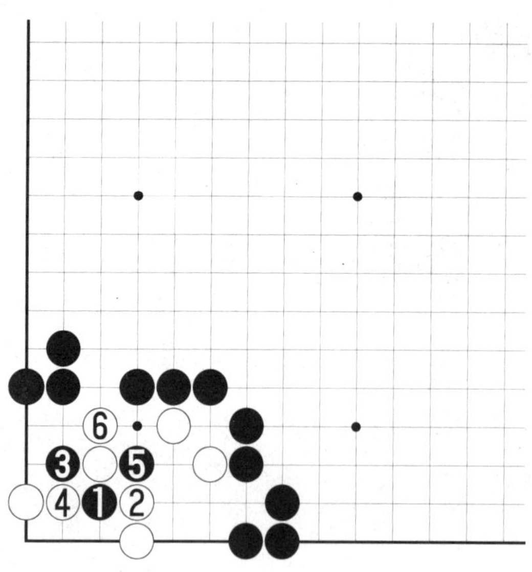

图2 见合

黑1靠变化增多，白2挡，黑3断，白4断吃后形成见合成活。

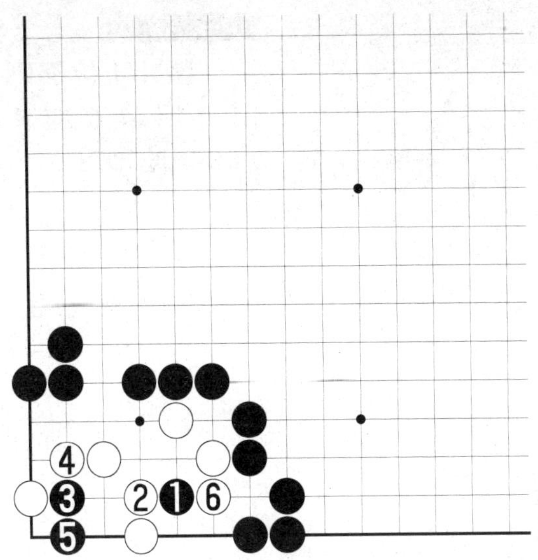

图3 挡

黑1点第一感，但白2挡即可，至6做出另一只眼活棋，黑失败。

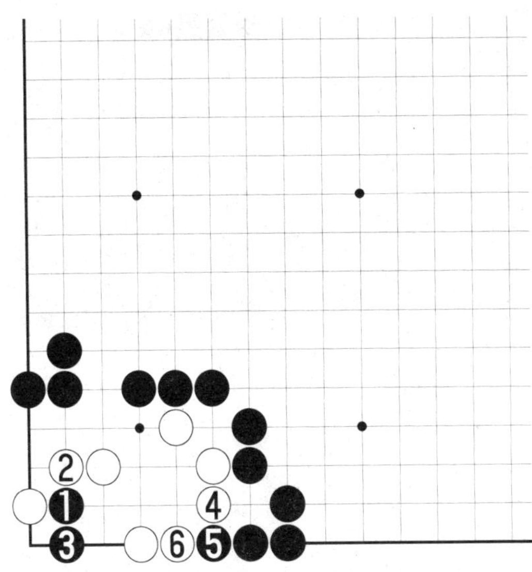

图4 扩大眼位

黑1靠，则被白4、6扩大眼位简单做活。

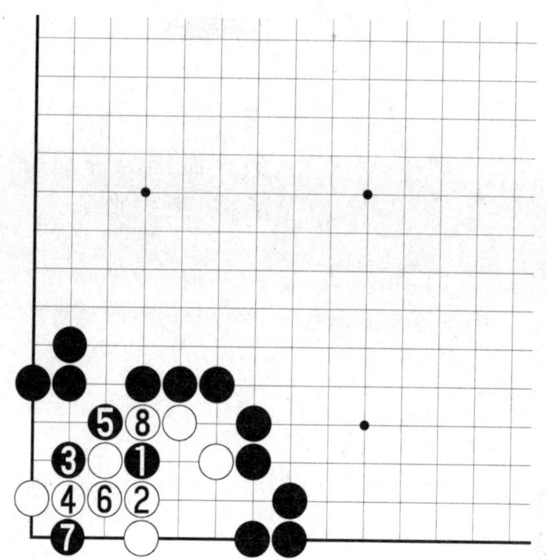

图5 断吃

黑如1位靠则白2顶,4、6应住后8断吃即可。

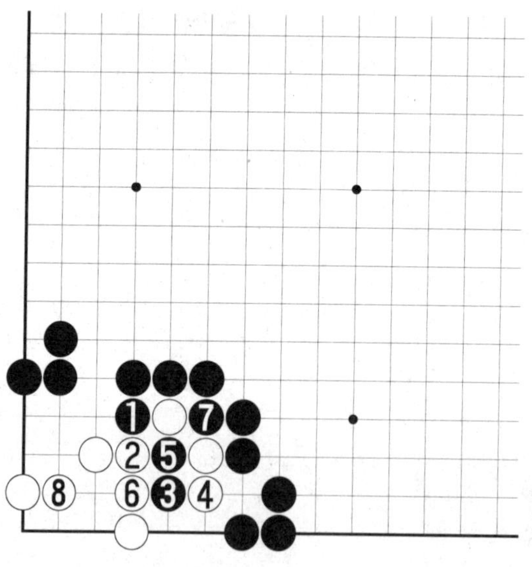

图6 弯四

黑1冲则白2挡,3点时白4好手,6打后8并形成弯四活棋。

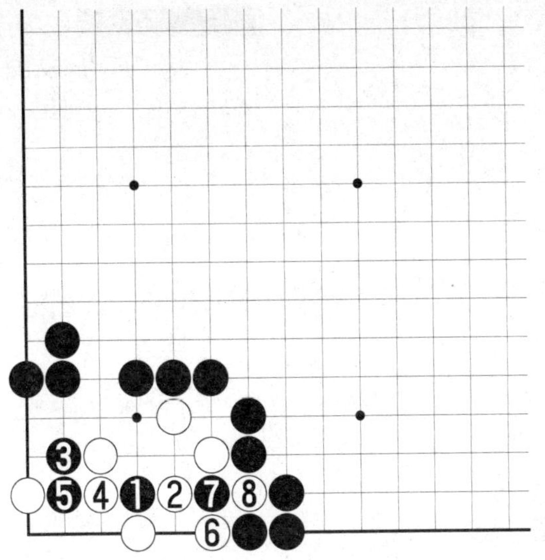

图 7 弹性十足

黑 1 从内部搅乱则白 2 挡，3、5 破眼则白 6 做眼成劫，成劫黑失败。

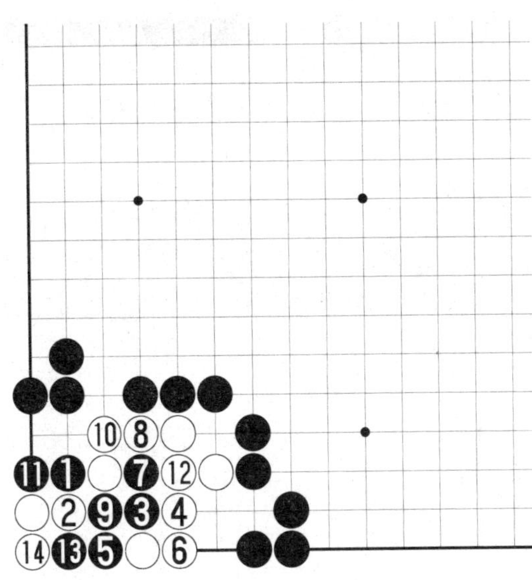

图 8 正解

黑先从 1 位靠后再于 3 靠是好手顺，白 4 挡时 5 至 9 先手交换后 11 挡是手顺，之后 13 妙手，14 提后……

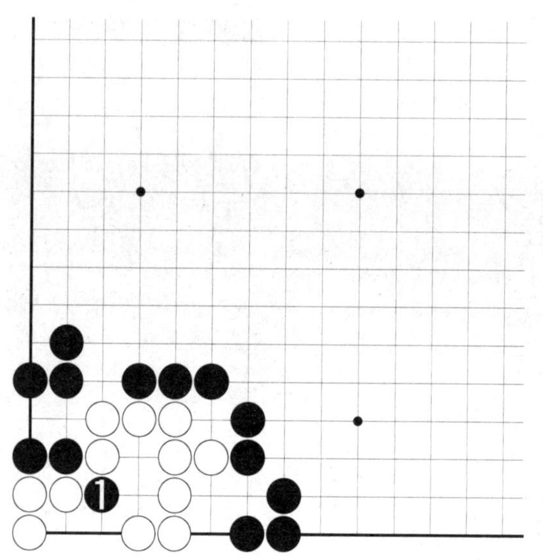

图 9　继续图

黑 1 断形成倒脱靴吃住白大块。

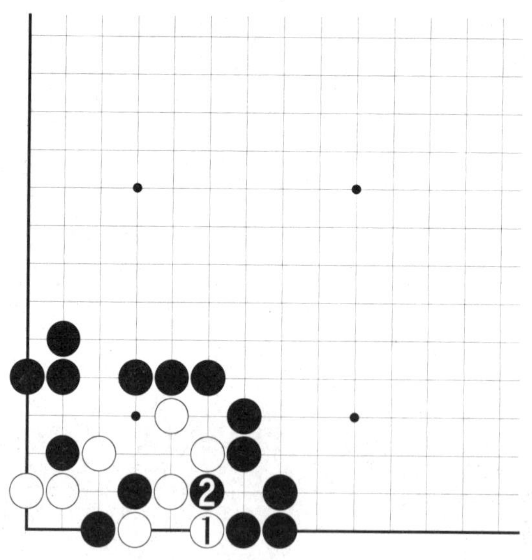

图 10　变化:连环劫

图 8 白 6 如于 1 位抵抗,则黑 2 扑成为连环劫杀白。

问题9　毒针

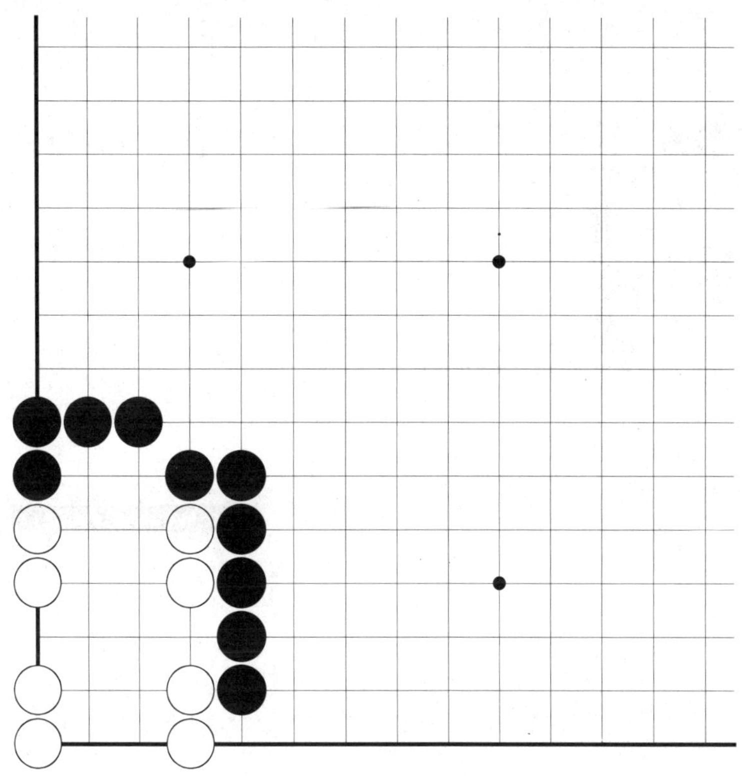

看上去很简单，但不可大意，此题看上去像左右同形，你认为简单的那个瞬间，解法会变得更难。

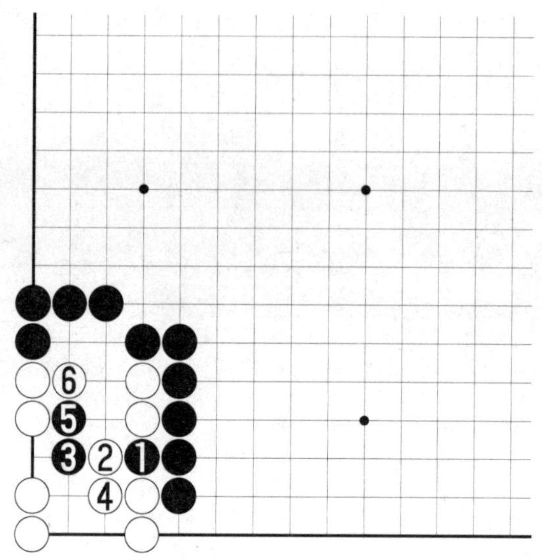

图 1　不是要点

黑 1 冲后 3 夹看似要点，但白 4、6 全部应住也是活棋。

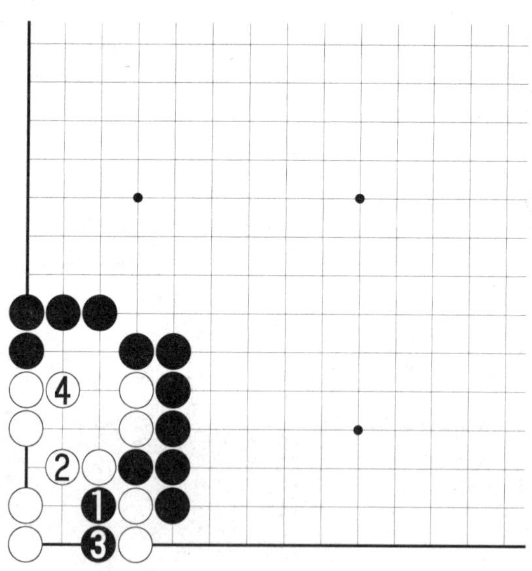

图 2　长则做活

图 1 黑 3 如于 1 位断则白 2 长即可，3 打则 4 做眼成活。

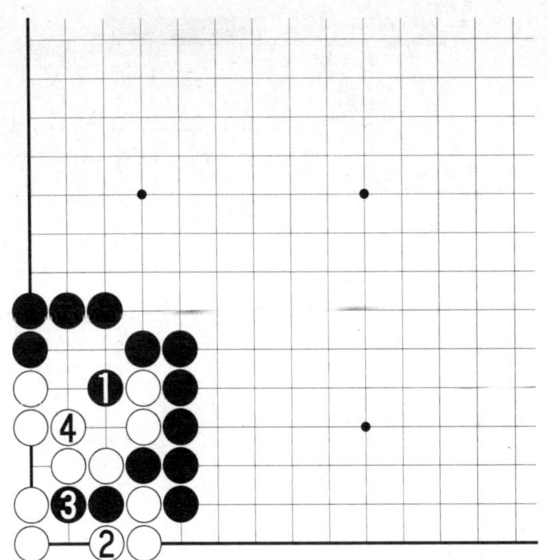

图3 粘

图2黑3如于1打吃,白则有2打后4做活的手段。

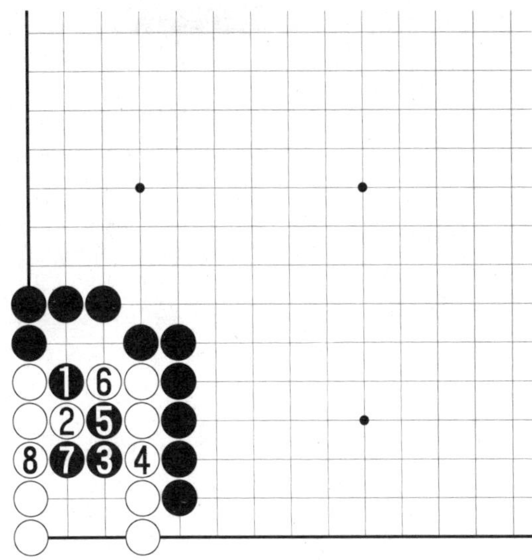

图4 全应住

黑一扳则白2挡,3点以下白简单应对即可，黑失败。

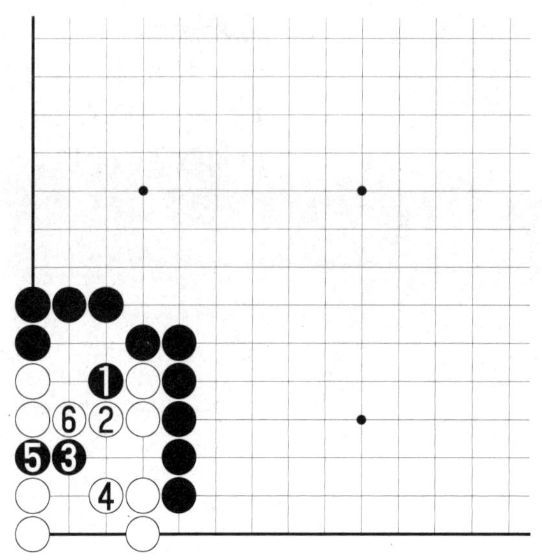

图5 无用

黑 1 扳也差不多，白 2 挡时 3 点无用，白 4 弯好手成活。

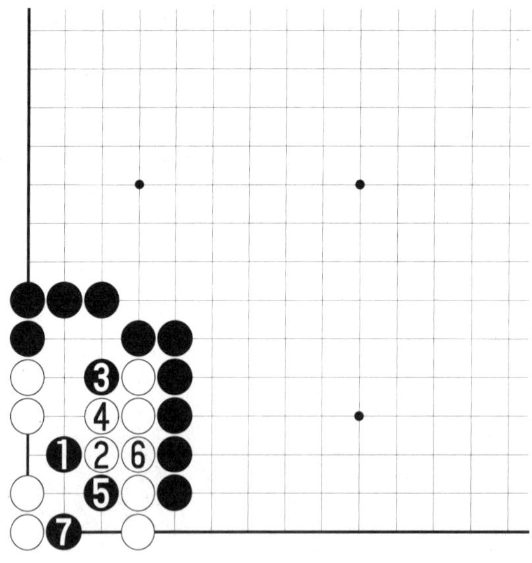

图6 正解

黑 1 点急所，白 2 顶最强，这时黑 3 先扳后 5 挤是盲点，白 6 则黑 7 尖死。

问题 10　无心

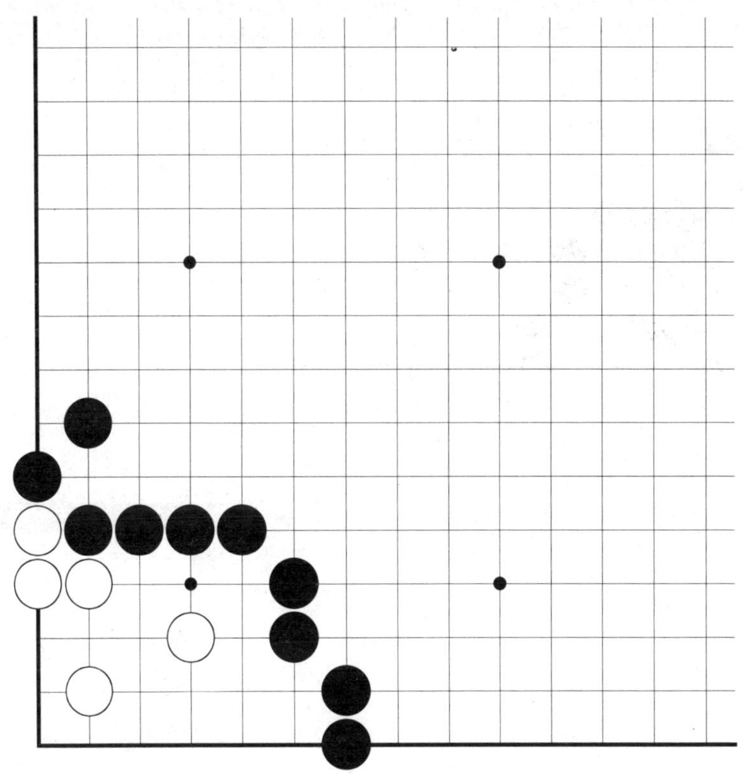

像是简单的样子，但不能小看，你要温柔地攻击，千万不要逼急对方。

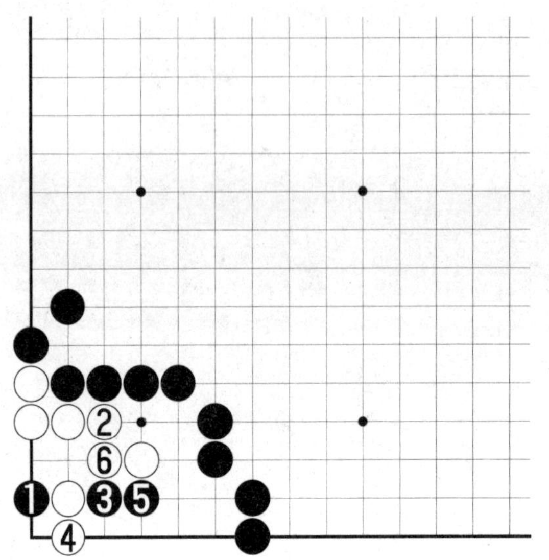

图 1　扩大眼位

黑 1 托则白 2 扩大眼位即可，3、5 渡过则白 6 团即活。

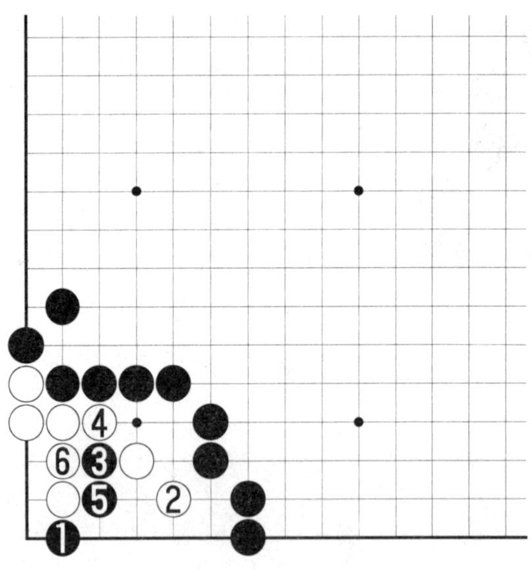

图 2　最大限度做活

黑 1 从另一边托则白 2 尖最大限度做活，3、5 则 4、6 应住即可。

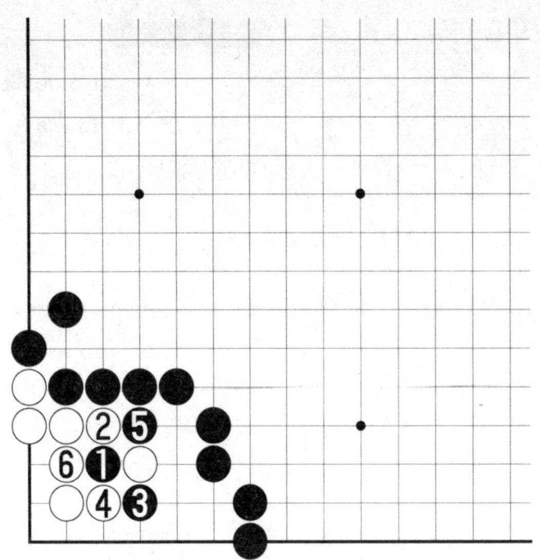

图3 后续手段

黑1靠则白2吃住一子即可。黑3、5后无后续手段,黑失败。

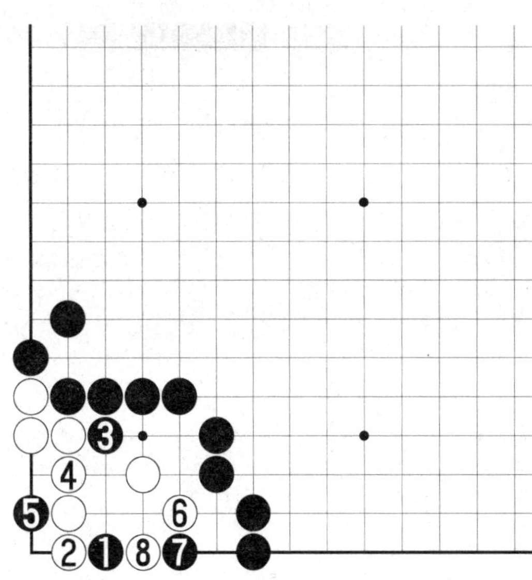

图4 接不归

黑1三间跳则白2挡,3冲则白有4单粘的好手,5则6、8扑吃黑一子。

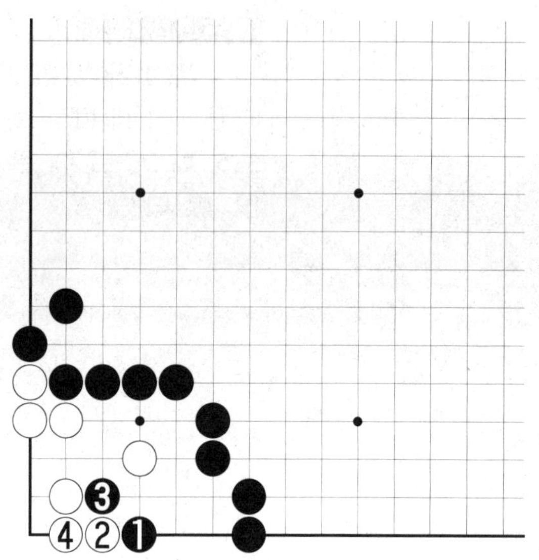

图5 尖顶

黑1二间跳则白尖顶，3打则4粘简单成活。

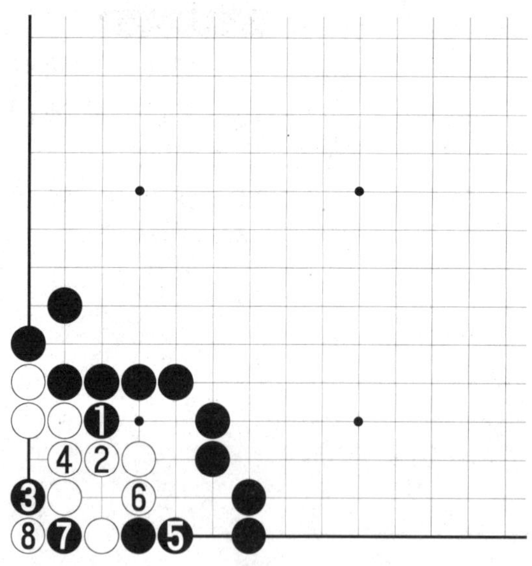

图6 劫则失败

上图黑3如于本图1先冲则白2后6顶住，7扑成劫，但还是失败。

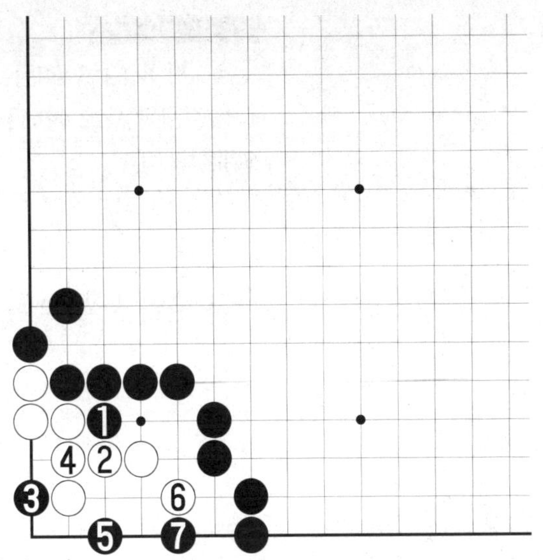

图7 正解

黑1先冲是急所,白2挡时黑3托后5三间跳是好手,白6则黑7即可。

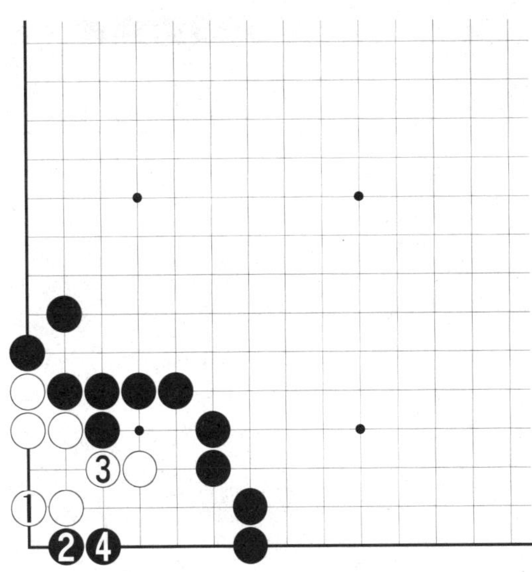

图8 变化1

图7白2如于1立则黑有2托的好手,3挡则4长便渡过了。

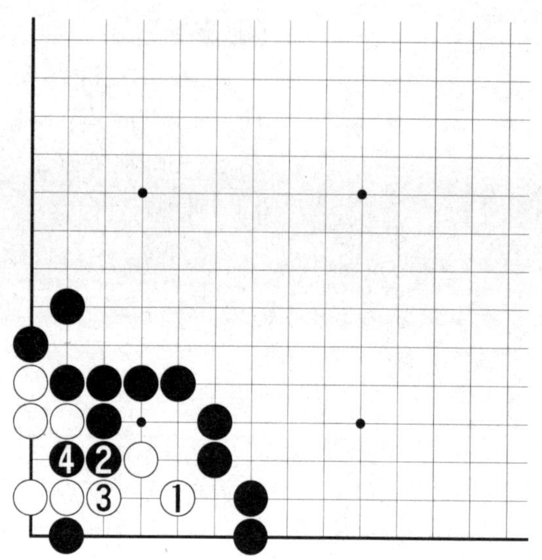

图 9　变化 2

图 8 白 3 如于 1 位尖则黑 2 冲后破眼即可。

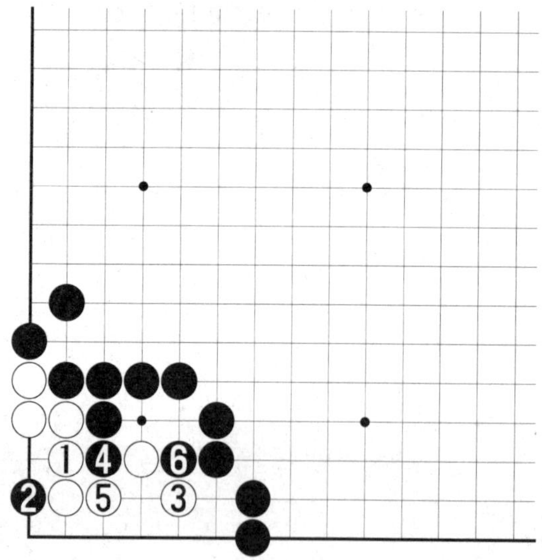

图 10　变化 3

图 7 白 2 如于 1 位粘抵抗，则黑 2 托后 4、6 缩小眼位即可。

问题 11　虚实城堡

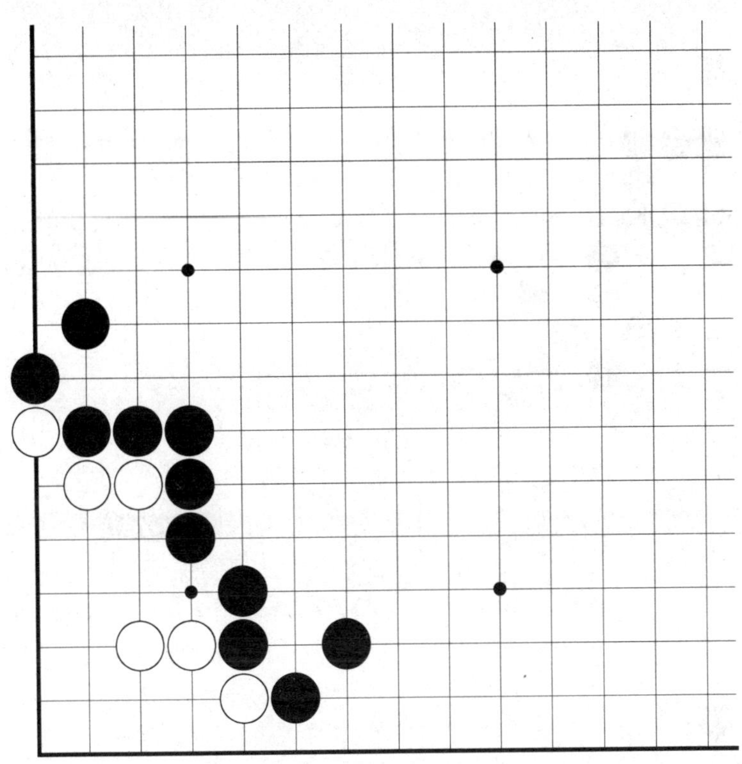

像是很虚的形状，可是千万不能想得容易，要点和次序的时机对的话，才能解决这道题。

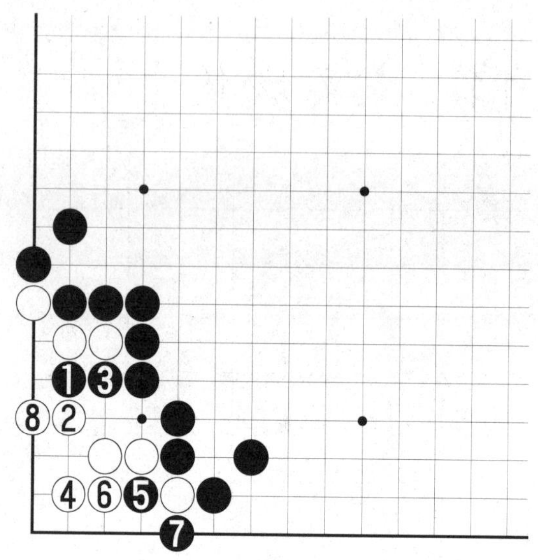

图1 活大半

1 夹轻率，白 2 尖后 4 尖二二即可活出大半。

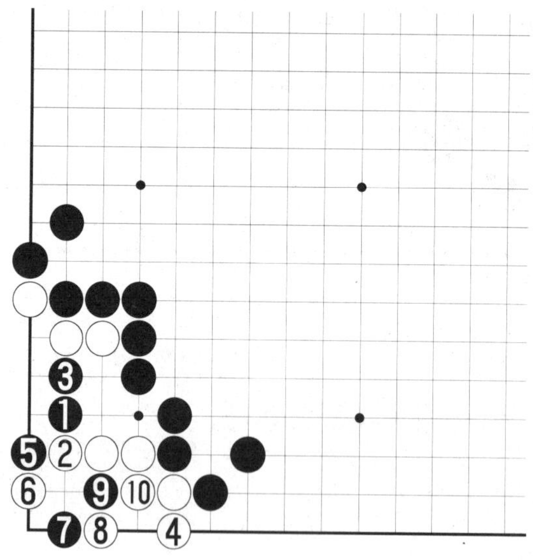

图2 劫

黑 1 飞看似可以，白 2 挡后 4 立顽强，至 10 成打劫活。

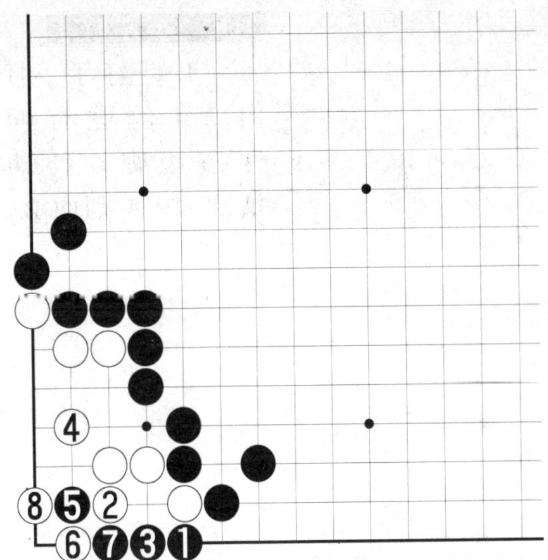

图 3 还是劫

黑 1 下打也可考虑，但白 2 后 4 尖好手，至 8 成劫。黑还是失败。

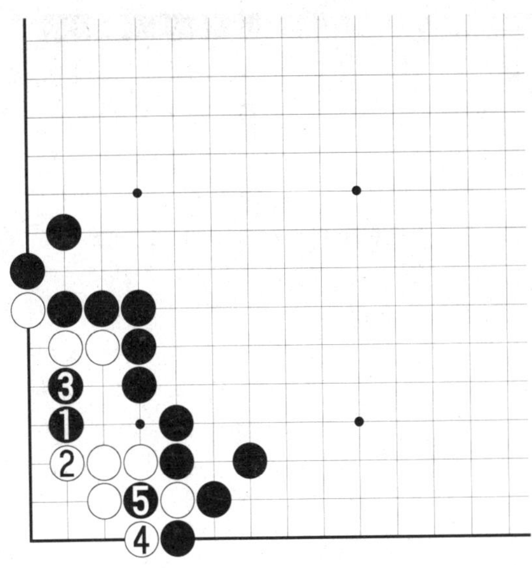

图 4 弃子

上图黑 3 如于本图 1 吃住二子则白 2 后 4 做劫抵抗。

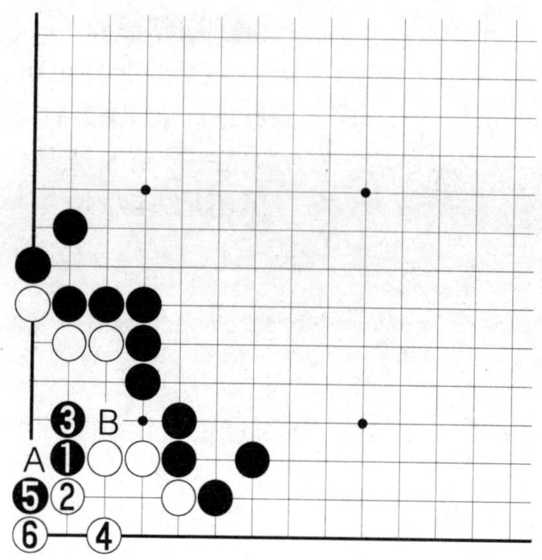

图5 虽是好手

1是好手，但白2、4倒虎有弹性，5扳则6扑劫抵抗。黑A则白B。

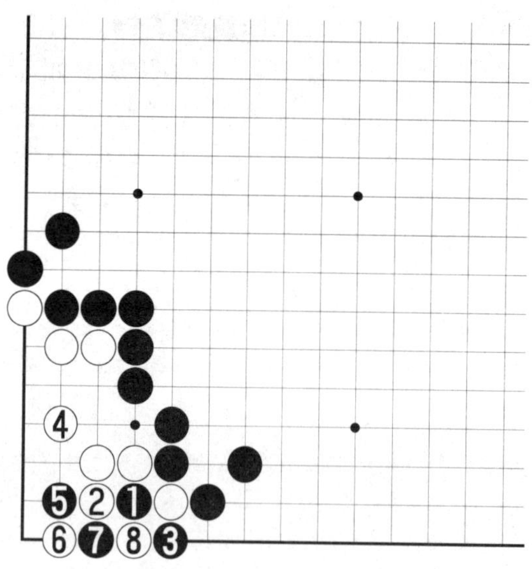

图6 扩大眼位

黑1、3打拔无谋，白4扩大眼位后即可劫活，黑失败。

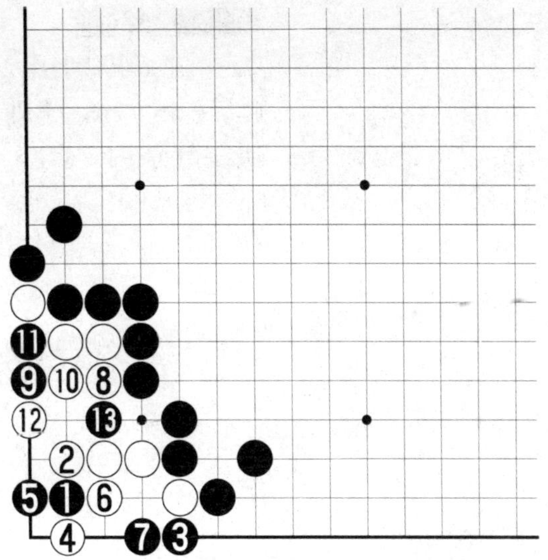

图 7　正解

黑 1 点漂亮，之后 3 打是好手，7 长时白 8 最强，但黑 9、11、13 一气呵成，白无路可逃。

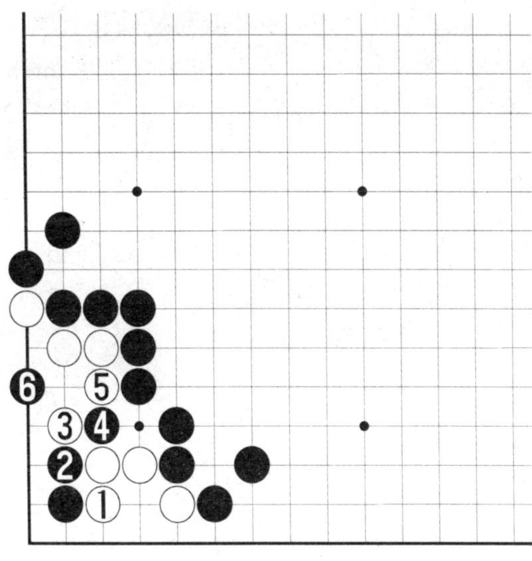

图8　变化图 1

图 7 白 2 如 1 挡的话则黑 2 爬后 4 断，5 打时 6 点好手吃住白棋……

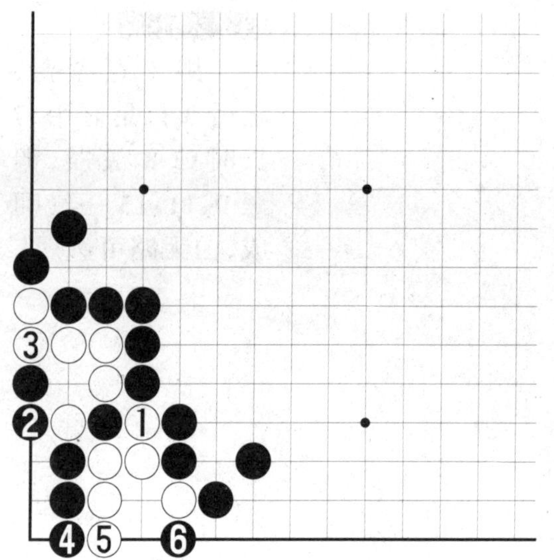

图9 继续图

白1提则黑2爬后4立,6打即快一气杀白。

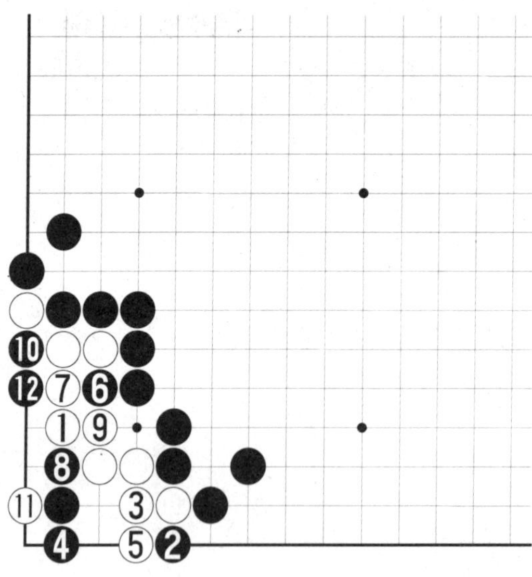

图10 变化图2

图7白2如于1尖抵抗，则黑2打后4立好手,之后8，接着10、12从后面突击即可。

问题12 死亡谷

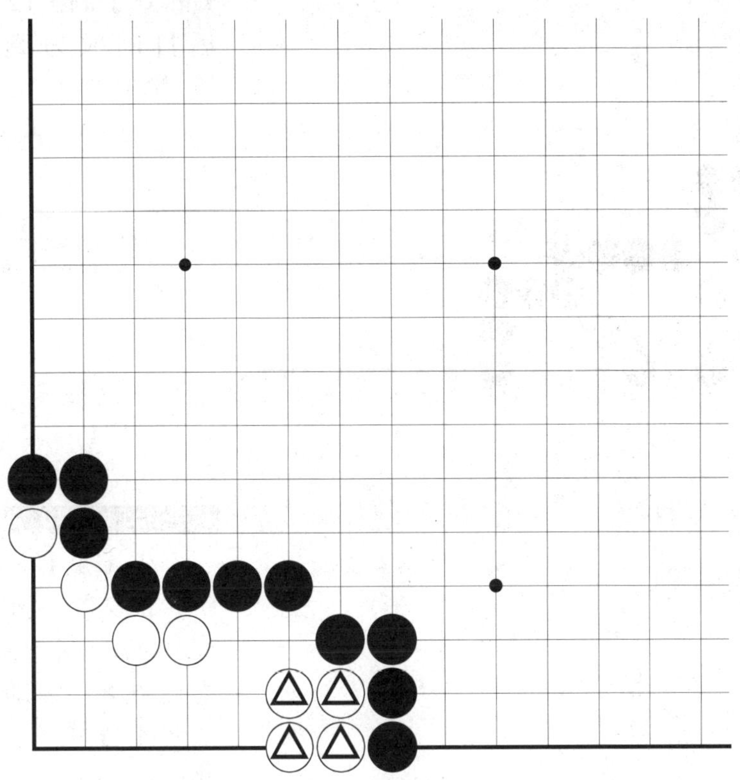

白△四子提示了对方会用“倒脱靴”顽强撑住，需要冷静下来，找到一步好棋，置对方于死地。

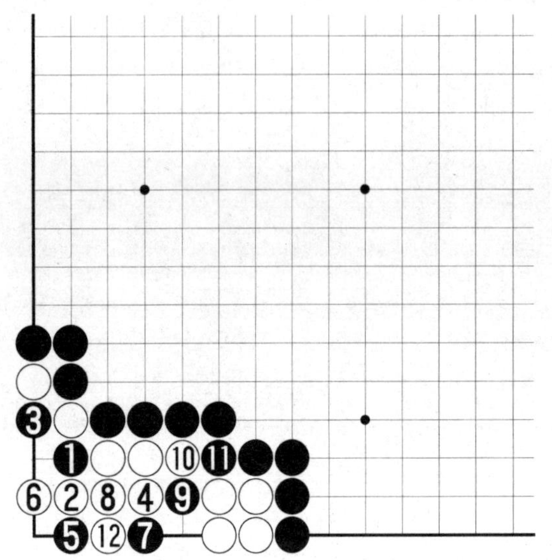

图 1　倒脱靴

黑 1、3 断吃无谋，白 4 后虽有 5、7 的好手，但 12 从后打即成为倒脱靴，黑失败。

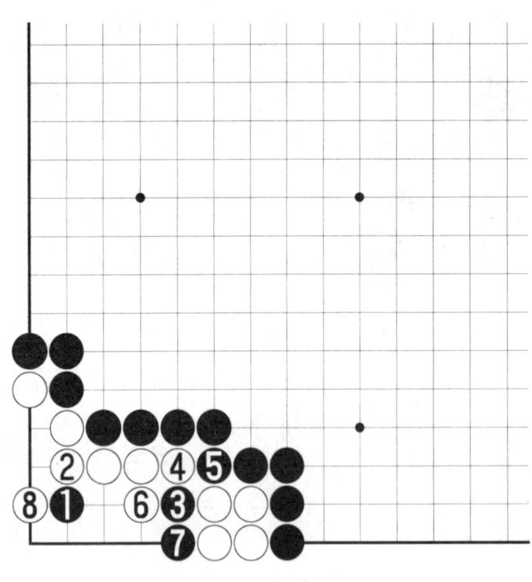

图 2　牺牲四子

黑 1 点看似急所，白 2 粘后 4 冲弃掉四子好应对，之后 6、8，黑即无法杀死白棋。

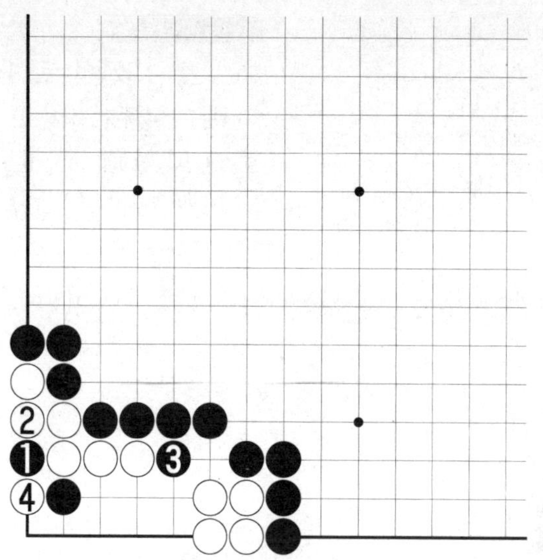

图3　提

图2黑3如于1扳后3冲的话，则白4提即成活。

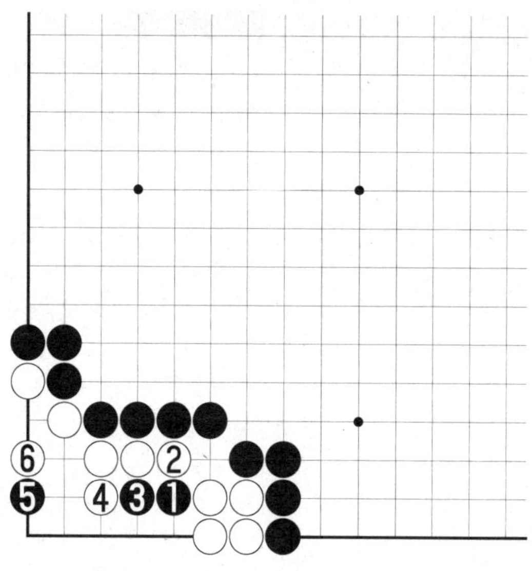

图4　弹力

黑1靠后3爬,5点看似敏锐但白6十分有弹性,成劫则黑失败。

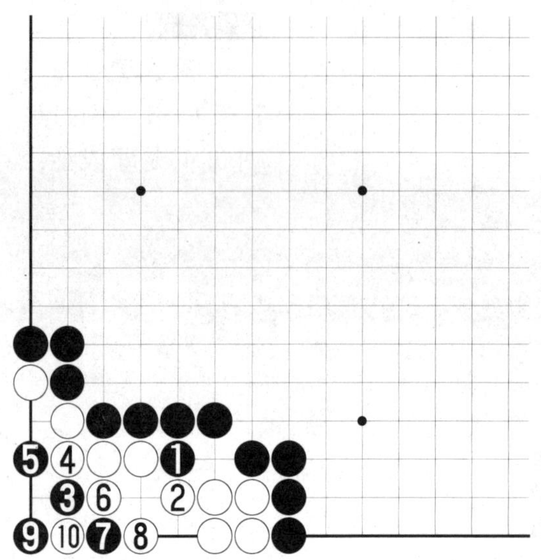

图5 成劫

黑 1 单冲后 3 点则白 4 粘，以下至 9 黑虽顽强，但成劫则失败。

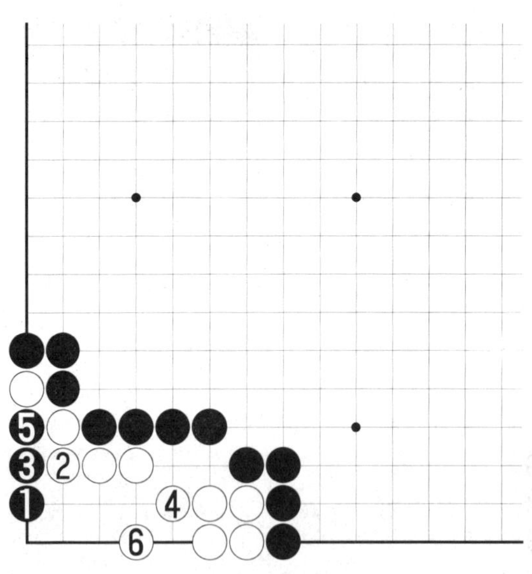

图6 鬼手

黑 1 点看似可行，但白 2 粘后 4 并鬼手，6 做眼成活。

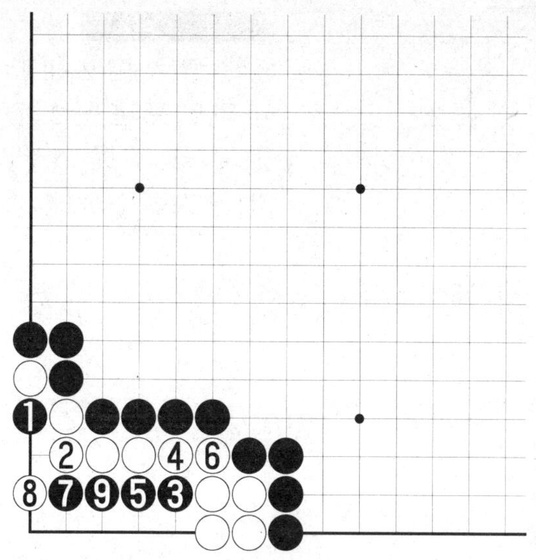

图7　正解

黑1提沉着，3靠后5爬妙手，7靠急所，至9白全死。

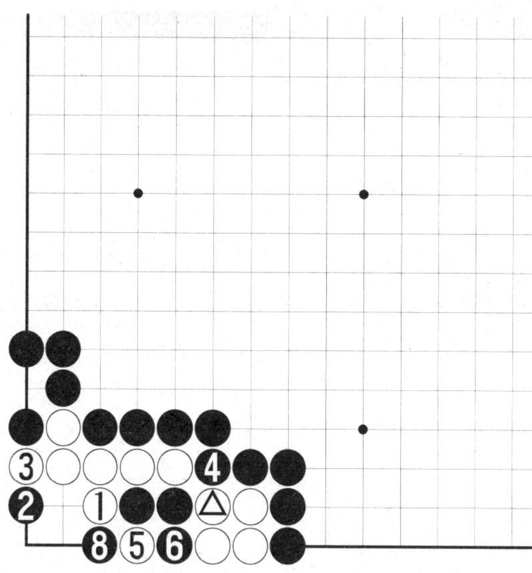

图8　倒脱靴后

图7白6如于1挡则黑2先点好手，白7叫吃时8提白即遭全歼。

⑦=△

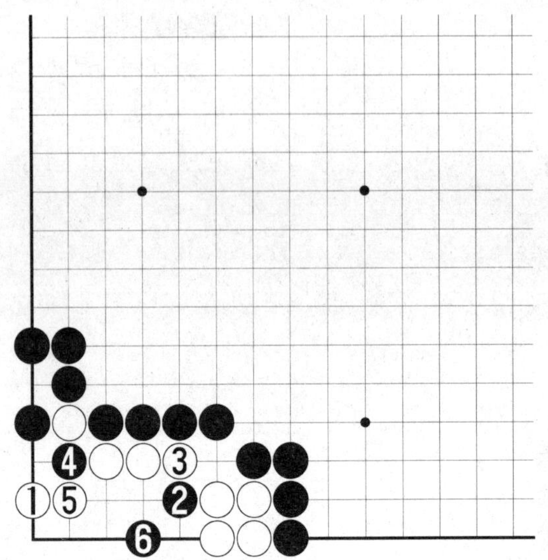

图 9　变化图

图 7 白 2 如于 1 飞则黑可先 2 靠后再于 4 提，5 挡时 6 尖妙手杀白。

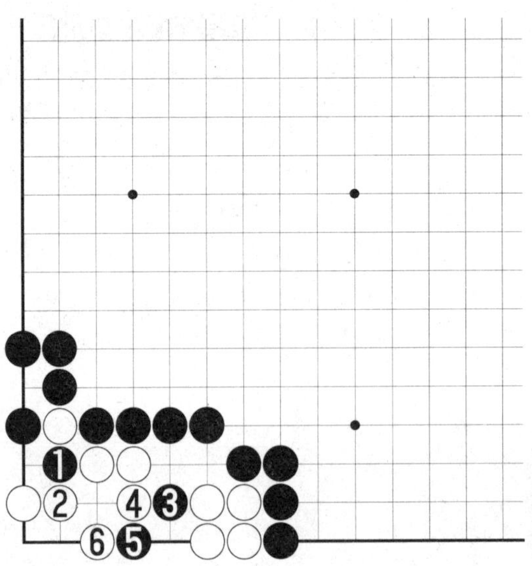

图 10　大恶手

上图黑 2 如先于 1 位提再3 靠则白 4、6 打成活。

问题13 风车

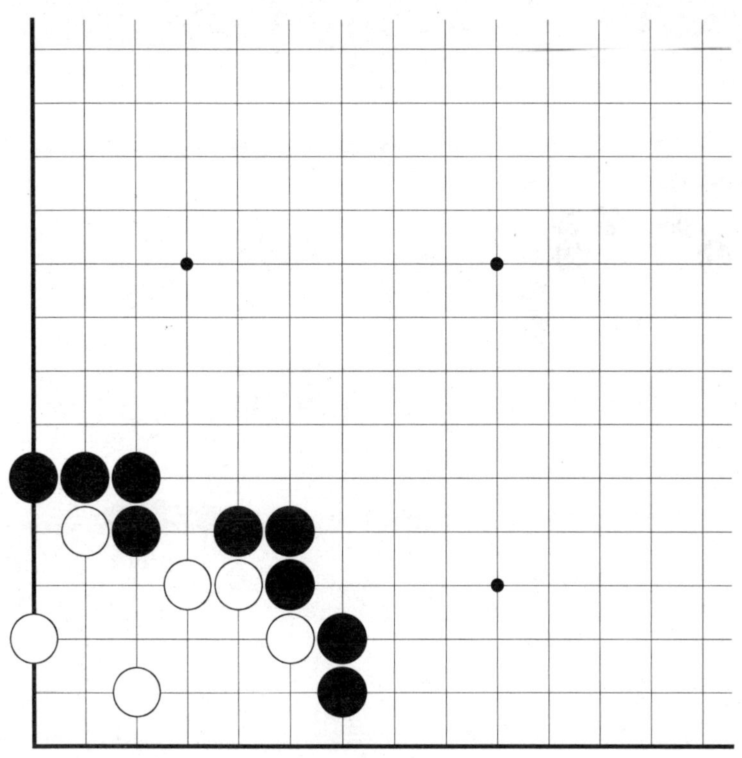

虽然对手的子占据了好地方,但总会存在弱点,第一击要击到要点上,对方会顽强撑住,这时需要下出对手预料不到的转风车的招数。

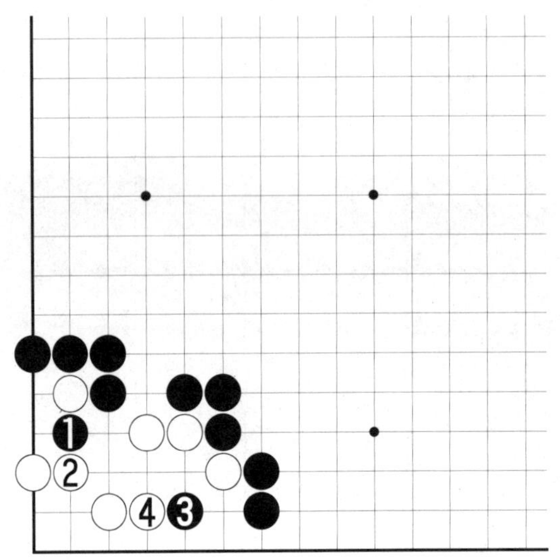

图 1 应住

黑1 后 3 再跳，则白 2、4 应住即成活。

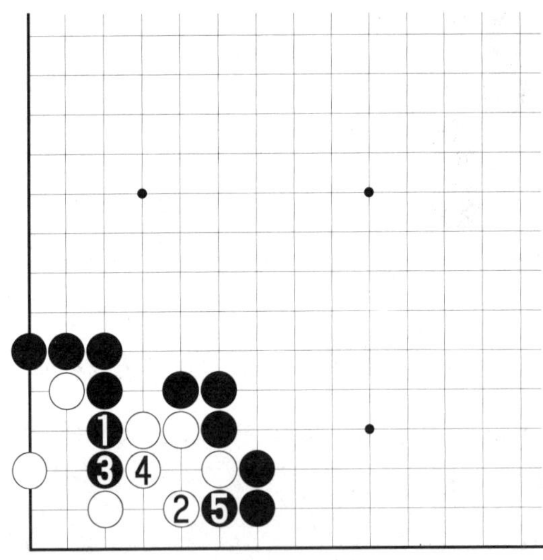

图 2 虎

黑 1 平凡地冲则白 2 虎好，3 顶后 5 打成劫，但劫算失败。

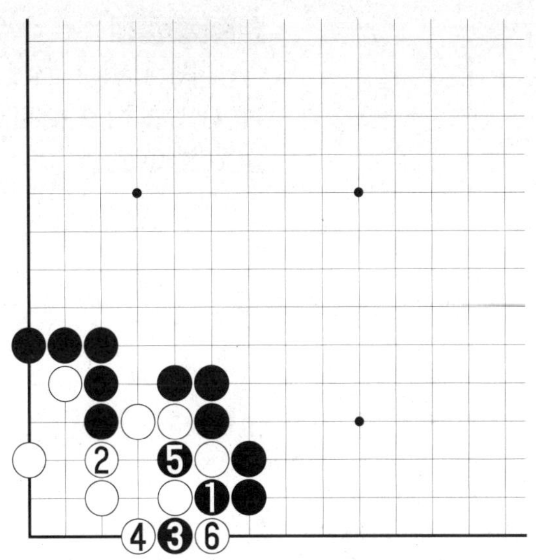

图3 顶

图2黑3如1打则白2顶成活，3、5则4、6即可。

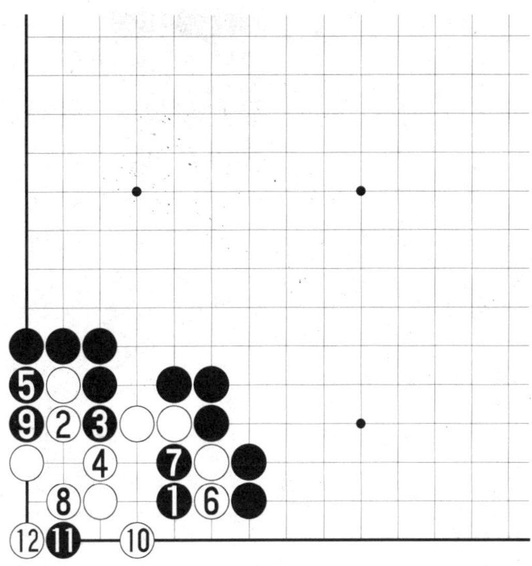

图4 劫

黑1看似锐利，3、5破眼后白有6冲的好手，然后8做眼，10尖成劫活。

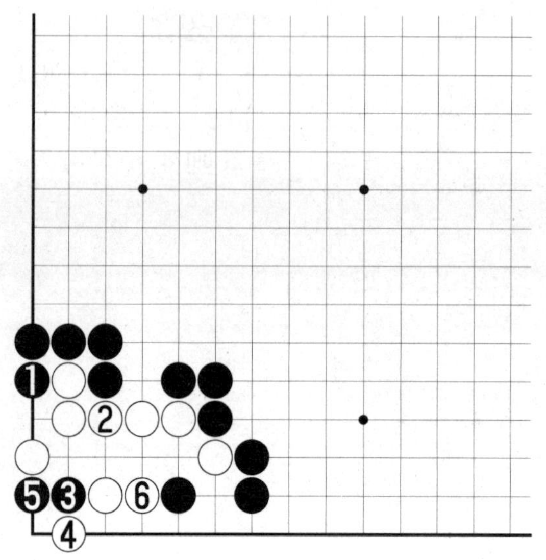

图5 无用

图4黑3如1冲无用，白2粘后至6简单成活。

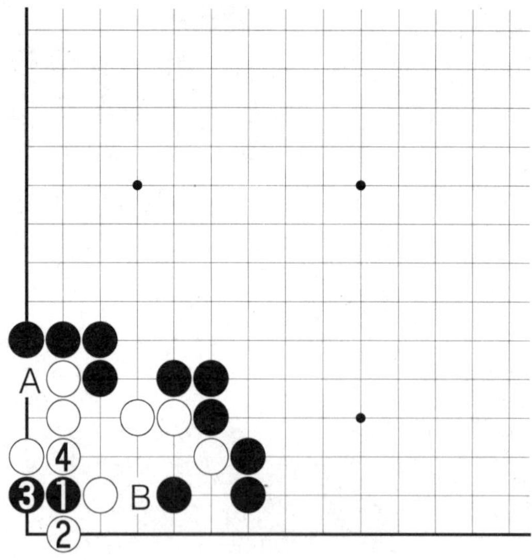

图6 见合

图4黑3如1靠则白2扳后4打，A和B见合成活。

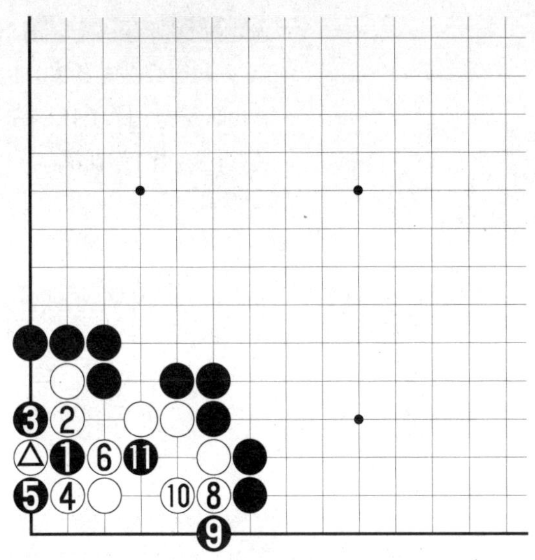

图 7 正解

黑 1 是正确的要点，白 2 顶时 3 扑是好手，白 4、6 抵抗则 7 粘劫即可。

❼=△

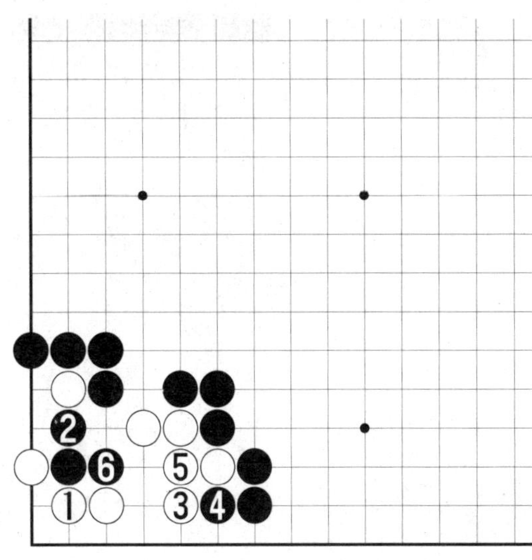

图 8 变化图

图 7 白 2 如本图 1 位挡则 2 打是正着，3 虎则 4、6 简单吃住白棋。

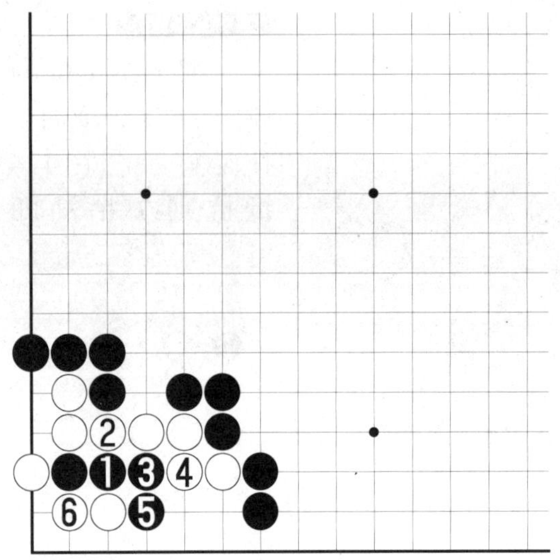

图 9　黑的失误 1

图 7 黑 3 如 1 冲则是恶手，白 2 粘以下至 6 挡成活。

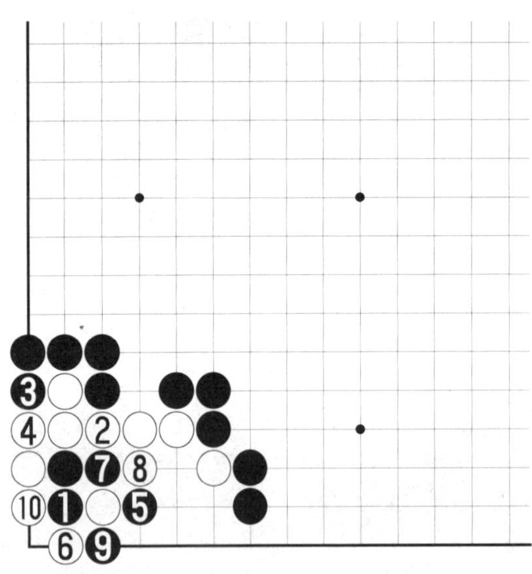

图 10　黑的失误 2

图 7 黑 3 如1 冲则白 2 粘，3、5 使尽全力也只是成劫，至 10 黑失败。

问题 14　双的倍数

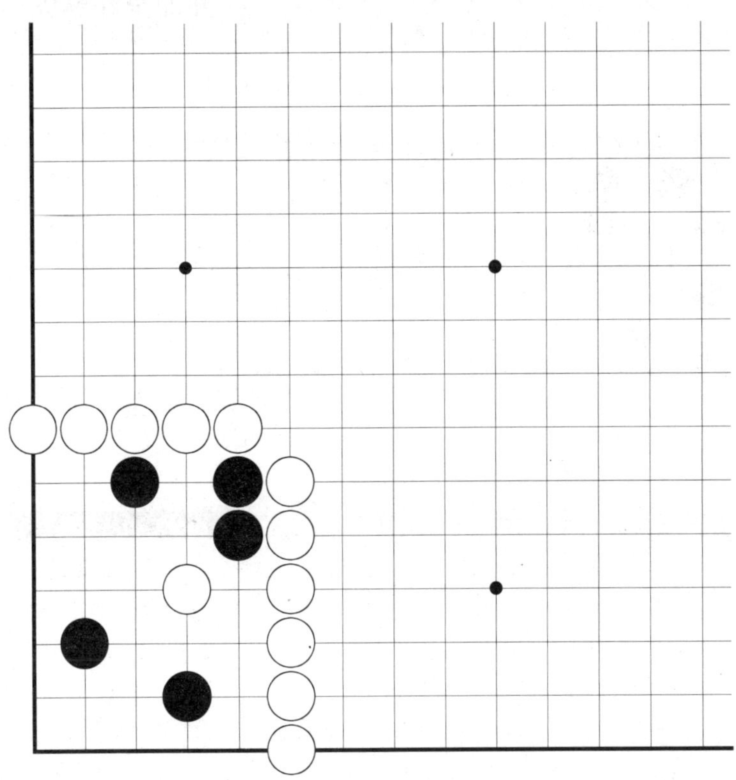

对方强的话，有时候需要自己收缩后退，光看形状就分好棋坏棋的话，你会发现这就是你最大的失误。

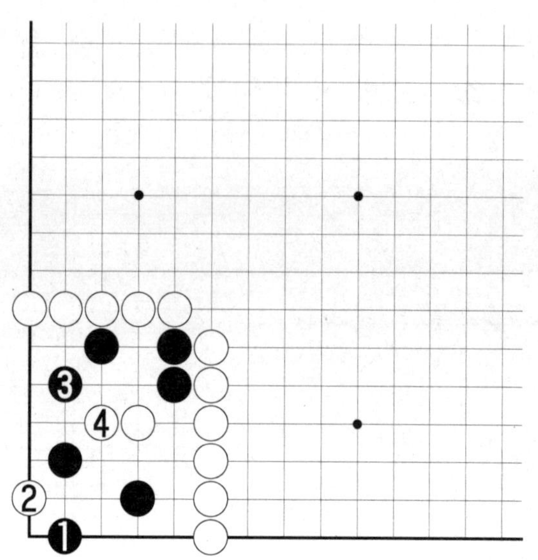

图1　2、1的攻防

黑1跳看似急所，但白2点后4并即全歼黑棋。

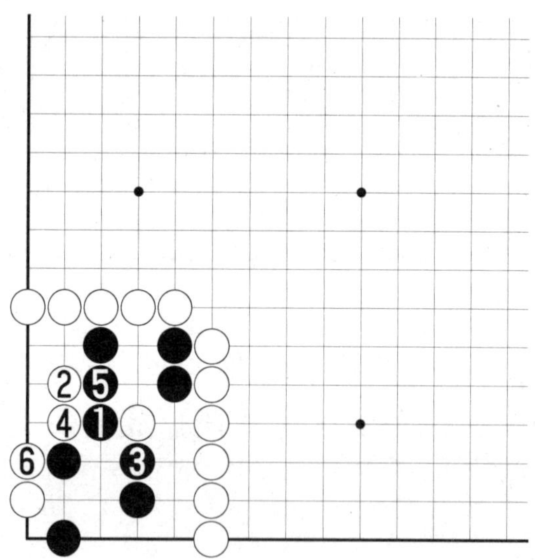

图2　点是急所

黑1如尖顶则白2跳中急所，黑3、5则白4、6连回一子杀黑。

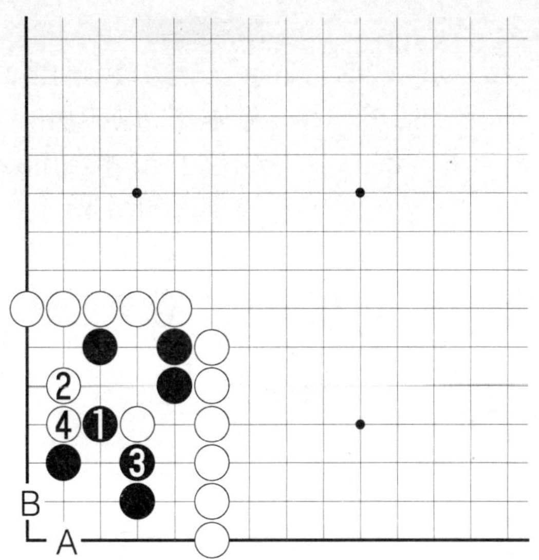

图 3 还是点

黑 1 单纯顶住则还是白 2 跳点，3 则 4 挤即可，黑 A 则白 B。

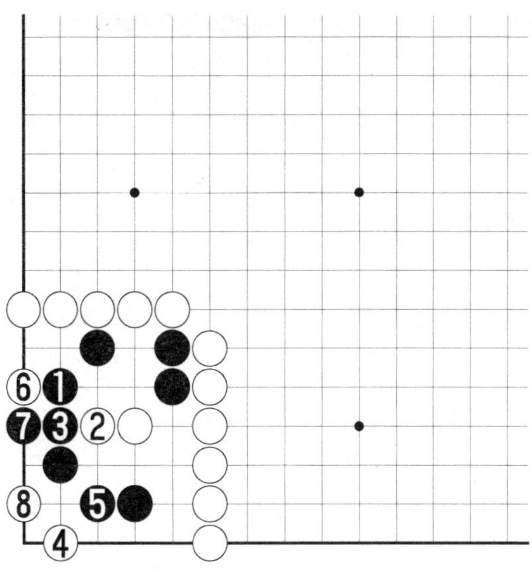

图 4 坚韧的一手

黑 1 则白 2 并坚韧，3 粘后 4 点时机，至 8 黑全灭。

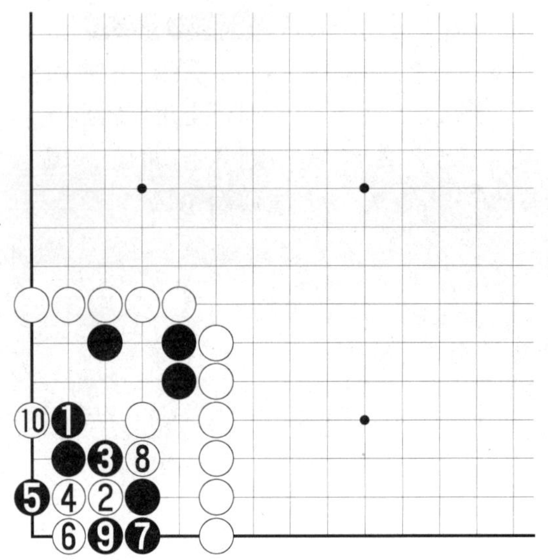

图5 靠

黑1并则白2靠强手,以下白4、6弯下至10仍是黑全灭的结果。

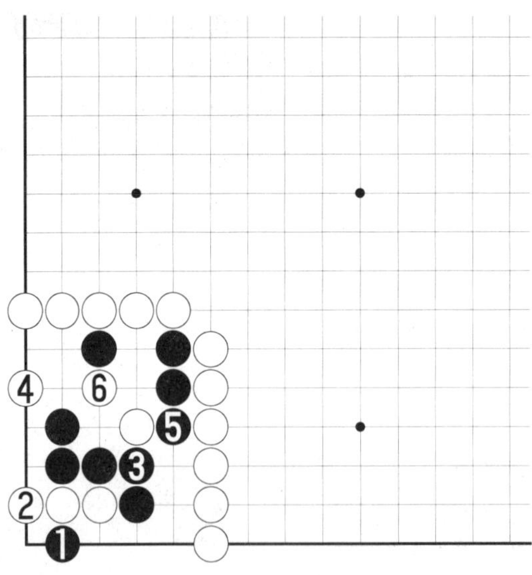

图6 单立

图5黑5如改变一下抵抗于1夹则白2单立即可,3、5则白4、6破眼。

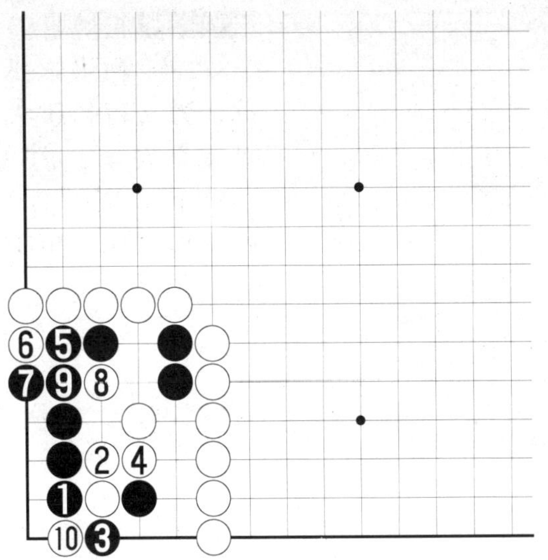

图7 贴起

图5黑3如于1夹则白2贴起对应,5扩大眼位则白6、8后10扑即可。

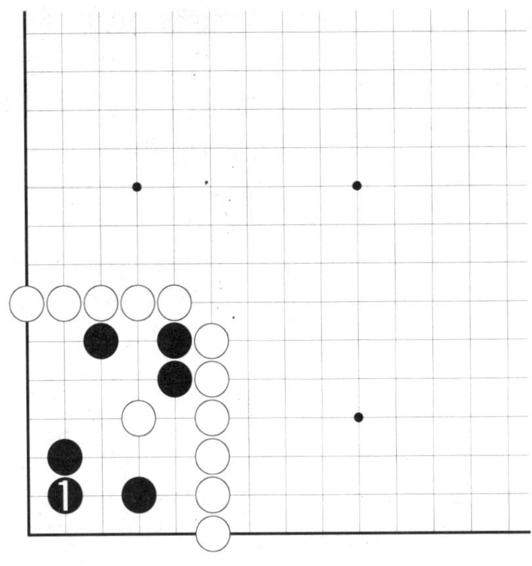

图8 只此一手

黑1并是正着,只此一手,是正解的出发点。

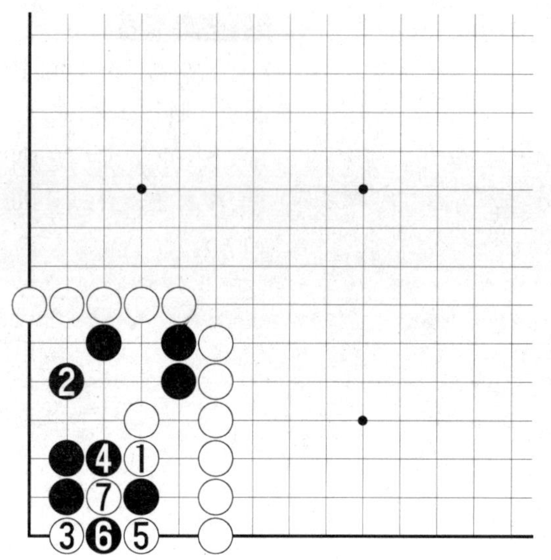

图 9 黑的失败

白 1 顶最强抵抗，黑 2 盲目扩大眼位是失误，白 3 是妙手,4 顶则白 5 托成为打劫，黑失败。

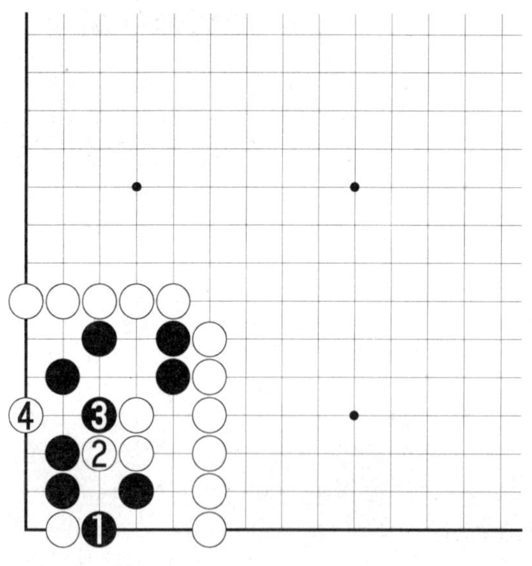

图 10 破眼

图 9 黑 4 如 1 打抵抗则白 2 破眼即可，黑 3 则白 4 点杀。

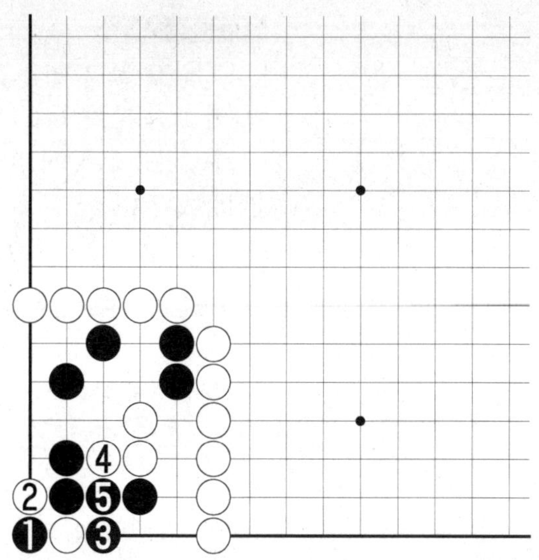

图 11 单粘

图 9 黑 4 如 1 扑看似成立，但白 2、4 后有 6 单粘的好手，黑仍不行。

⑥=❶

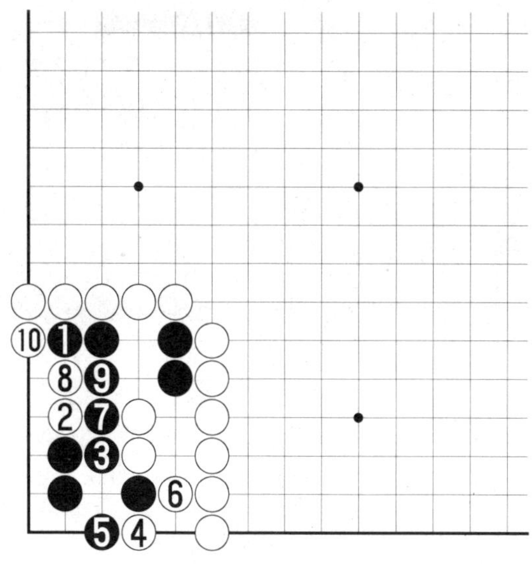

图 12 靠

图 9 黑 2 如 1 挡则白 2 靠强击，3 则白 4 夹后 6 打成劫，黑还是失败。

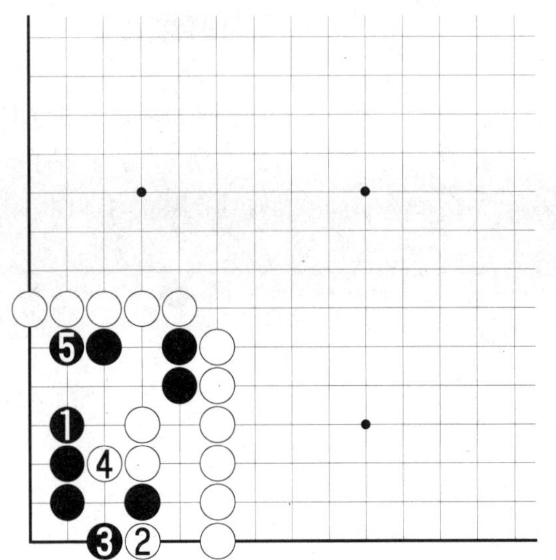

图 13　正解

图 9 黑 2 如于本图 1 并是绝妙的一手，白 2、4 时 5 挡即成活棋。

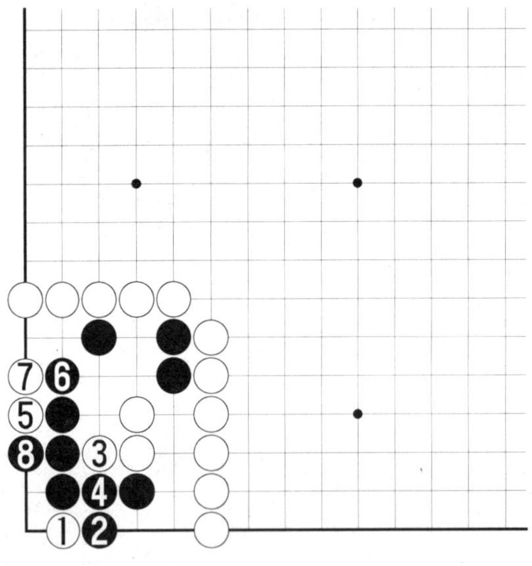

图 14　变化

图 13 白 2 如于 1 托则黑 2 挡后 6、8 打住即可。

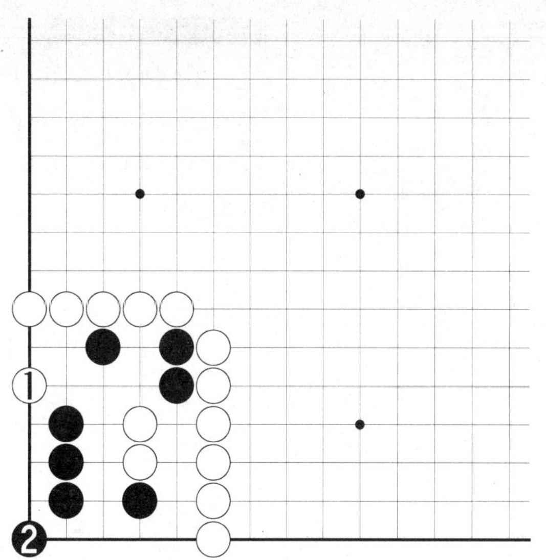

图 15　变化图 1

图 13 白 2 如于 1 跳则黑有 2 的妙手。

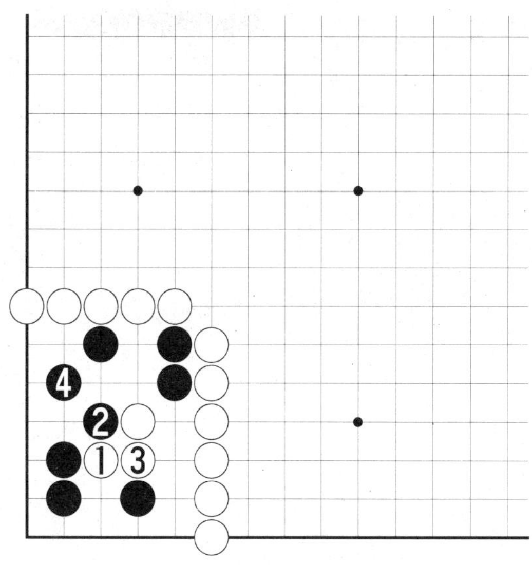

图 16　变化图 2

图 9 白 1 如于 1 尖顶则黑 2 挤后 4 虎即成活。

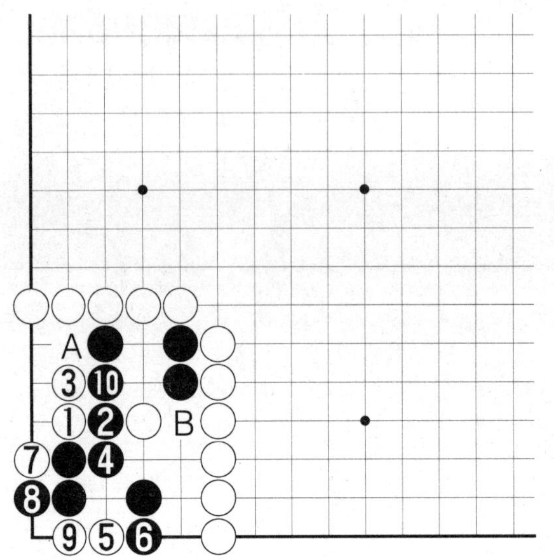

图17 变化图3

图9白1如1靠则黑2挖好手，以下至10,A、B见合成活。

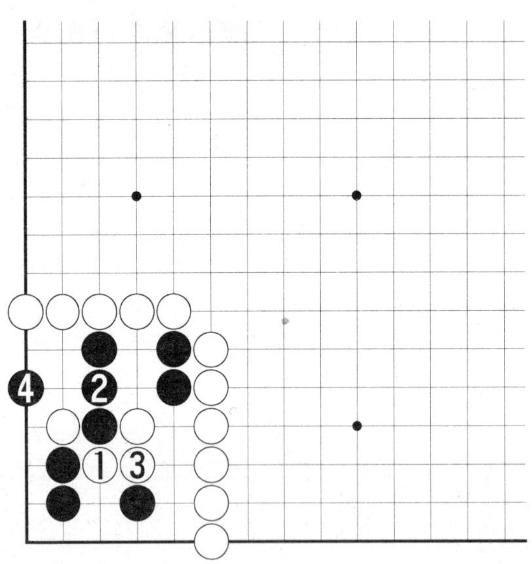

图18 变化图4

图17白3如于1打则黑2粘后有4跳的好手而活。

问题 15　单刀

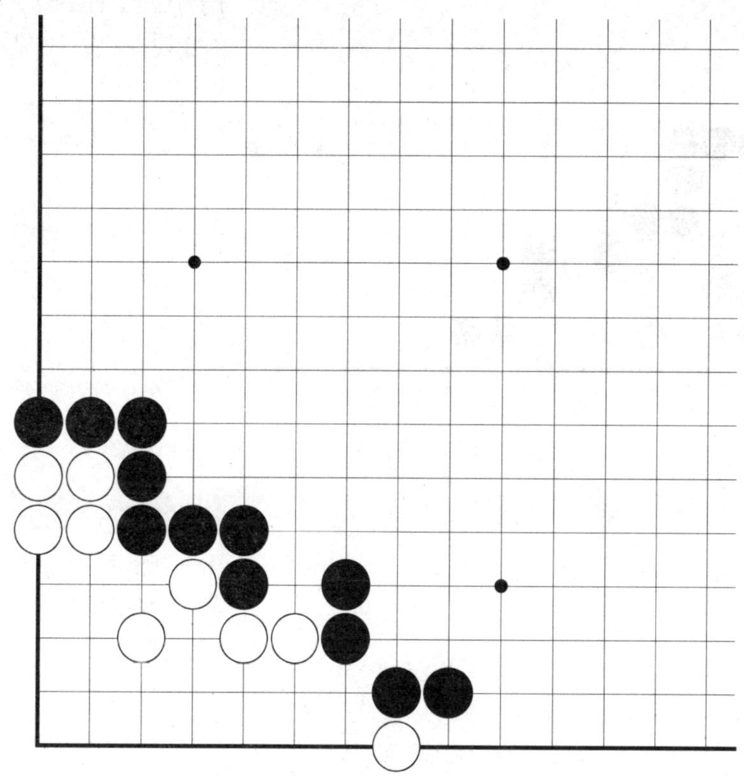

毫无疑问，对手会强烈地抵抗，你要想的是怎样让对手不能呼吸，仔细观察周边的配置。

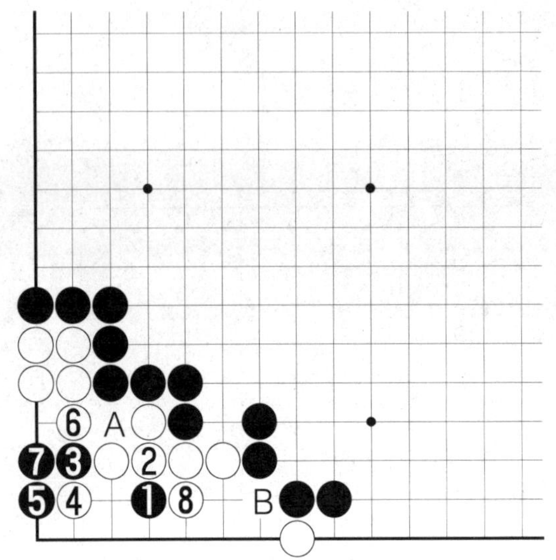

图1 见合

黑1点是第一感，接着3、5看似白不行，但白8巧妙，以后A、B见合而活。

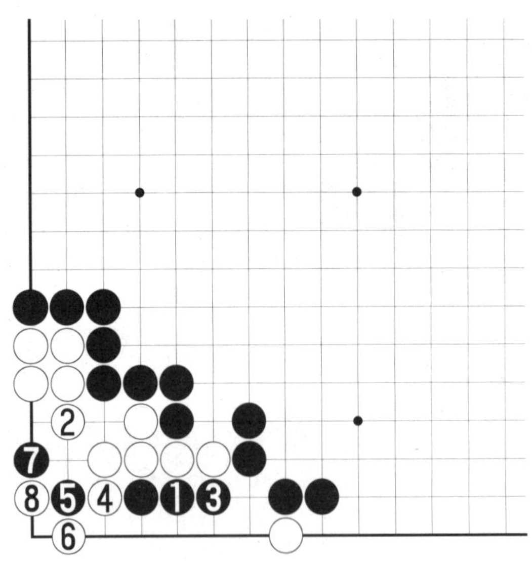

图2 劫

图1黑3如1先爬则白2退后4挡成劫，黑失败。

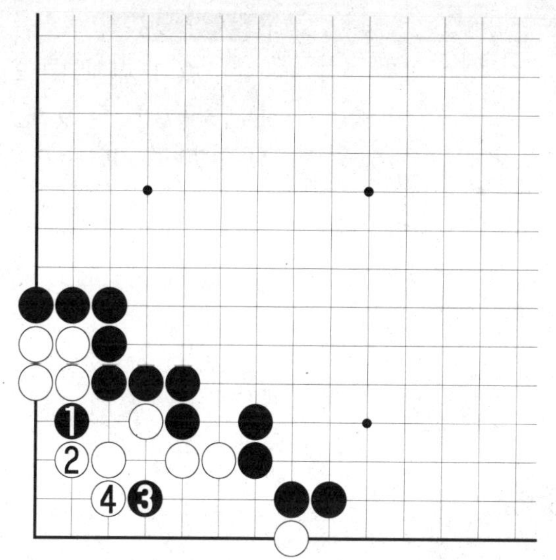

图3 无谋

黑开始如于1打，则白2挡后4再挡,即简单成活。

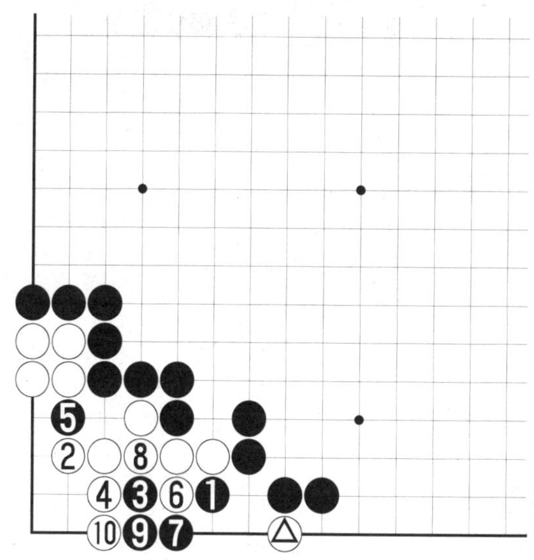

图4 机敏的一手

黑如于1虎则白2并机敏，以下至10打,白△子发挥作用而活。

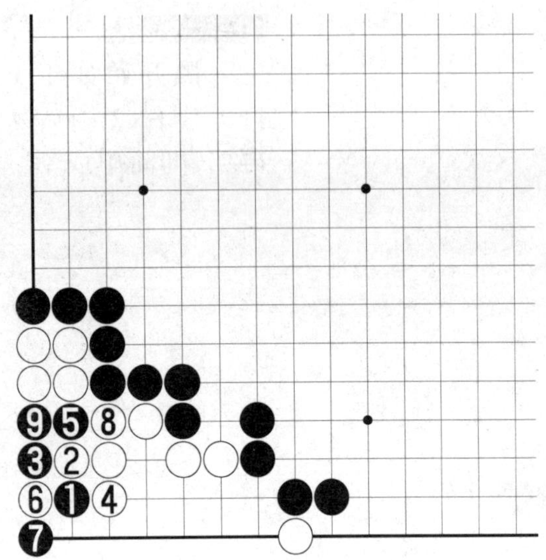

图5　失败图

黑 1 点则白 2 挡，3 以下至 9 吃住白四子，但……

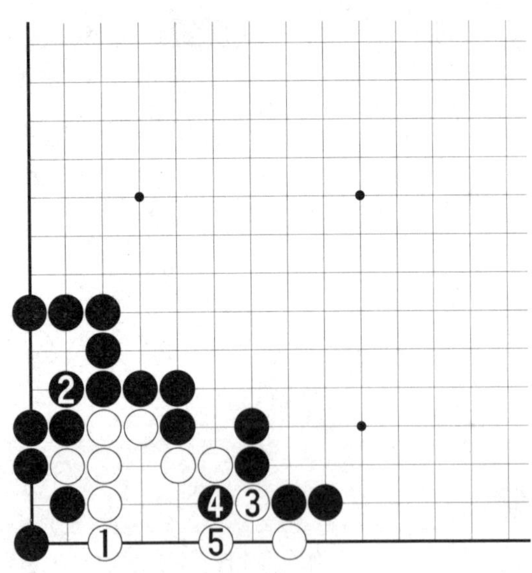

图6　继续图

白 1 成为先手后 3 挤顽强，成为劫活。

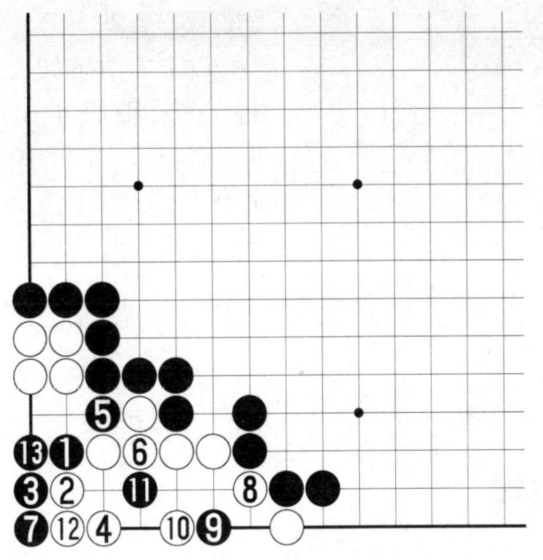

图 7　正解

黑 1 托后 3 扳是好时机，然后 6 粘时黑 7 长鬼手，9 点后 11 杀白。

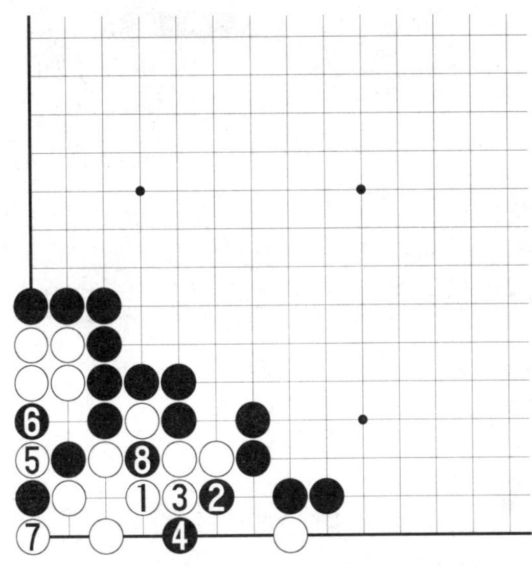

图 8　变化

图 7 白 6 如于 1 做眼则黑 2、4 连扳，5、7 则 8 提成连环劫杀白。

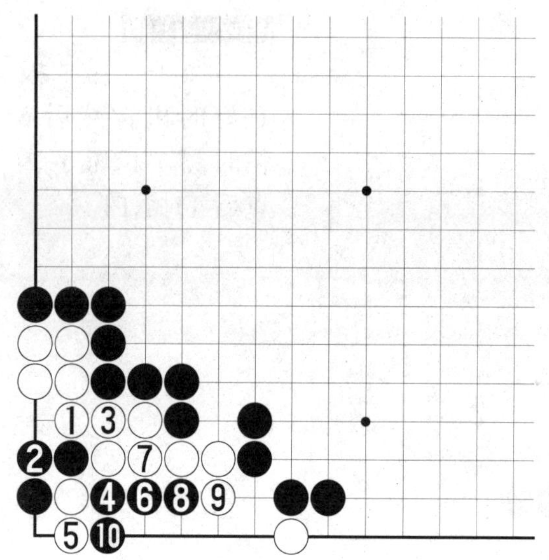

图9 变化

图 7 白 6如 1 打,3粘,则黑 4、6、8 一本道，之后 10 打快一气杀白。

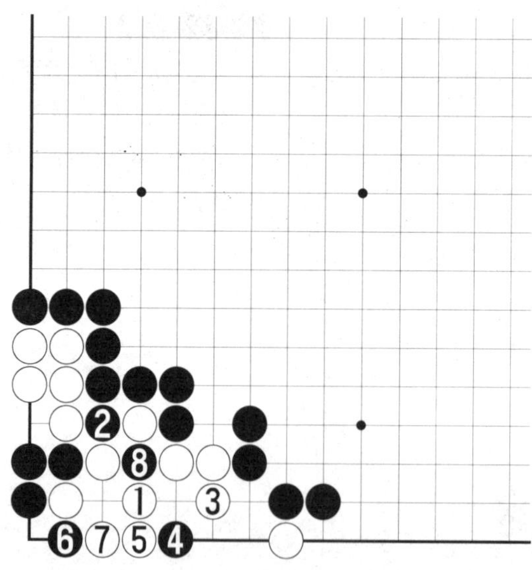

图10 变化

图 9 白 3如 1 尖则黑 2 打,3 则 4 点,5挡虽顽强,但 6 打后还是以连环劫杀白。

问题 16 埋伏

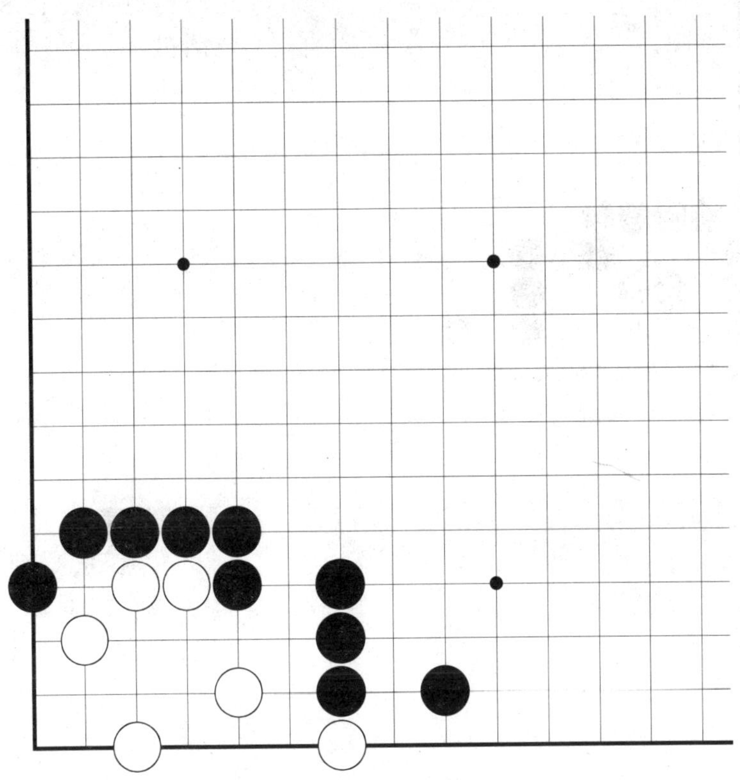

白棋的形状就像装死的野猪一样，你小看它的话,会让它醒过来的。需要细腻的非常作战。

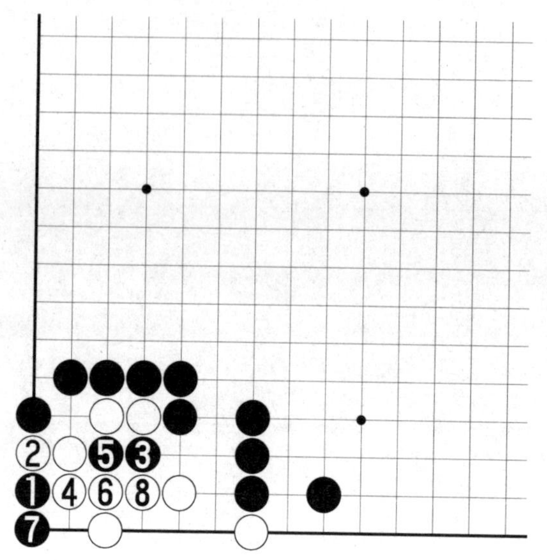

图1　弯

黑1点是第一感，但白2断后4弯打好手，至8成活棋。

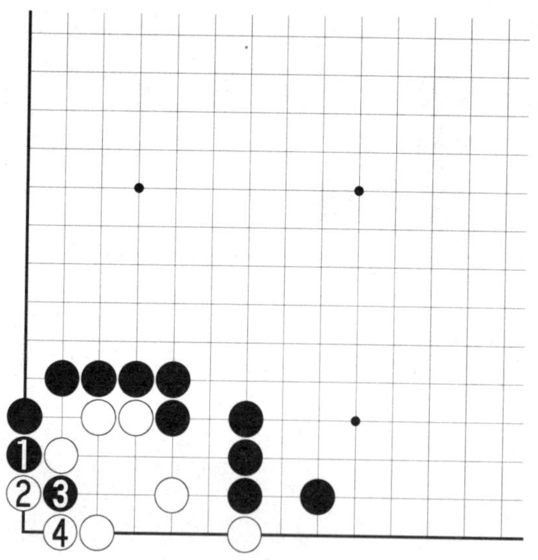

图2　无谋

黑1、3则白2、4简单成劫，劫则黑失败。

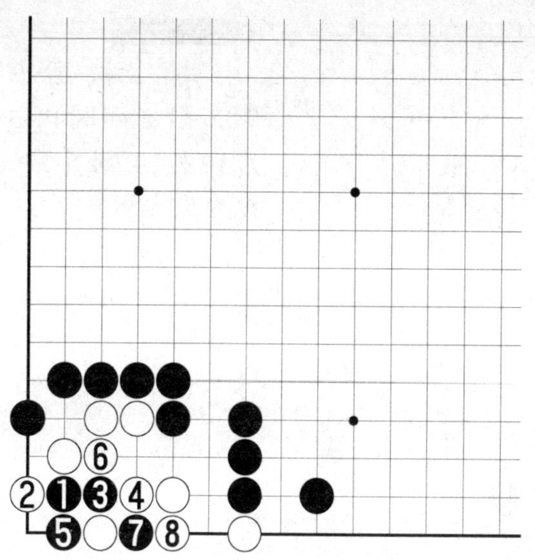

图3　做劫抵抗

黑1靠则白2扳，3、5打则6、8打成劫。

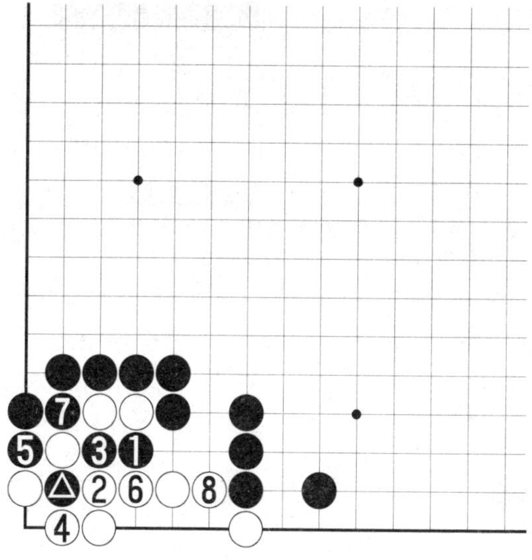

图4　打是好手

图3黑3如1扳则白2打对应，3、5则白6、8成劫活。

❾=▲

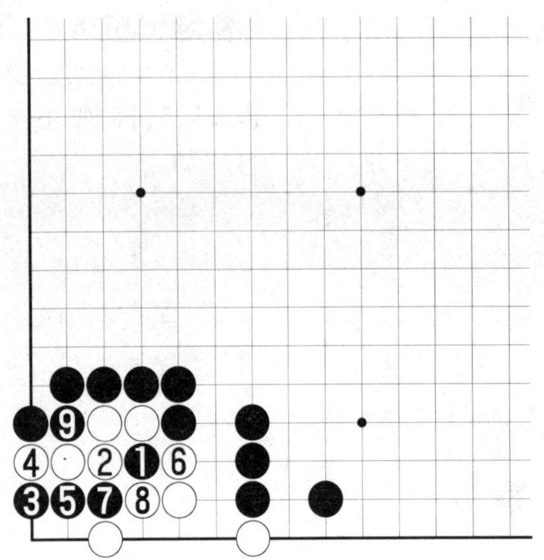

图5　正解

黑1扳是手顺，白2团时再3点锐利，4则5贴，至9白全歼。

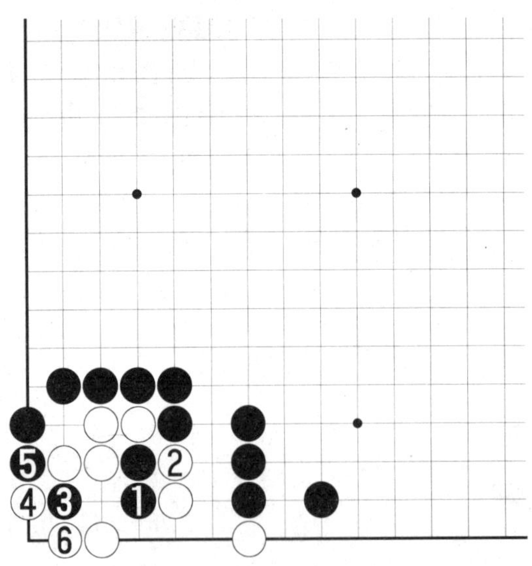

图6　黑的失手

图5黑3如1冲则白2断，3靠时白4扳后6打劫，黑失败。

问题 17　灯下的影子

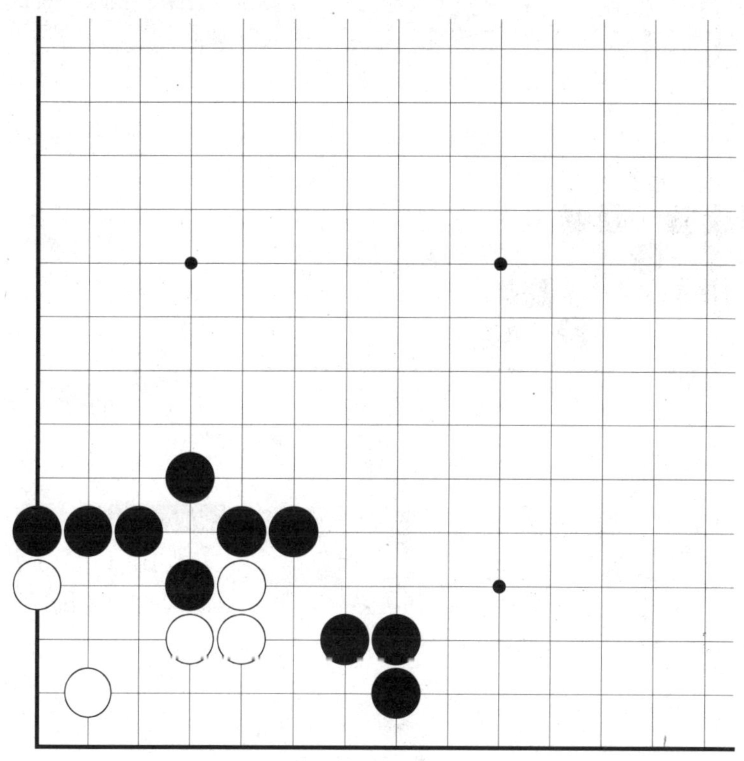

看上去不好找要点。只要冷静下来，会意外地轻松解决。

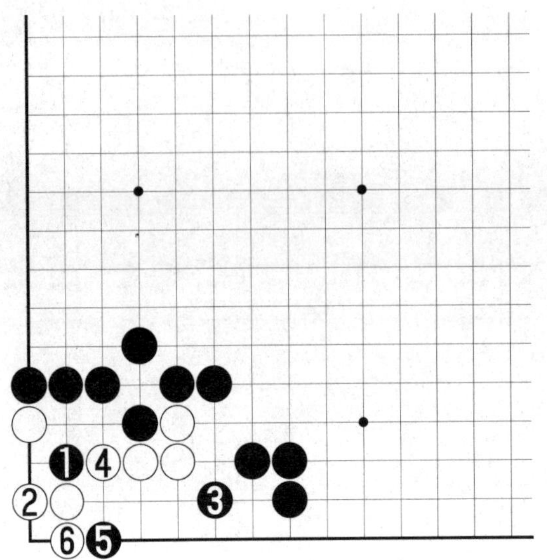

图 1　无用的一手

黑 1 靠无用，白 2 立后 4 顶简单成活，黑 5 则白 6 挡。

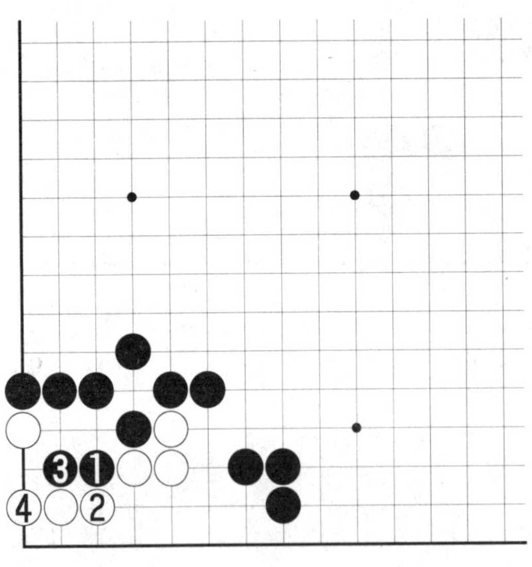

图 2　无谋

黑 1 虎无谋，至 4 立白简单净活。

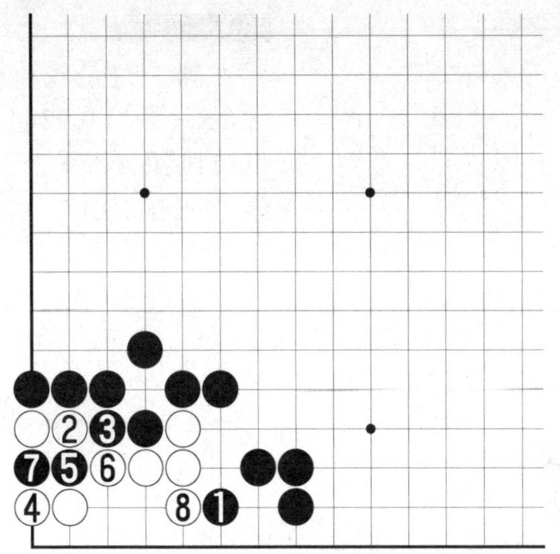

图3 弃二子

黑1先虎的话则白2贴,3团则白有4位立的妙手，至8弃二子成活。

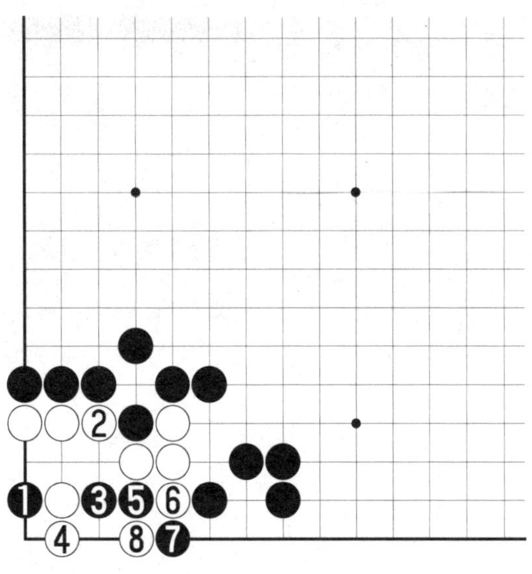

图4 顶

图3黑3如本图1托则白2顶打好手,3、5则白6、8,形成接不归。

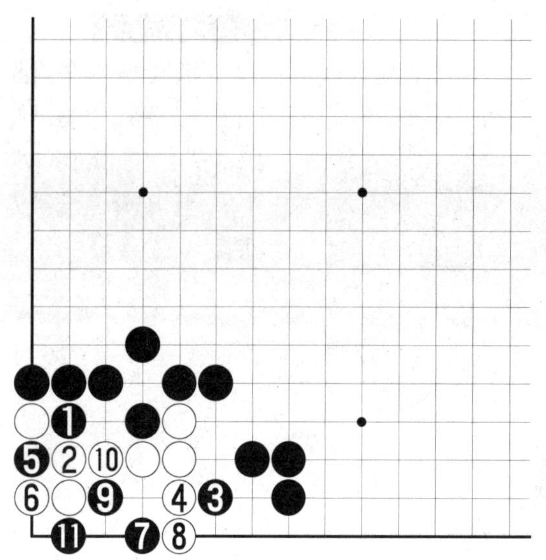

图5 正解

黑1打是较难想的一手，白2、4抵抗则黑5、7以下做刀把五杀白。

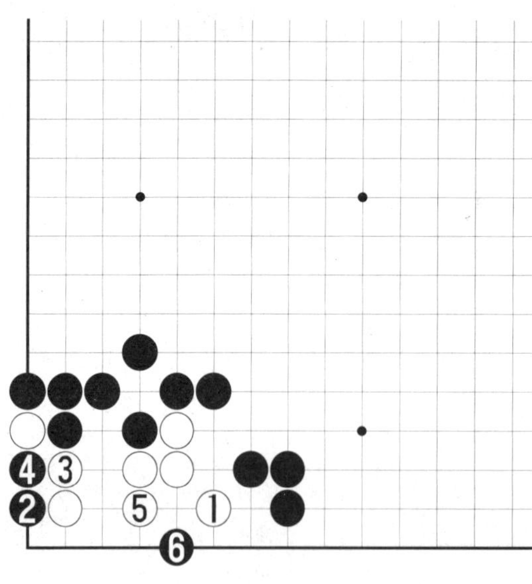

图6 二·一之要点

图5白2如1如扩大眼位则黑2托二·一好手,之后白5则黑6点杀。

问题 18　旅途

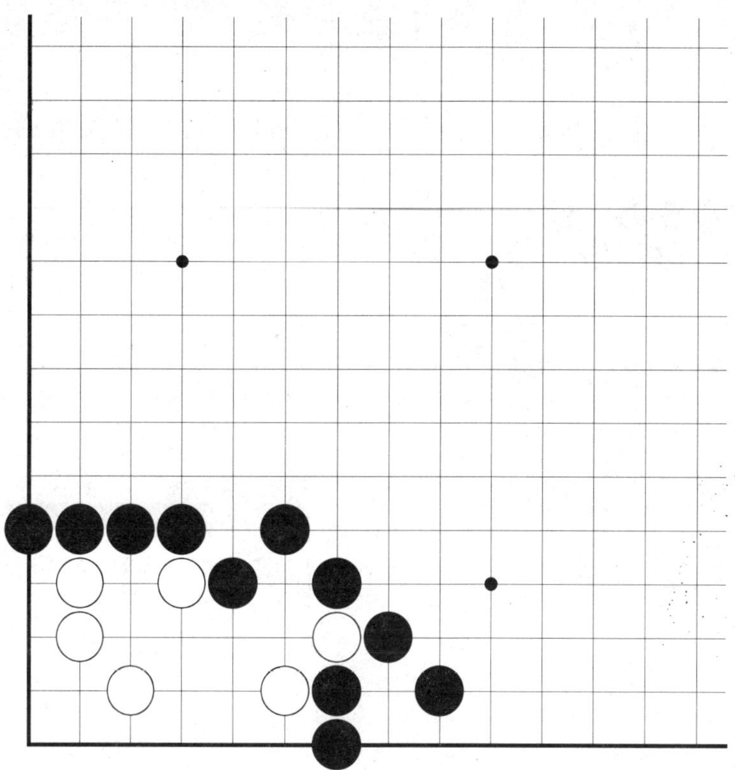

走再多也看不到旅途的终点，偶尔看到终点的假象，可是忍耐走下去，会看到真正的终点。

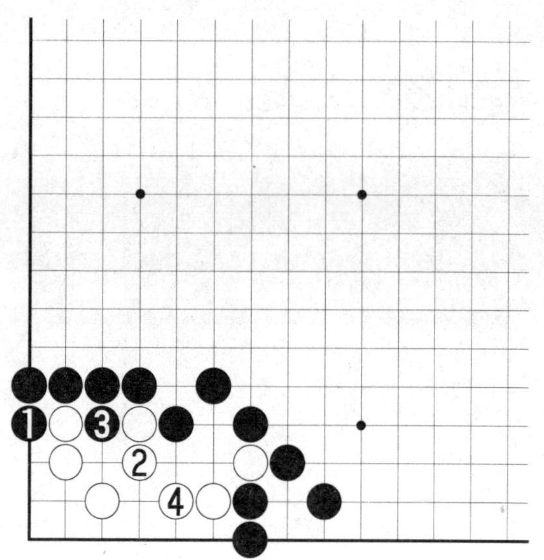

图1 退

黑1简单地爬则白2退成活，3则4即可。

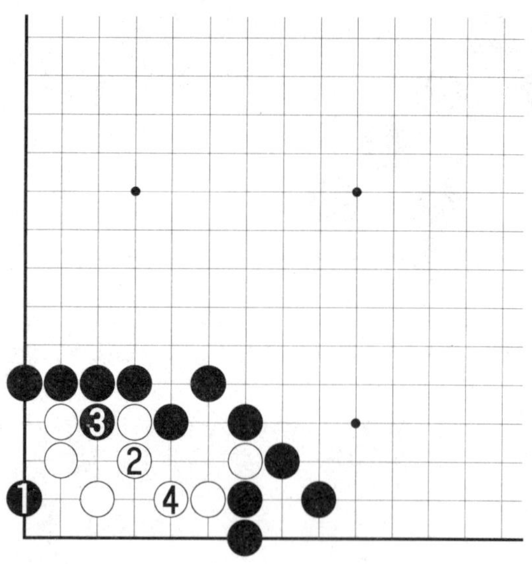

图2 还是见合

黑1点则还是白2退形成3和4的见合成活。

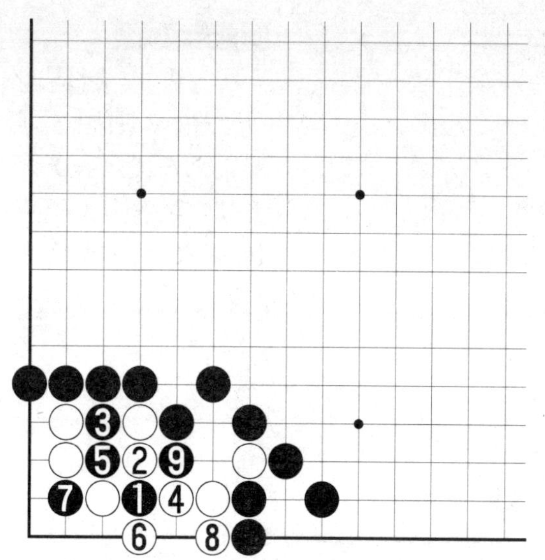

图 3　失败图

黑 1 靠较难解，白 2 扳则 3 破眼，然后 7 断，白 8 做眼，黑 9 打……

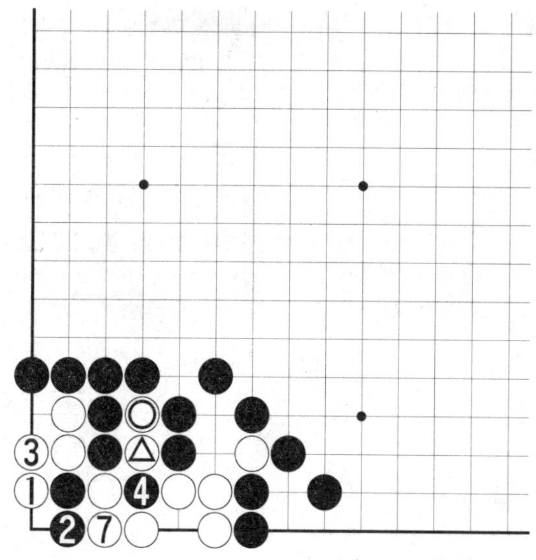

图 4　继续图

白 1 打后 3 粘好手，6 打时白 7 打即成劫活。

⑤＝△　❻＝◎

❽＝❹

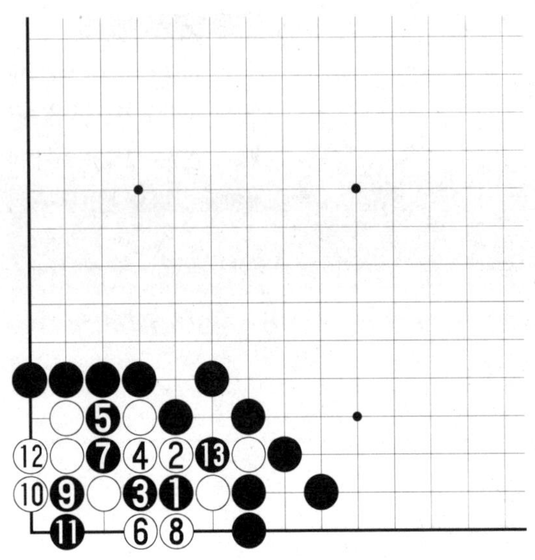

图5 正解

黑 1 夹是急所，白 2 则黑 3 顶好手，5 之后 9 断是要点，至 13 提白因不入气而被杀。

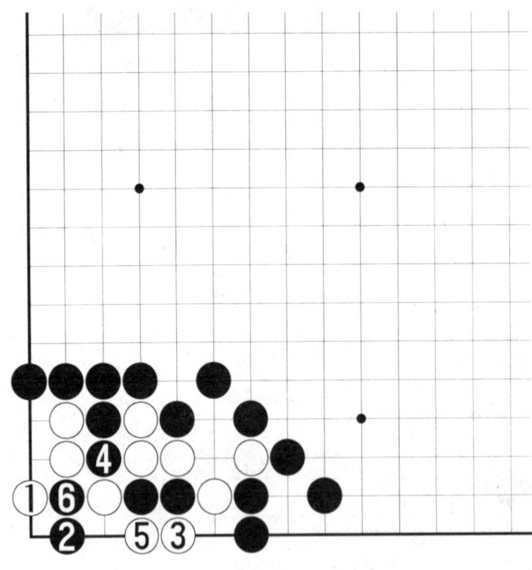

图6 变化

图 5 白 6 如下 1 虽想活出一半，但黑 2 点后白仍无活路，白 3、5 虽顽强但黑 6 断即结束。

问题 19　刺客

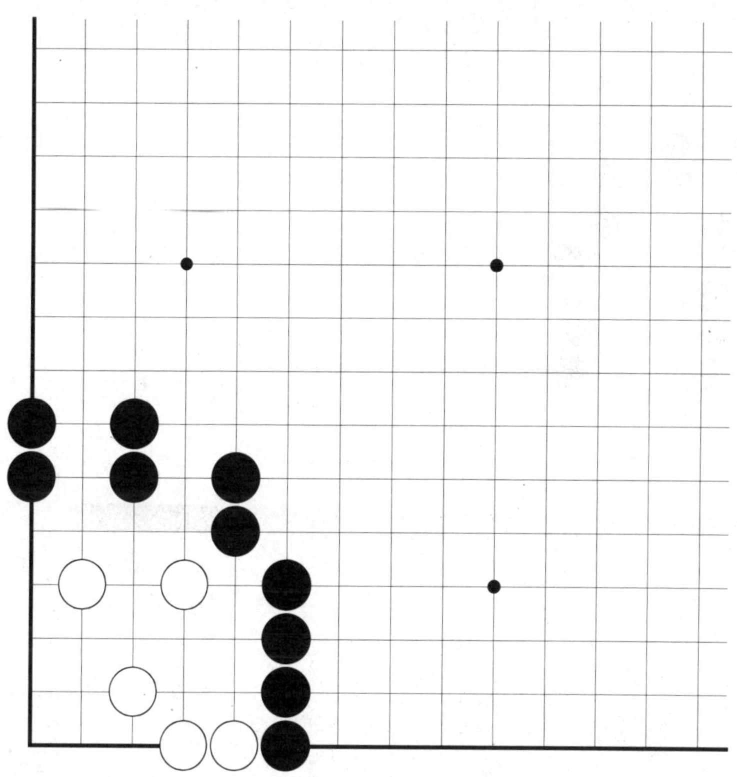

再观察也看不到武士的弱点，在很小的空间里，真正的高手，是等待的刺客。

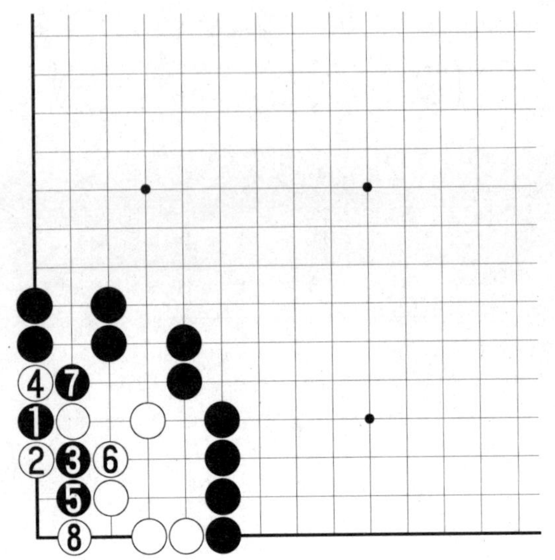

图1 提

黑1、3看似敏锐，但白4提后眼形丰富，7打则8打成活。

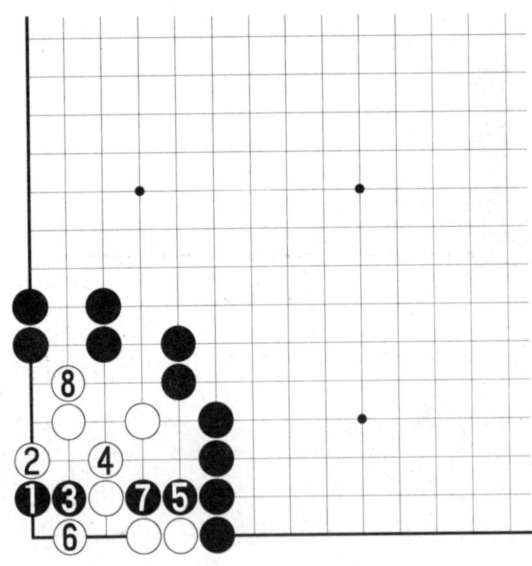

图2 太深

黑1深入白阵则白2尖顶，之后3则白4，至8长白形成见合而活。

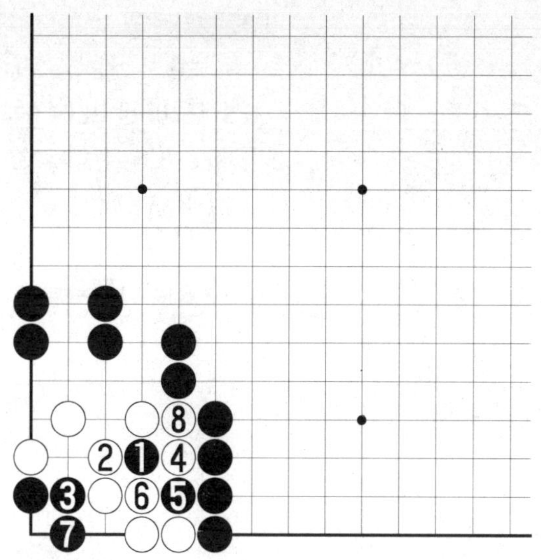

图3 挖

图2黑3如1靠则白2,3则白4挖打即可。

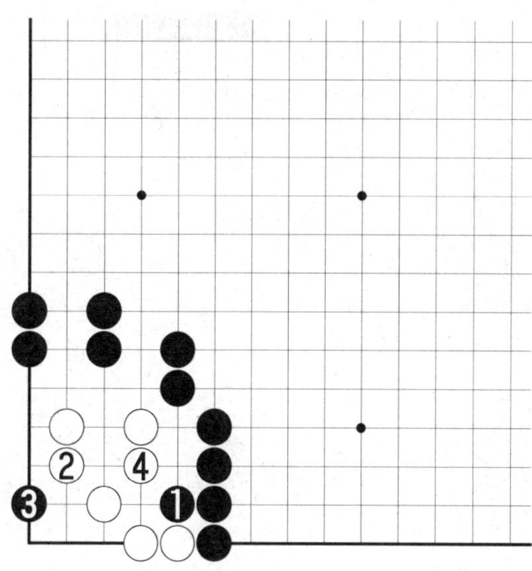

图4 活形

黑1则白2是好应手,3则白4并,即做出活形。

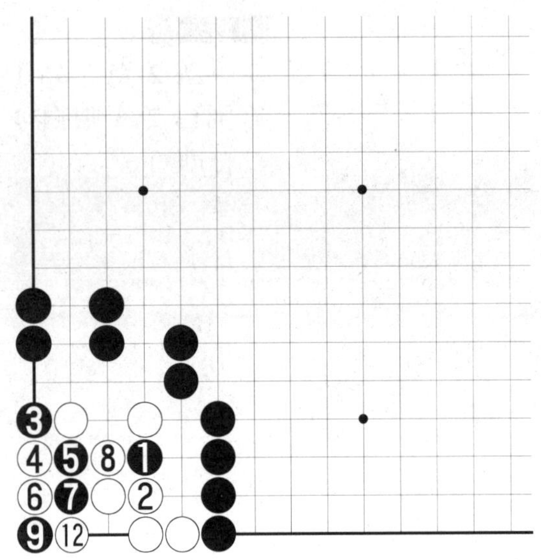

图5　正解

黑1靠后再3、5托断是敏锐的手顺，白6绝妙，之后至10扑成劫。

⑩=④　⓫=⑥

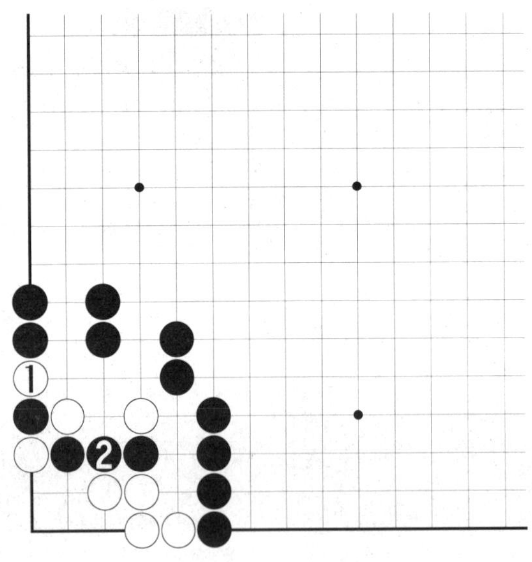

图6　变化

图5白6如于1位提则黑2粘即简单死亡。

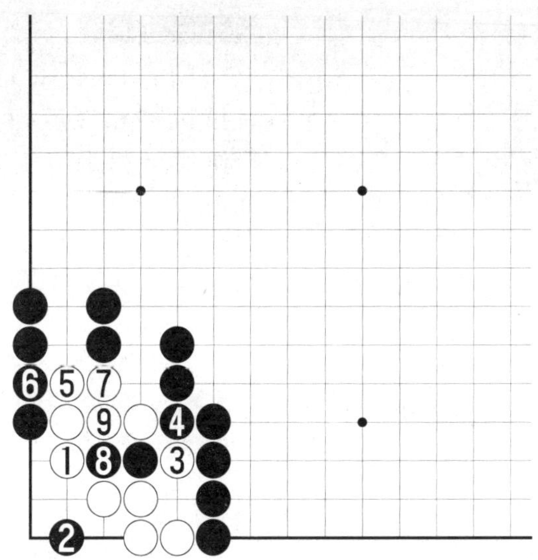

图 7 变化图

图 5 白 4 如 1 退后 3 打虽看似活棋，但白 5、7 时黑 8 送一子是妙手，接着……

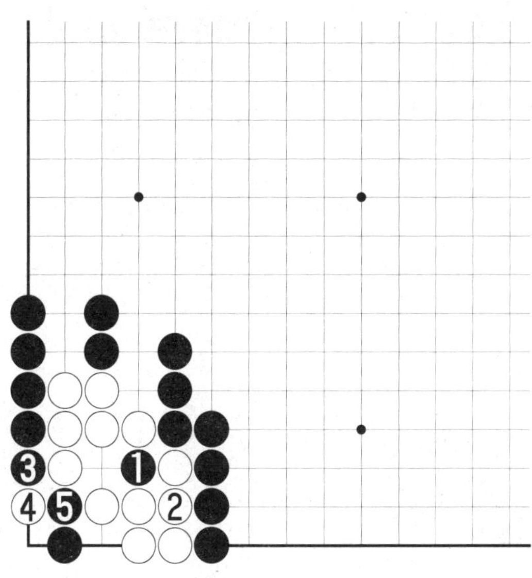

图 8 继续图

黑 1 扑好手，至 5 断白因不入气而被杀。

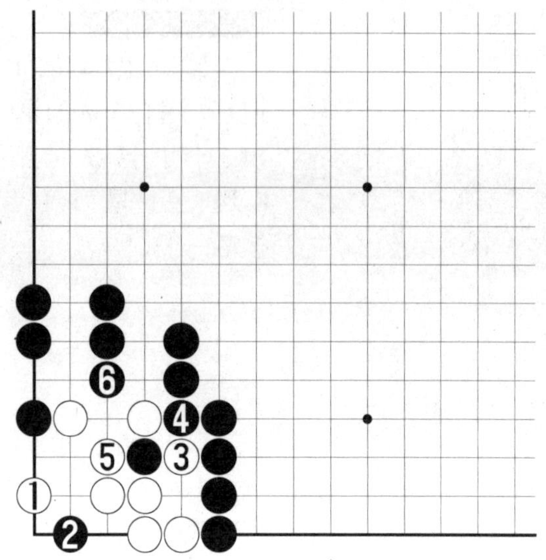

图 9　变化图

图 5 白 4 如 1 跳抵抗则黑 2 点，3 打则黑 4 打后 6 并即可。

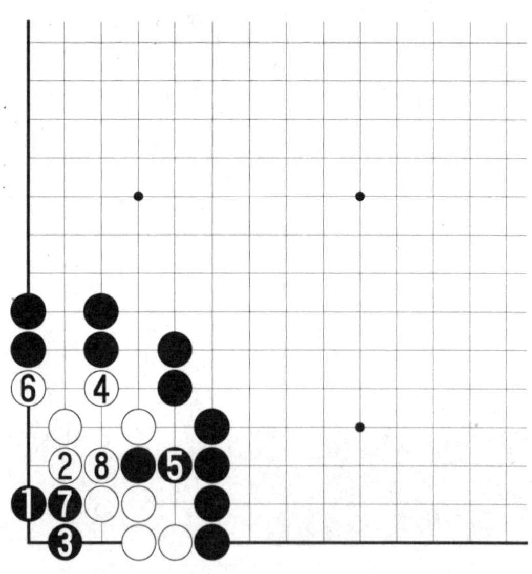

图 10　黑的失手

图 5 黑 3 如 1 点的话则白 2 并，3 破眼时 4 虎顶好手，至 8 成活。

问题20　乌龟背

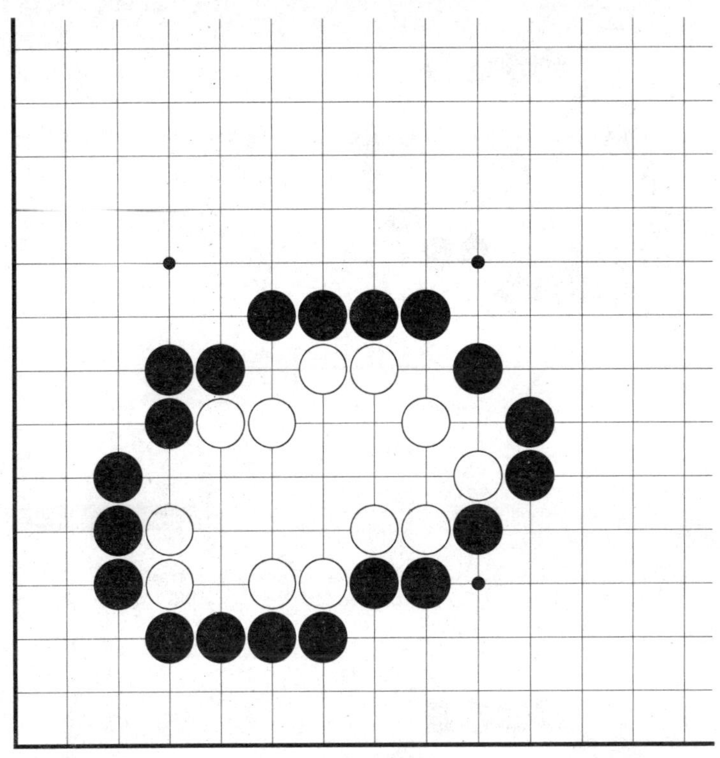

像是乌龟背一样很结实，实际上白棋只有一个弱点。你要从哪里找到这个弱点呢？

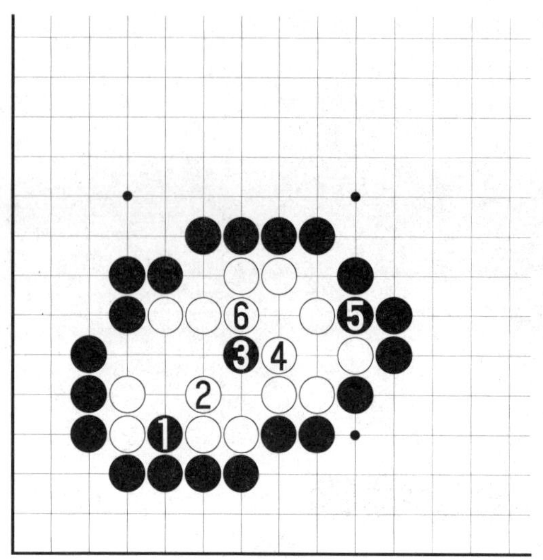

图1　弯三好手

黑1冲则白2弯三是好应手，4挡后见合成活。

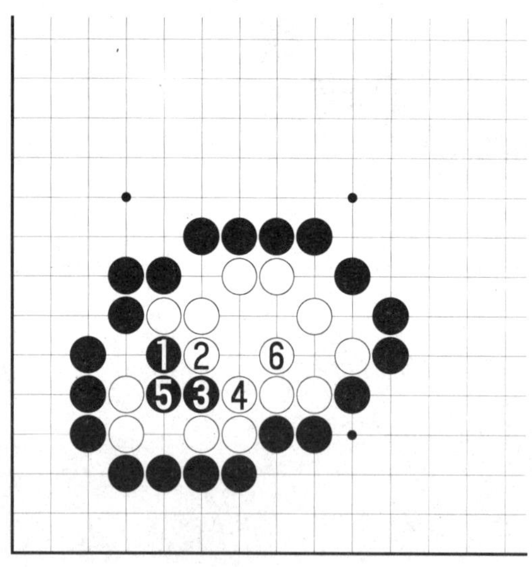

图2　全应住

黑1扳则白2挡，3、5则白4、6全部应住即成净活。

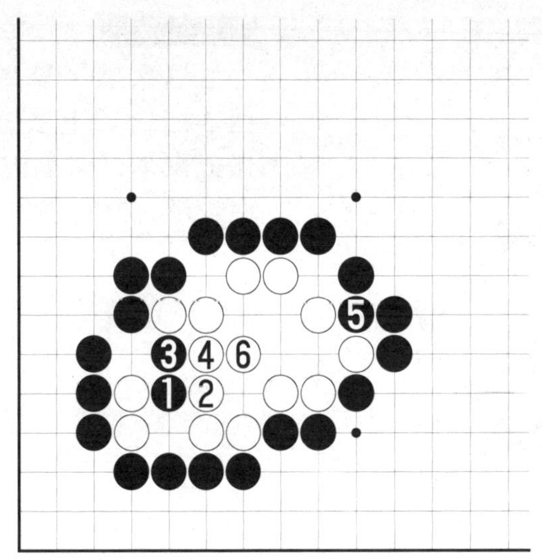

图3　简单的挡

黑1靠则白2挡即可，黑3则白4粘，5则白6做活。

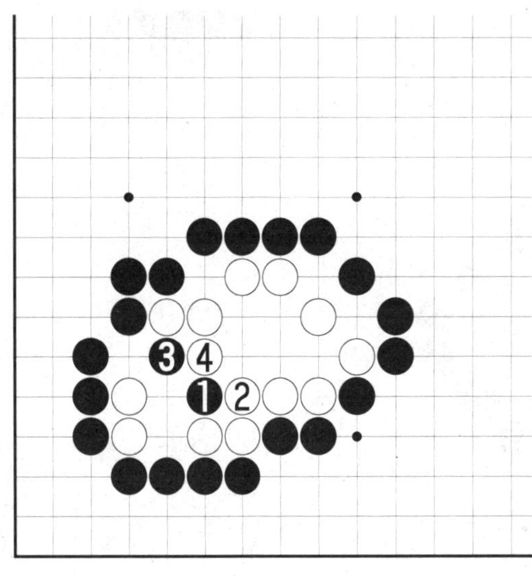

图4　无应手

黑1靠则白2简单粘住，3则4打即还原图2。

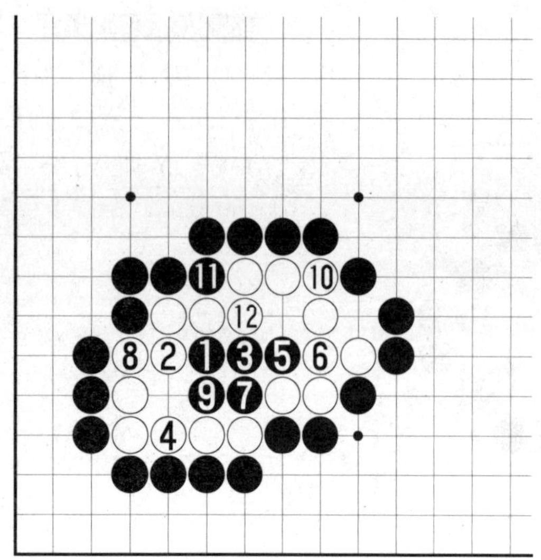

图5 双活

这次黑1靠则白2挡,3以下虽想做成聚杀，但至10白双活,黑棋失败。

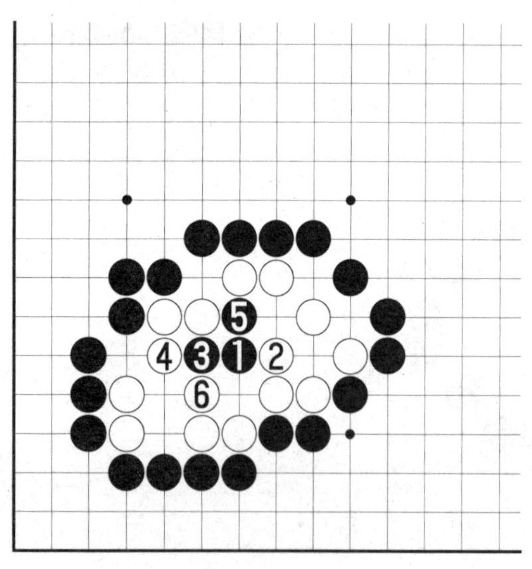

图6 见合

黑1点看似急所，但白2挡至6见合成活。

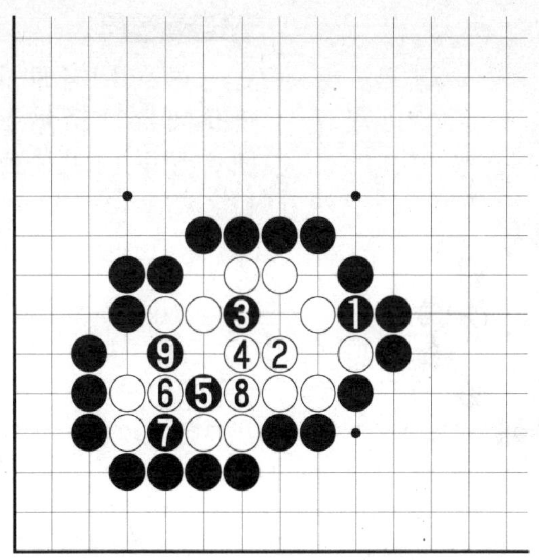

图 7 正解

平凡的黑 1 打是正着，白 2 弯时 3 是鬼手，之后 5 靠，白即无法反抗。

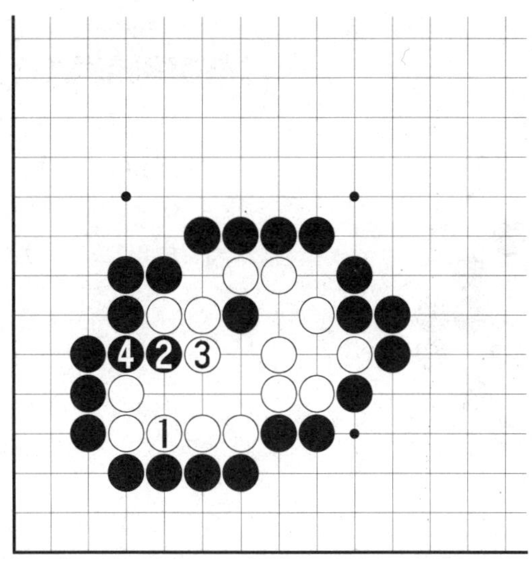

图 8 变化图

图 7 白 4 如 1 粘，则黑 2 扳、4 粘即可。

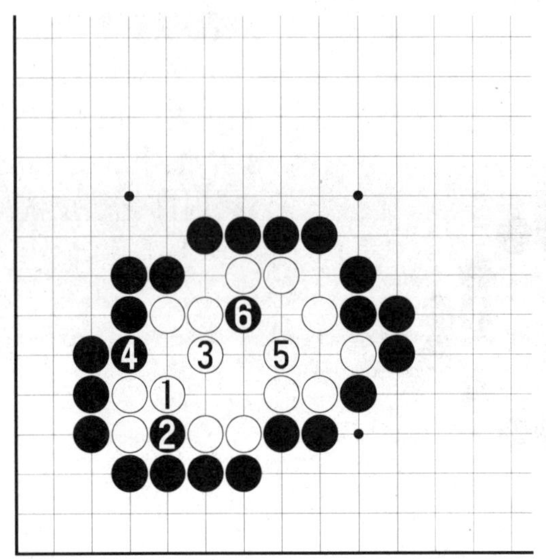

图9 变化

图7白2如1抵抗则黑2挤是急所，至6白仍是死棋。

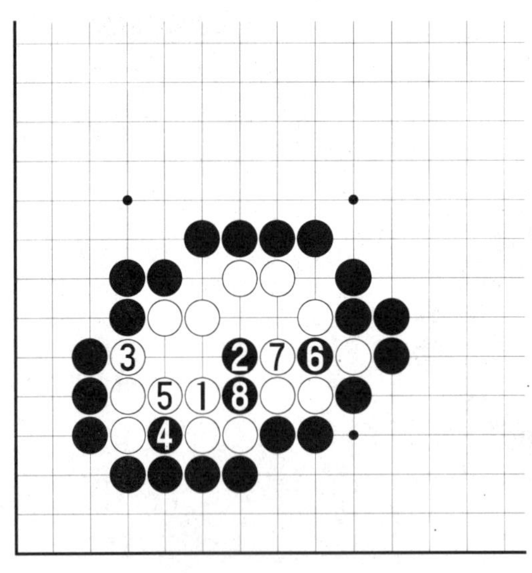

图10 眼位不足

图7白2如1弯则黑2点，3则黑4、6、8，白即眼位不足而亡。

问题21　虚虚实实

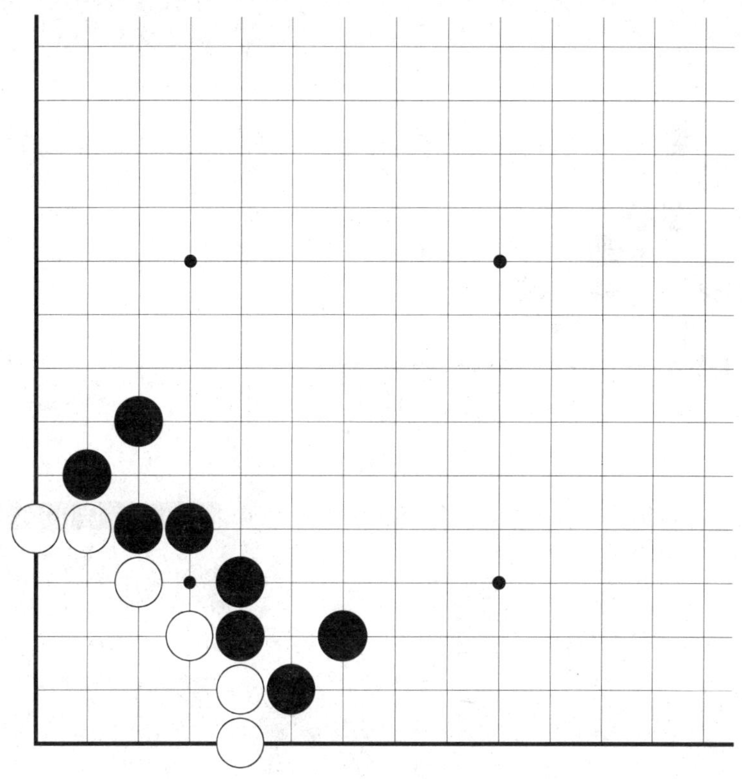

左右同形的样子，像是非常虚，可是对白棋来说也有很好的反击，千万不要着急，慢慢给它压力。

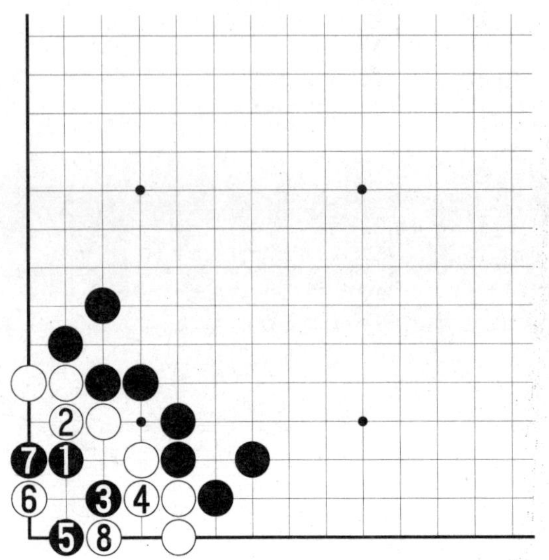

图1 平凡的秘诀

黑1、3看似最强，但白2、4平凡地应住即可，至8成劫活。

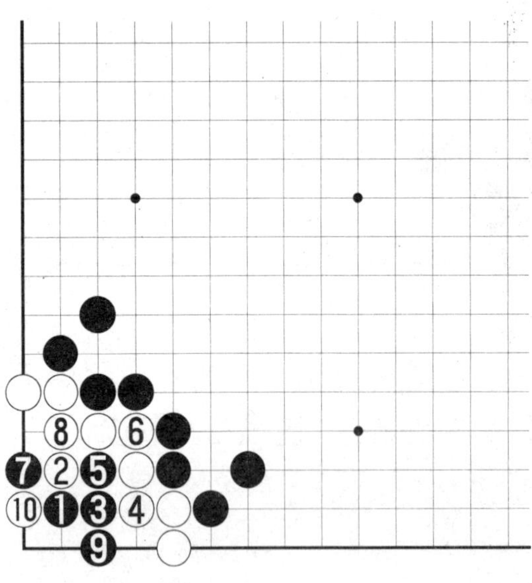

图2 简单的虎

左右同形时黑1点则白2虎即可，至10扑成劫，黑失败。

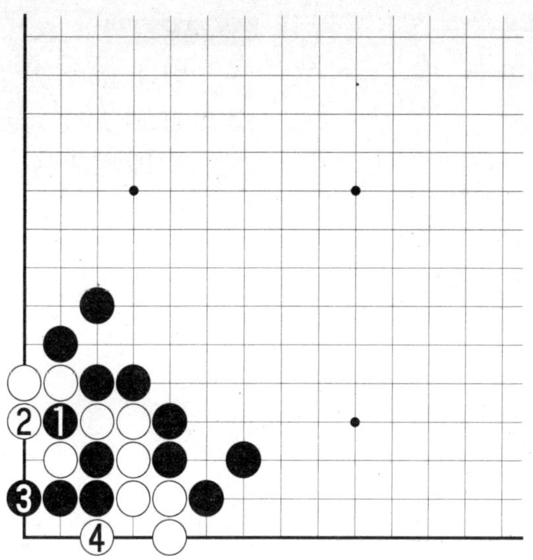

图 3　还是劫

图 2 黑 7 如 1 扑则白 2、4 还是成为劫活。

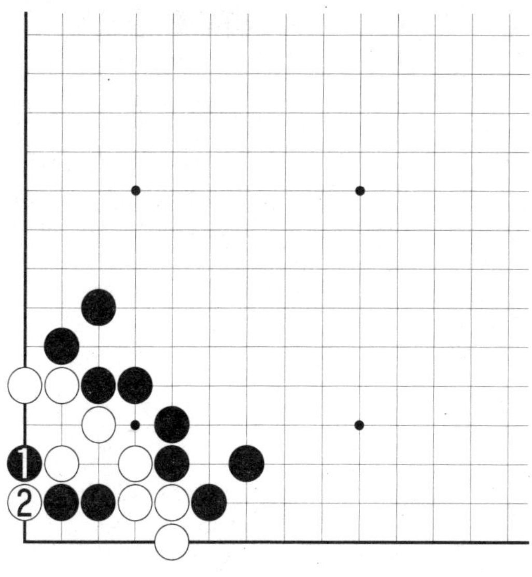

图 4　仍是劫

图 2 黑 5 如 1 先扳则白 2 扑仍是劫活。

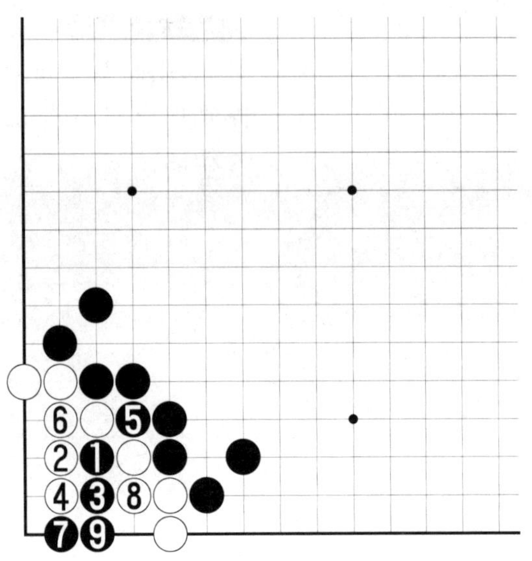

图5　正解

黑 1 挤漂亮，白 2 打则 3 立，至 7 扳，白即无活路。

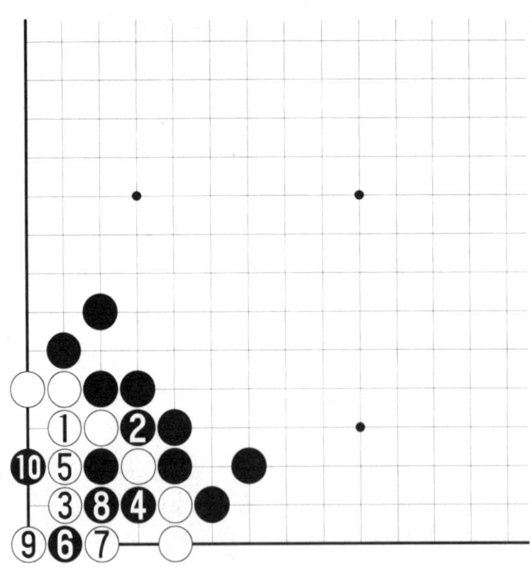

图6　变化图

图 5 白 2如 1 粘则黑 2 打，3 则黑 4 提后 6 托好手，至10 成功吃住白棋。

问题22 狙击手

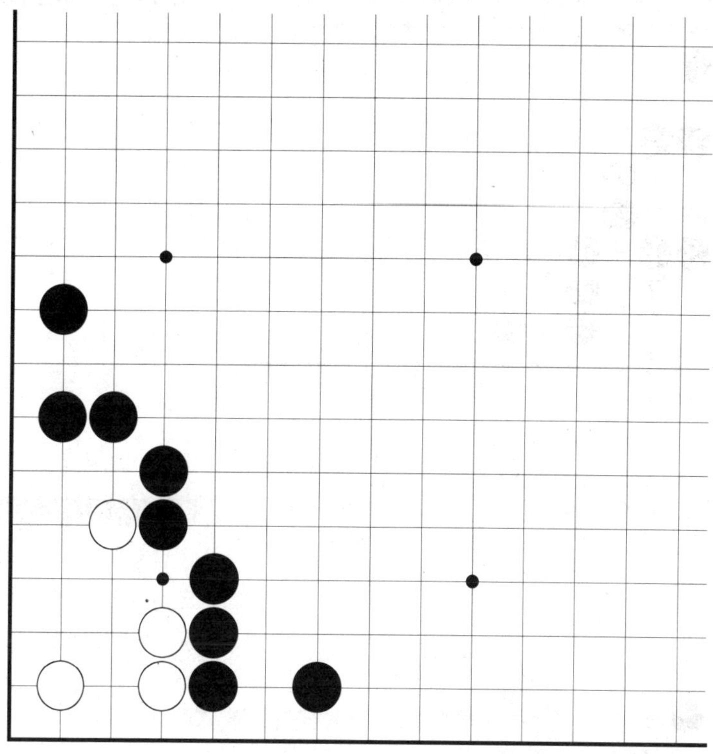

看上去简单，想得容易的话，后果很严重，最关键看你的耐心有多深。这世界上懂得忍耐的人，才能克服一切困难。

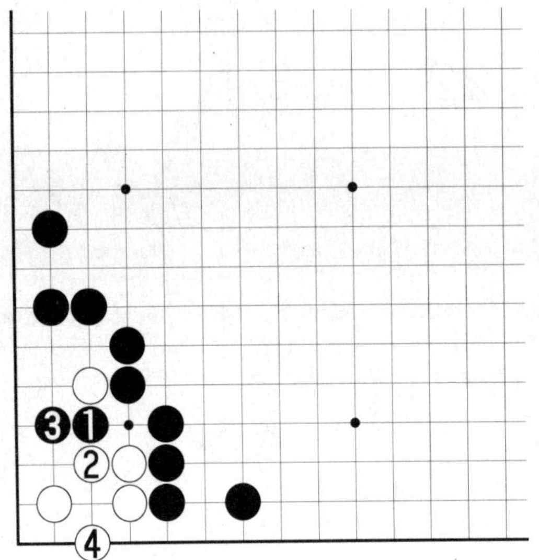

图 1 简单活棋

黑 1 扳第一感，但白 2 挡后 4 做眼简单成活。

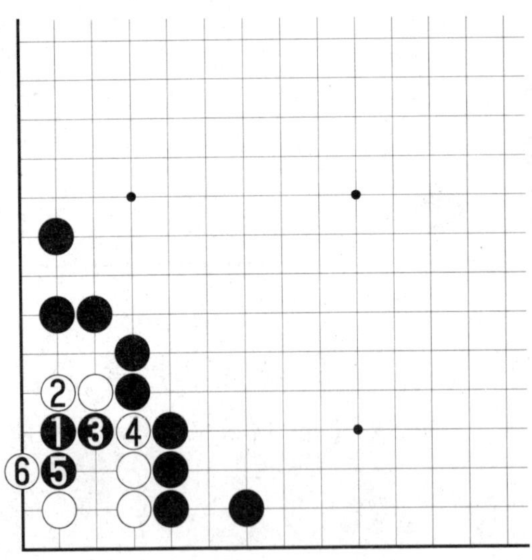

图 2 扳的妙味

黑 1 点则白 2、4 挡断,5 顶则白 6 单扳即成活。

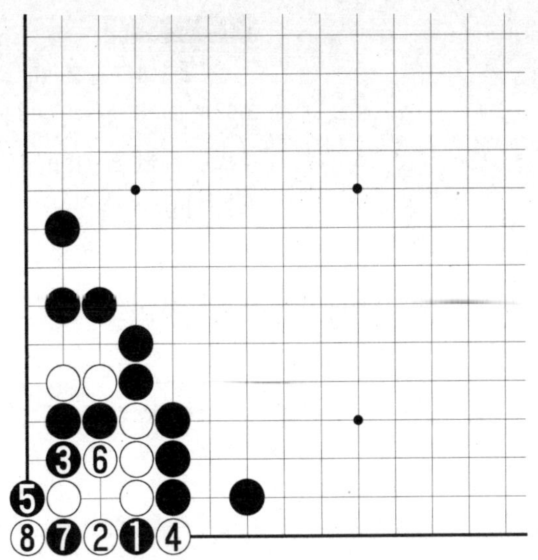

图3　两手劫

图2黑5如1先扳再3顶则白4提，至8形成两手劫，但不是最善。

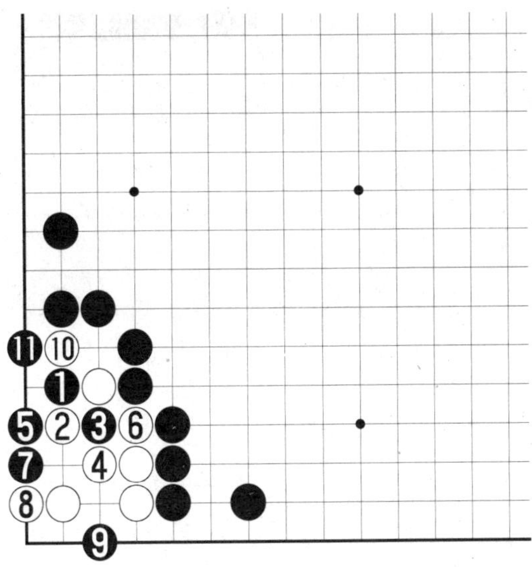

图4　正解

黑1夹虽不似要点，但白2挡时3先打后再5、7下面破眼，至11成劫活。

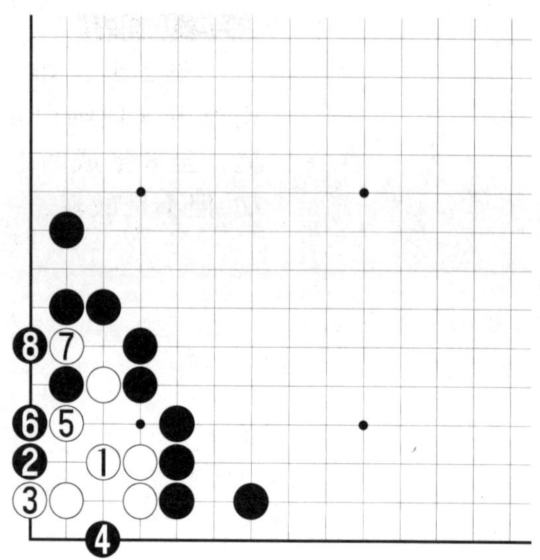

图5 变化

图4白2如1抵抗则黑2飞，3时4点，至8和正解图大同小异。

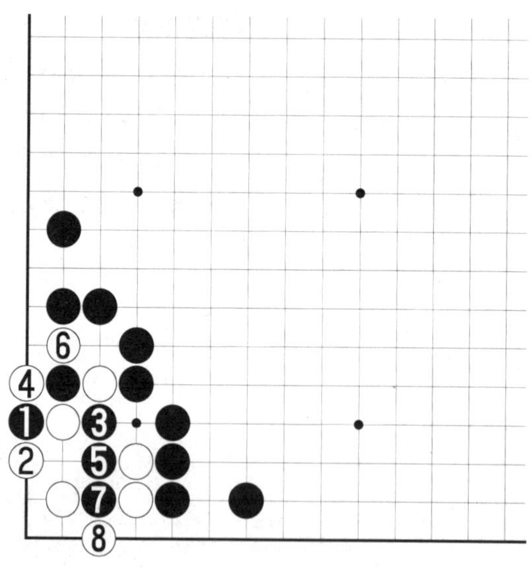

图6 黑的失误

图4黑3如本图1先扳则白2挡，3、5则白6提后8挡即成活。

问题23　躲的刺客

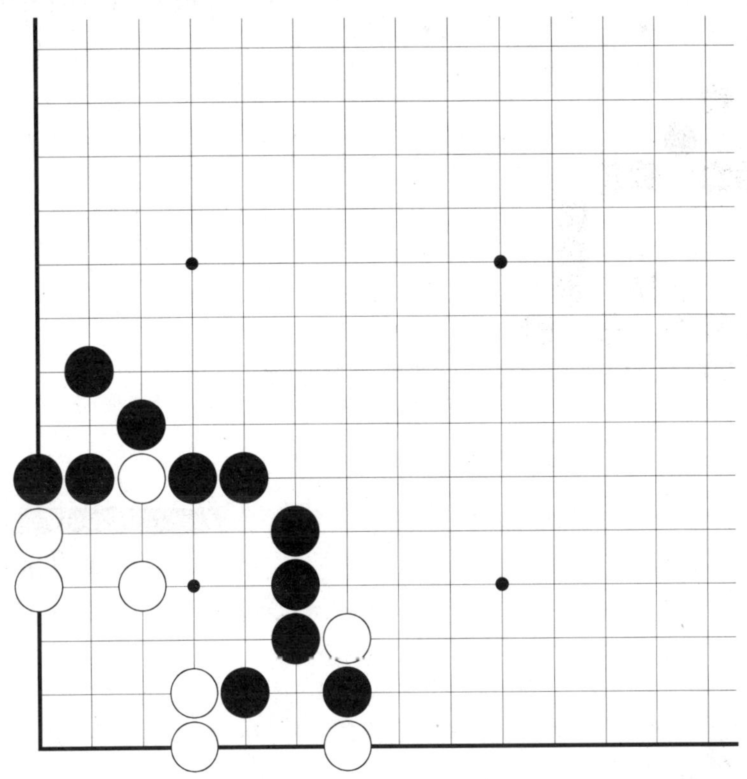

看上去形状很完美，不容易找到对方的弱点，一定要利用周边的地形，才会解决这道题。

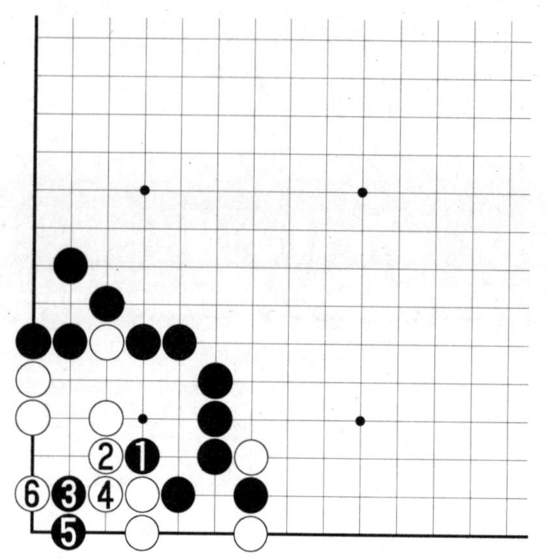

图 1　双活

黑 1 扳后 3 点是第一感，但白 4、6 成双活。黑失败。

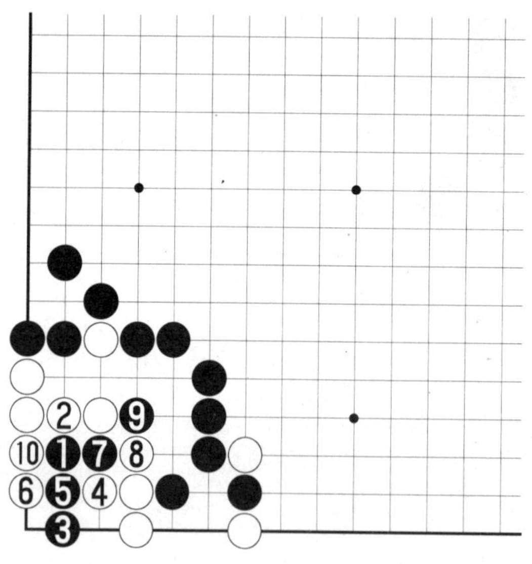

图 2　连续好手

黑 1 点也似急所，但白 2 平凡地应住，黑 3 跳时白 4、6 连续好手，结果至 10 白快一气吃黑四子成活。

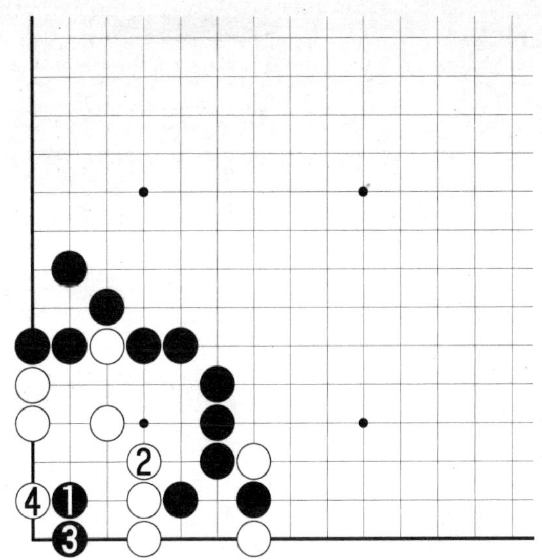

图3 扩大眼位

黑 1 点则白 2 扩大眼位即可，黑 3 则白 4 托简单成活。

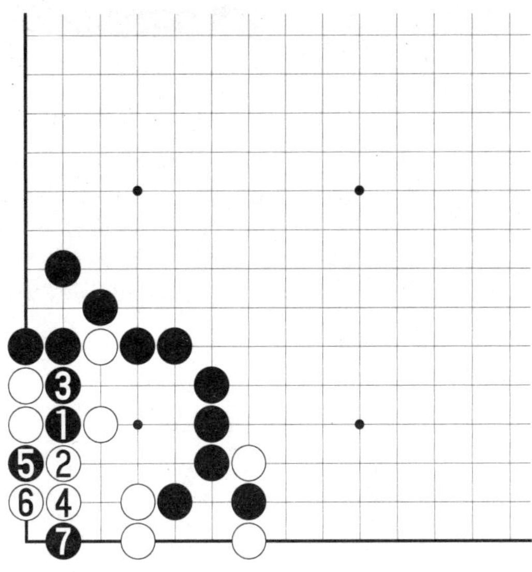

图4 挖也失败

黑 1 挖是超乎想象的一手，但白 2 打后 4 并是好手，黑 7 托则……

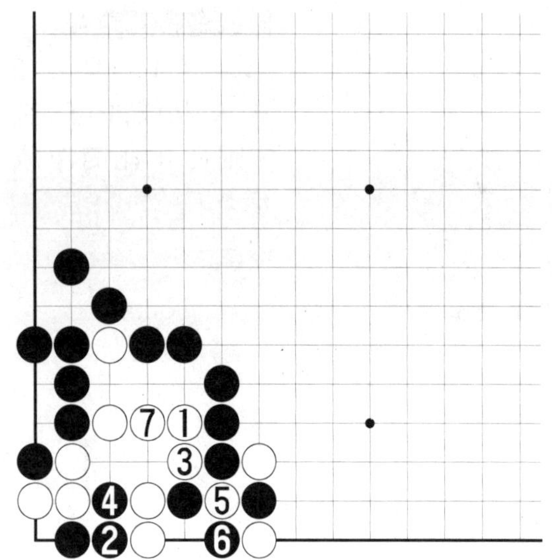

图5 继续图

白1、3扩大眼位时黑2、4破眼，这时白5扑妙手，7粘即绝妙成活。

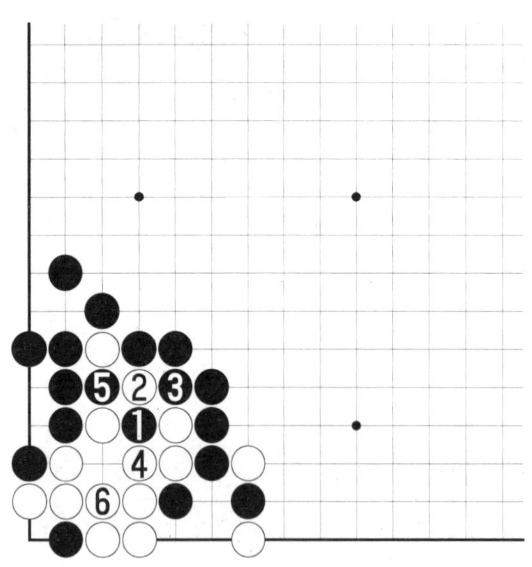

图6 挖也不行

图5黑4挖抵抗则白2吃住一子，至6成劫，黑失败。

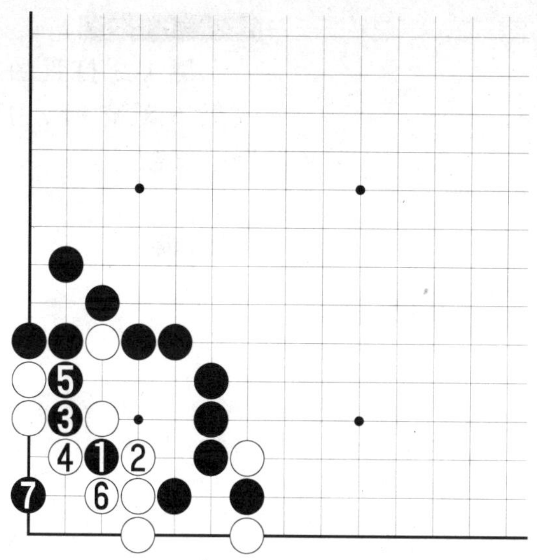

图7 正解

黑 1 靠好手，白 2 挡时 3 挖正准备着，4、6 提后 7 点杀白棋完成最后一击。

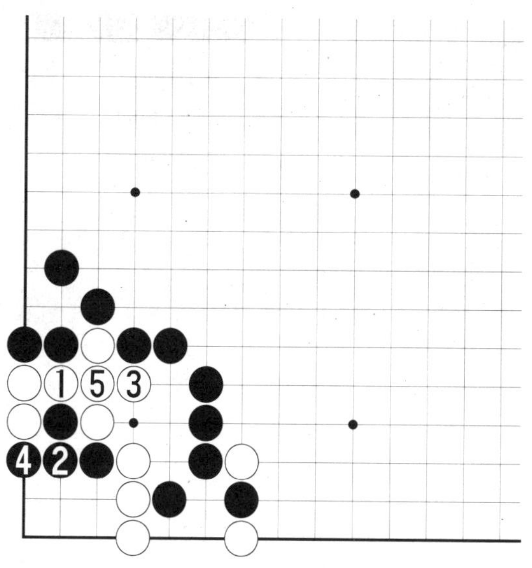

图8 变化图 1

图 7 白 4 如 1 打则黑 2 粘，4 打后白 5 粘……

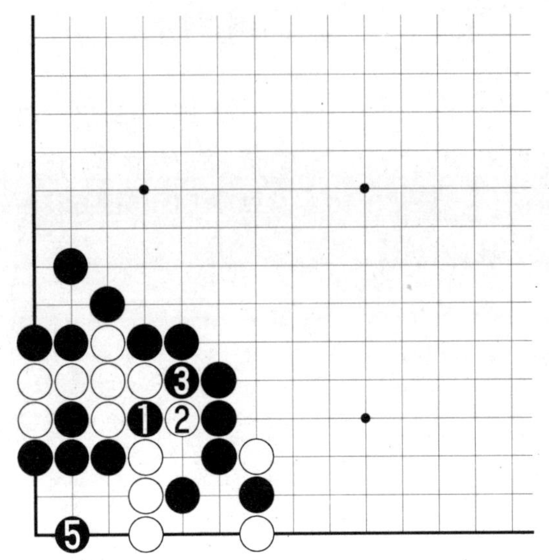

图 9 继续图

黑 1、3 打紧白气后 5 跳急所，白慢一气被杀。

④=❶

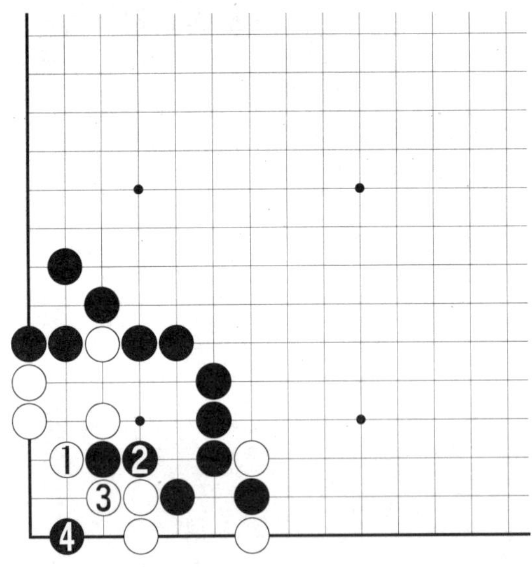

图 10 变化图 2

图 7 白 2 如 1 虎，则 2 退，3 弯挡 4 点，白死。

问题24 奇迹的绳

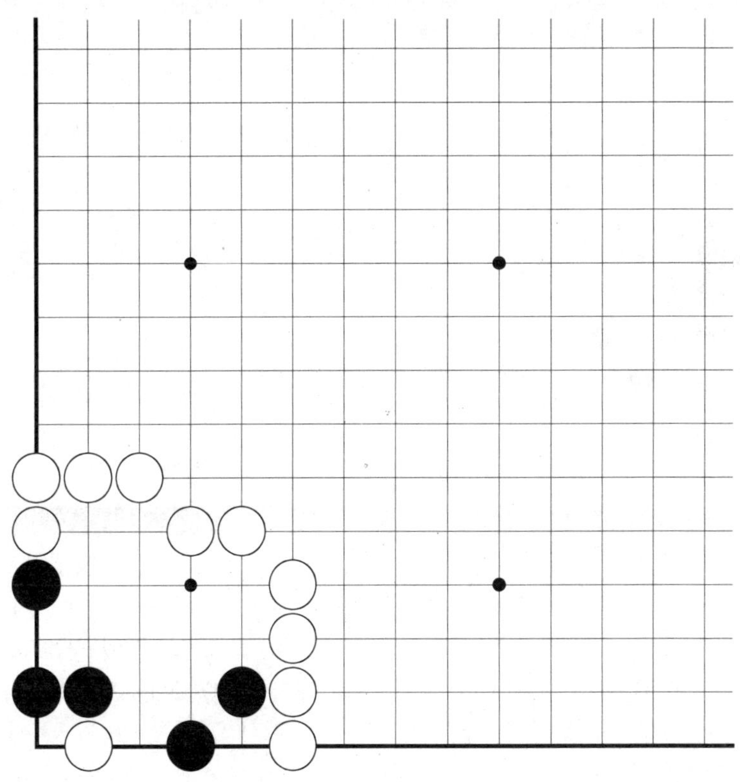

下手凭感觉随便下，但高手是会三思而后行的。再坚固的桥，也一定要仔细瞧清楚再过。

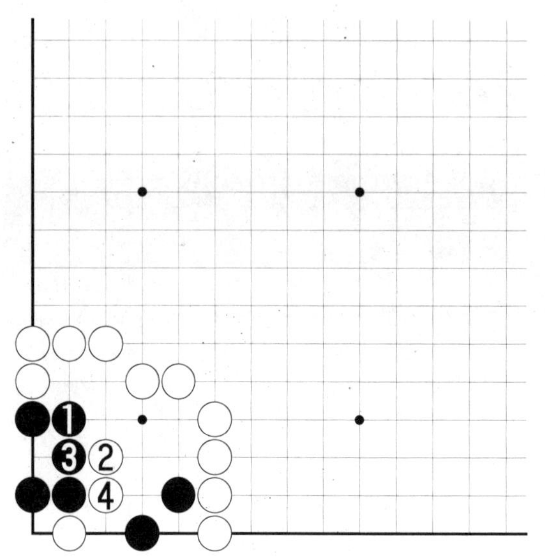

图 1 死棋

黑 1 长无谋，白 2、4 后黑即简单死亡。

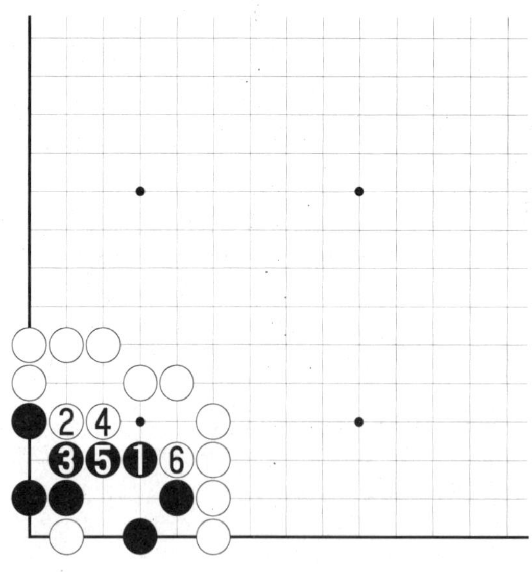

图 2 基本死活

黑 1 虎形状虽然不错，白 2、4 简单缩小眼位即可，6 挤即形成有名的基本死活题。

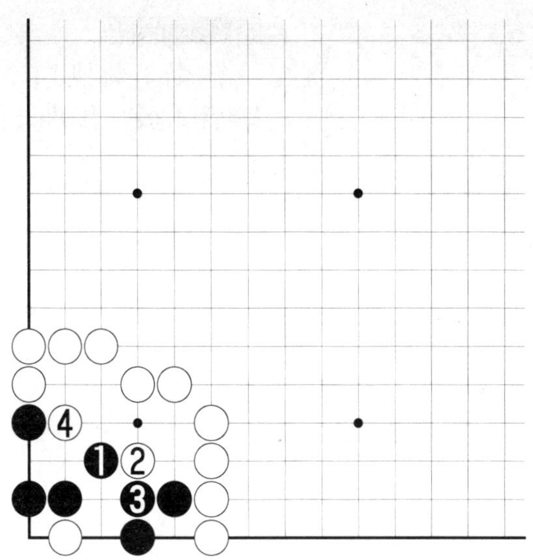

图3 奇特

黑1尖较为奇特，白2后4扳打即死。

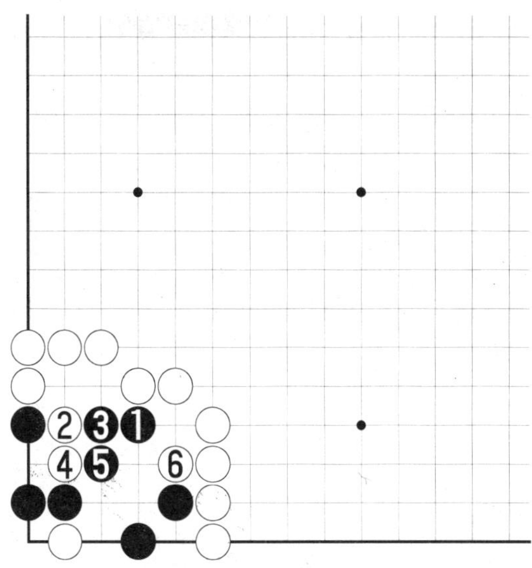

图4 还原

黑1扩大眼位则白2缩小眼位后6冲和图2大同小异。

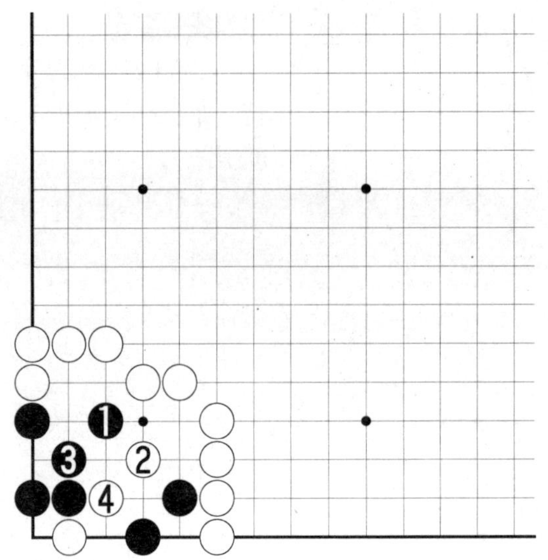

图5 假眼

黑 1 跳则白 2 跳后 4 扳，黑即不行。

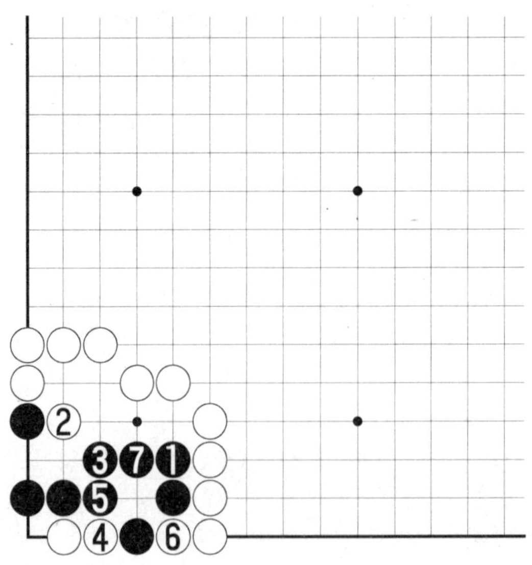

图6 正解

黑 1 贴是较为难想的一手，白 2 最强，3 尖好手，至 7 成劫是正解。

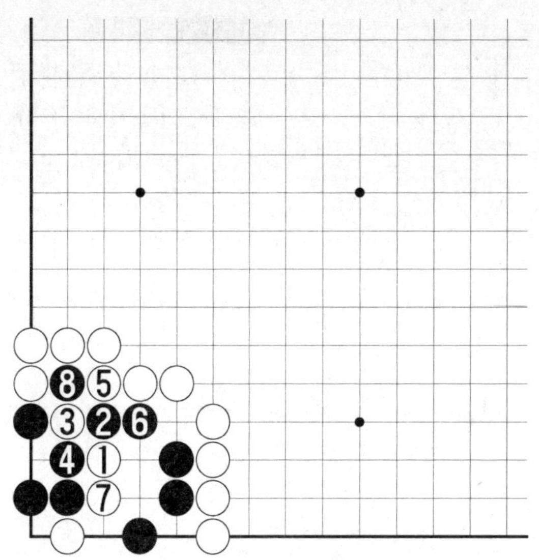

图7 变化图1

图6白2如1点则黑2靠,3挖后至8结果还是打劫活。

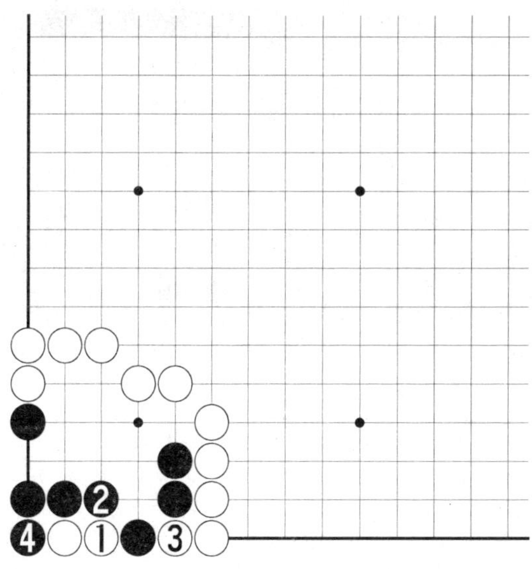

图8 图2

图6白2如1顶则黑2打,3打黑4提看似什么都不行……

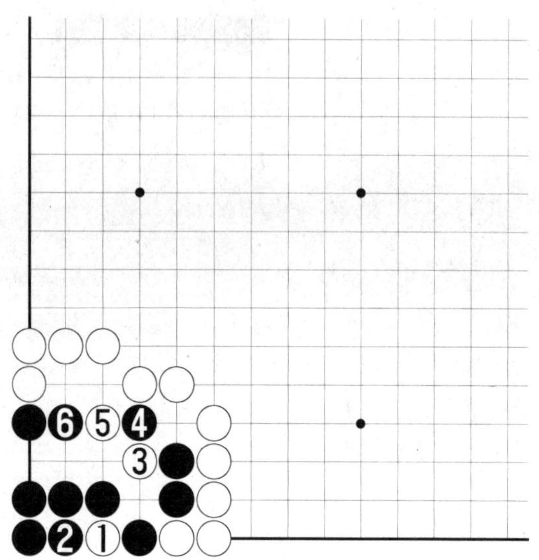

图9 继续图

白1扑后3靠好手，但黑4挖好手,白6顶即成活。

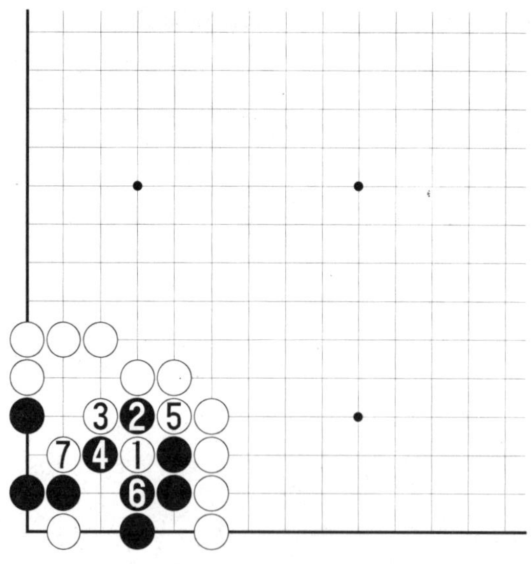

图10 变化图3

图6白2如1靠则黑有2挖的好手,4至8提仍是打劫活。

❽=❷

问题25　要点

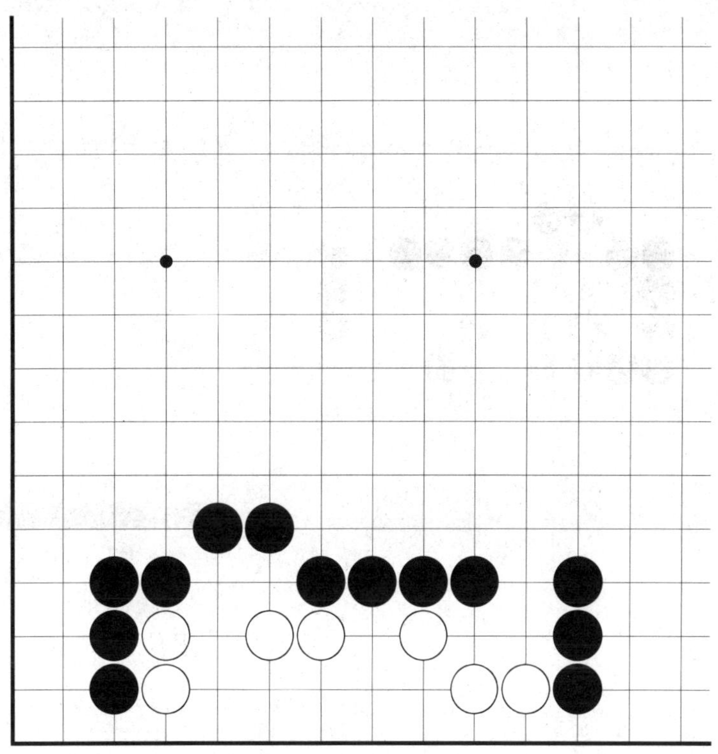

不知道从哪里开始出手，别想一口气吃掉，慢慢去想攻击的话，在意外的地方会解决战斗。

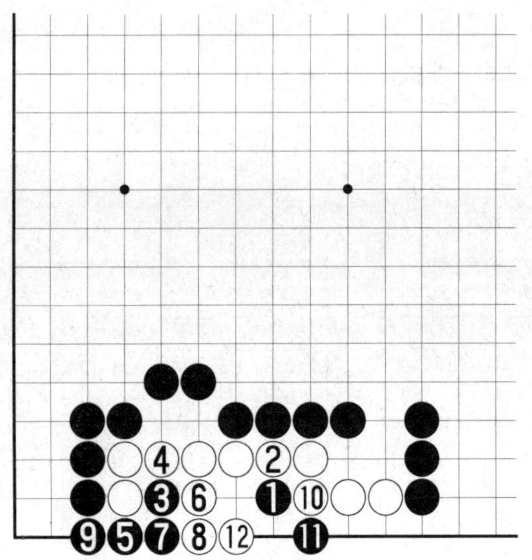

图 1　弯的好手

黑 1 点后 3 夹是第一感，至 12 弯成双活，黑失败。

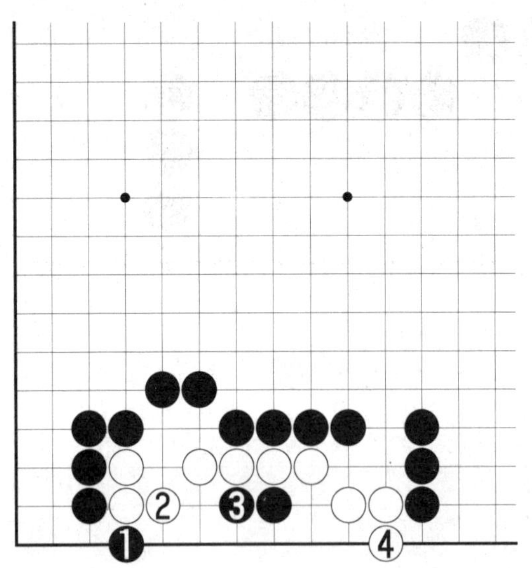

图 2　扩大眼位

图 1 黑 3 如 1 扳后爬则白 4 扩大眼位即成活。

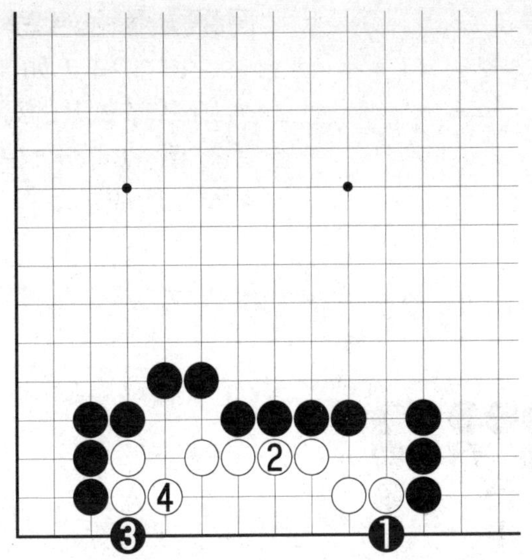

图 3　黑两扳则失败

黑 1、3 两扳有时是要点，但白 2、4 后黑无下一手。

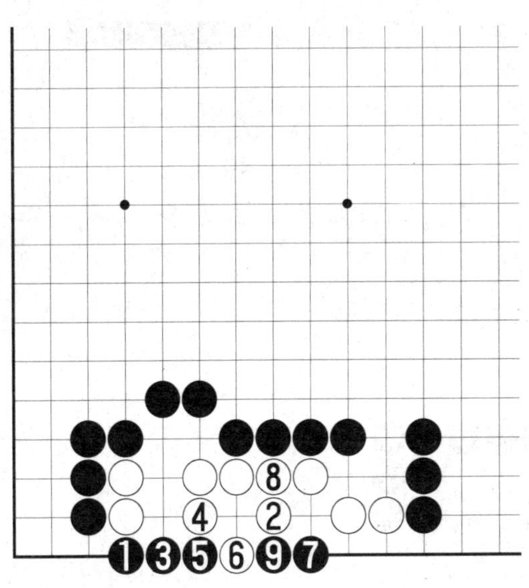

图4　正解

黑 1 单扳好手，白 2 尖最强，黑 3 长沉着，至 9 成劫是双方最善。

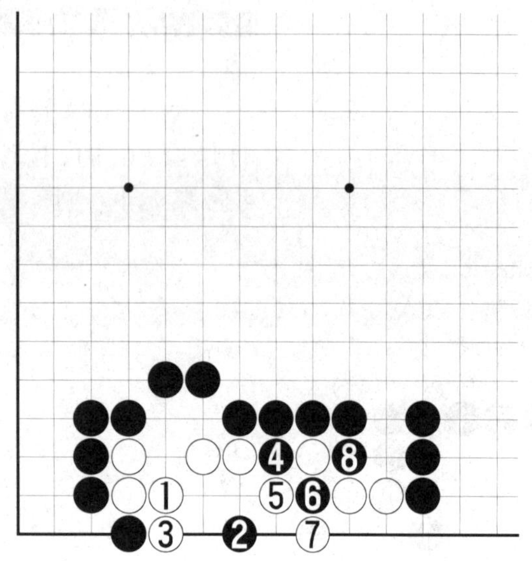

图5 奇怪的一手

图4白2如1弯则黑有2点的好手，看似奇异，但4、6扑后成劫。

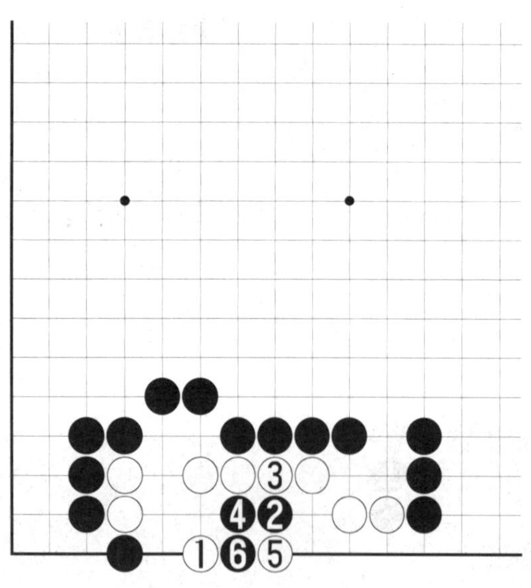

图6 刀把五

图4白2如1跳则黑2、4点爬，5托则6打即成刀把五聚杀。

问题 26　冷静清醒

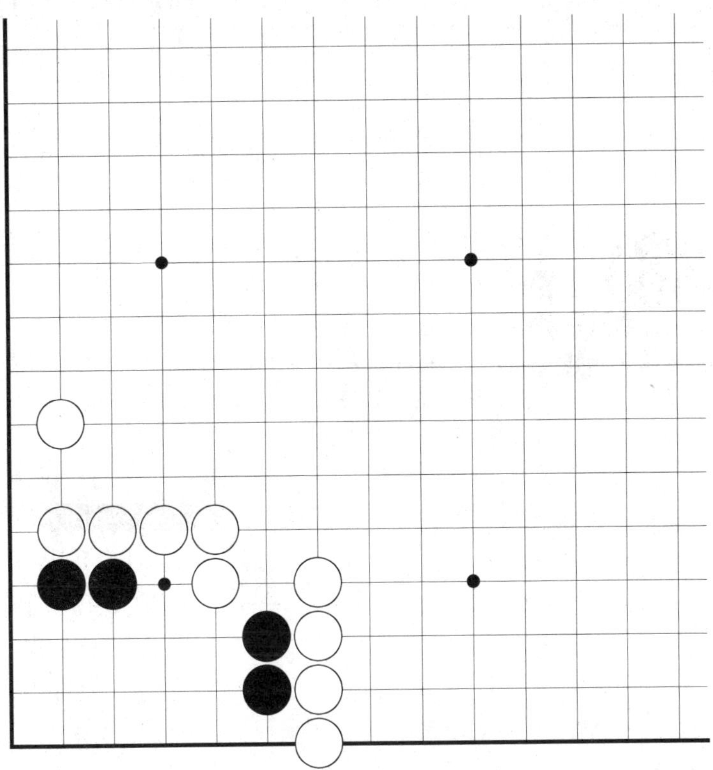

被敌人包围的样子。在艰难的情况下，只有头脑保持冷静和清醒，才能想出好办法。

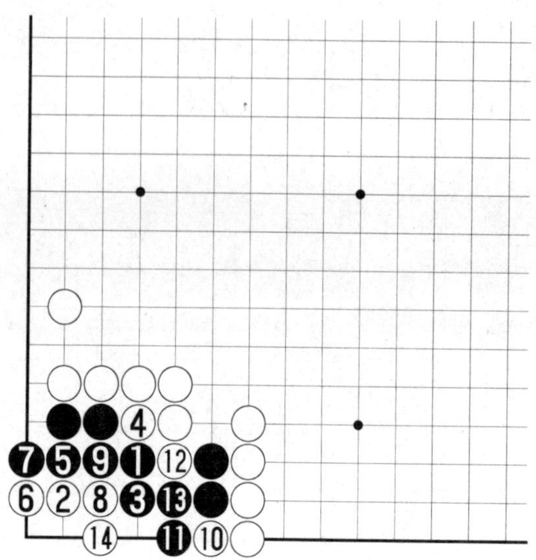

图1 快一气

黑1尖则白2点，黑3并则白4挤后6位冷静的好手，至14白快一气,黑失败。

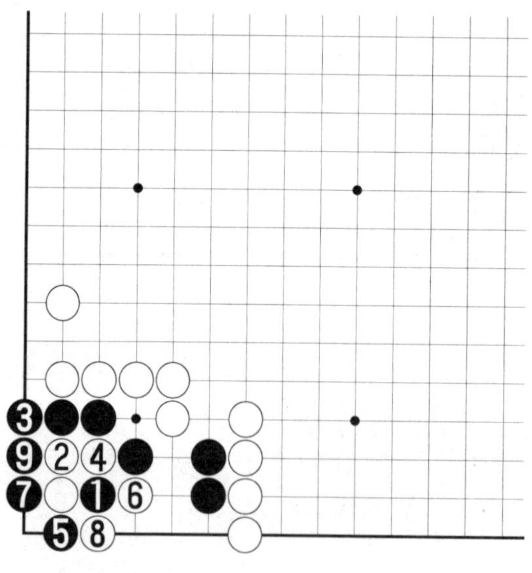

图2 连扳

图1黑3如1尖顶3立则白2、4，黑扳虽是好手，但白6打至黑9成劫,黑失败。

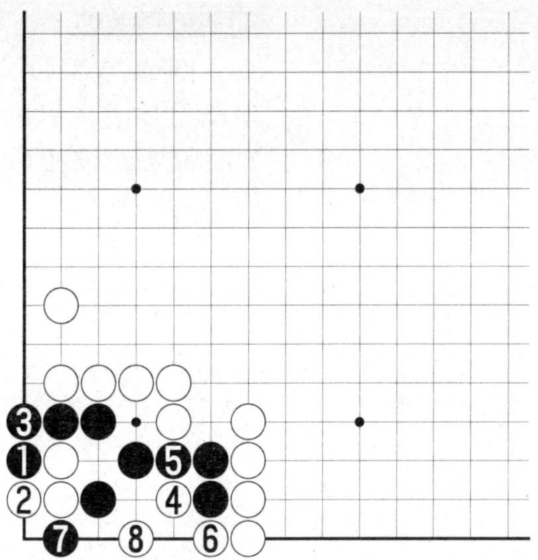

图3 无谋

图2黑3如1扳，3粘则白4、6渡过，黑7则白8尖即简单死亡。

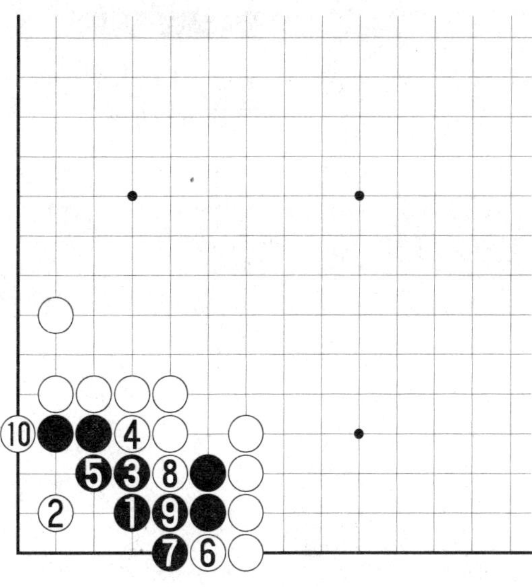

图4 点

黑1飞则白2点严厉，3则白4至10扳黑即死亡。

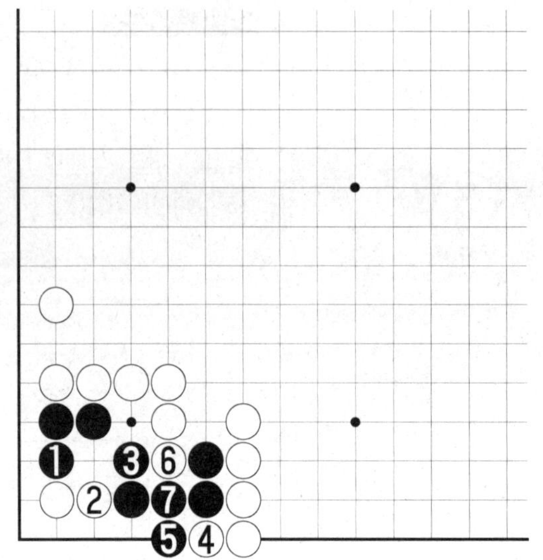

图5 失败图

图4黑3如1顶虽是强手，但白2顶后4、6缩小眼位，接着……

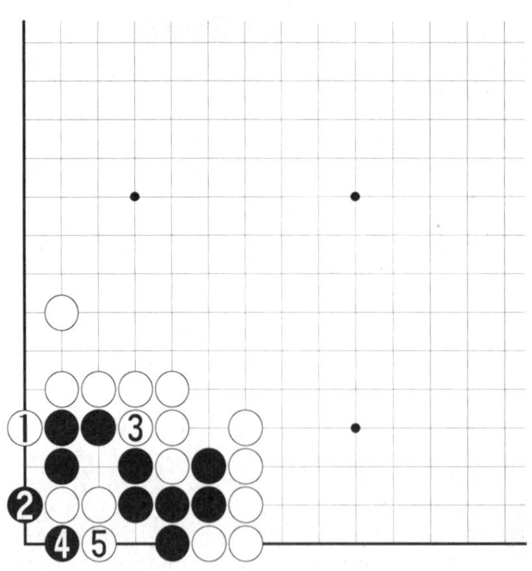

图6 继续图

白1扳后3挤即成劫活。

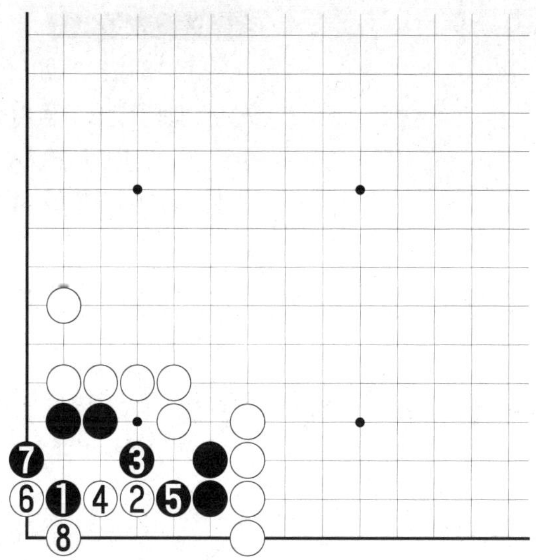

图7 鬼手

黑1跳白2飞后4顶，5顶时白6夹二、一鬼手，至8成劫活。

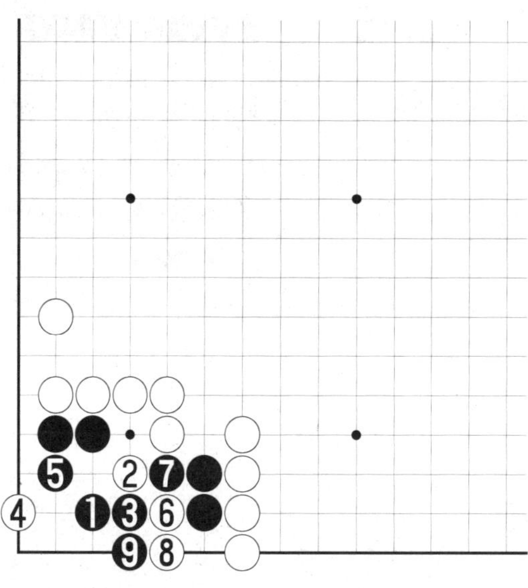

图8 正解

黑1跳是急所，白2后4点则黑5弯，之后7、9连打即成活棋。

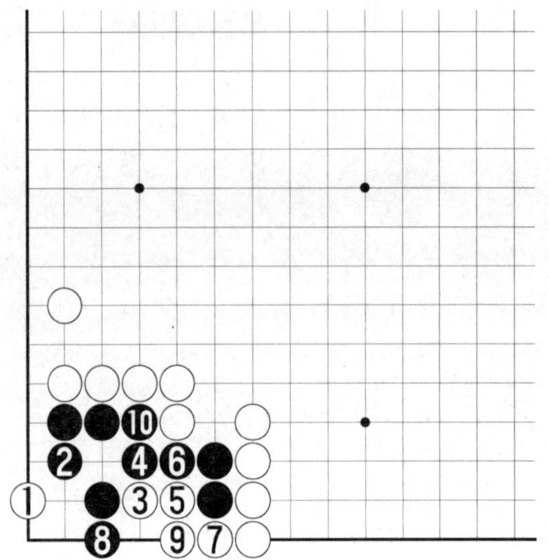

图 9 变化图 1

图 8 白 2 如 1 先点则黑 2 弯好手，白 3 以下抵抗则黑至 10 简单成活。

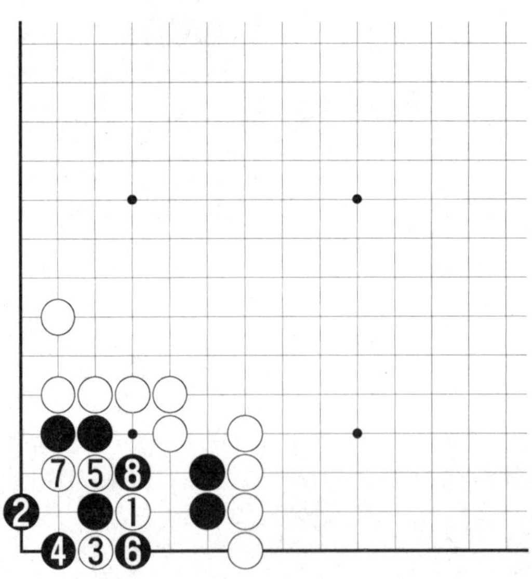

图 10 变化图 2

图 8 白 2 如 1 靠则黑 2 跳好手，白 3、5 想做成劫争，但黑 6 提后 8 打即成活。

问题27　千万不能粗心

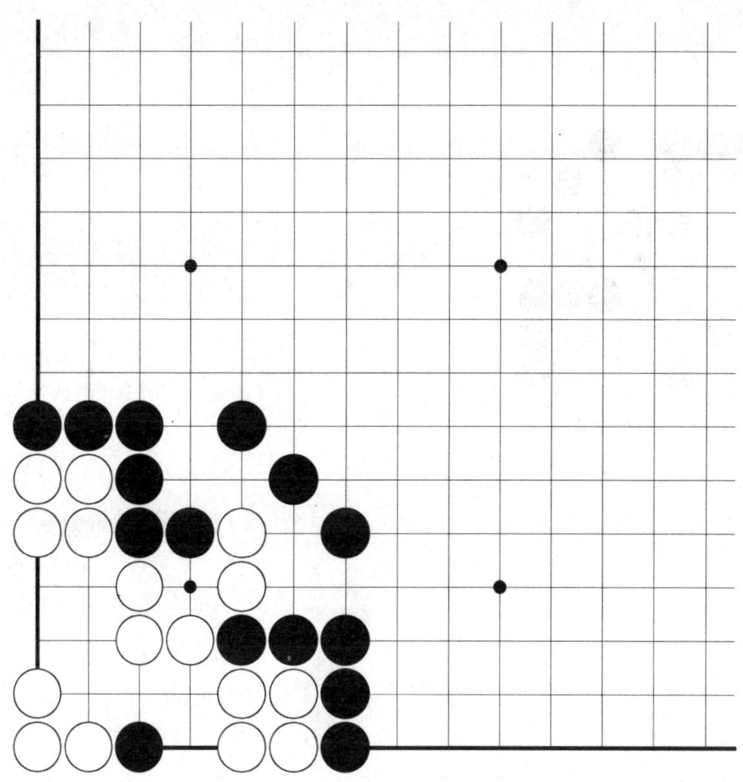

这道题看起来很搞笑，找正解的时候也会很轻松，可是千万不能粗心，对手不会那么容易束手就擒的！

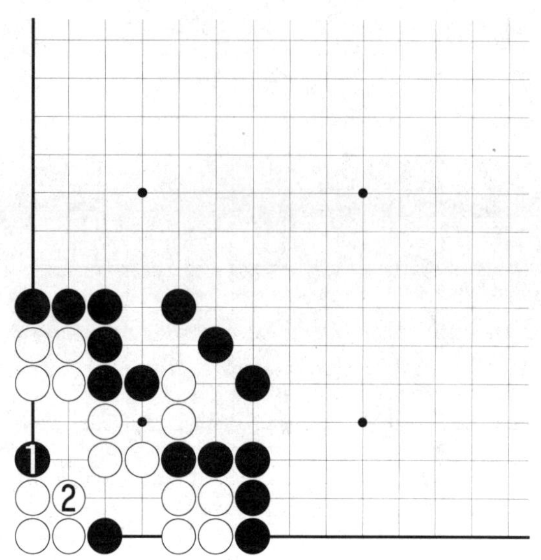

图 1　无谋

黑 1 无谋，白 2 即成活。

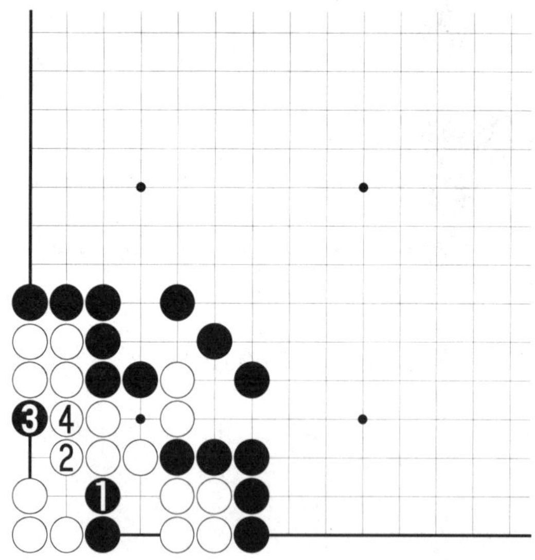

图 2　倒脱靴

黑 1 顶则白 2 做出一只眼后另一边利用倒脱靴巧妙成活。

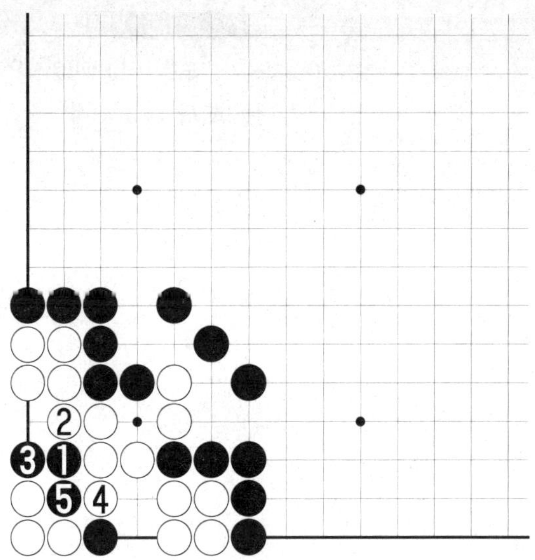

图 3　失败图

黑 1 靠看似急所，但白 2 应住后……

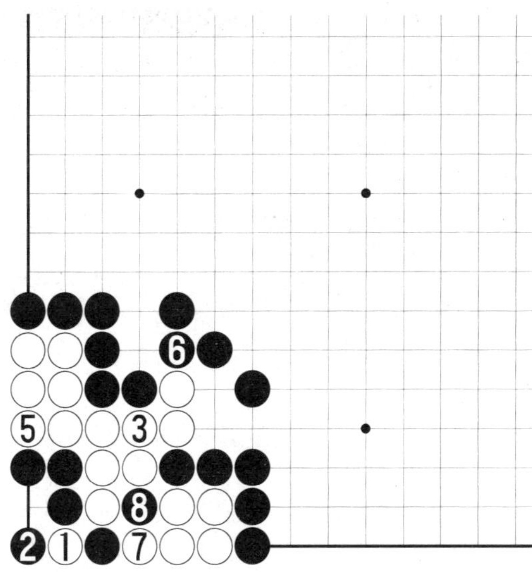

图 4　继续图

白 1 扑后 3 长气好手，黑 4 看似妙手但白有 5 的对应，6 紧气以下……

❹=①

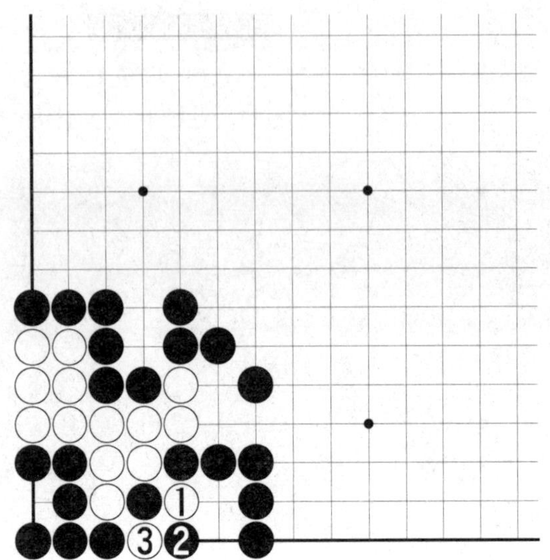

图 5　继续图

白 1 打则黑 2 打成劫，黑失败。

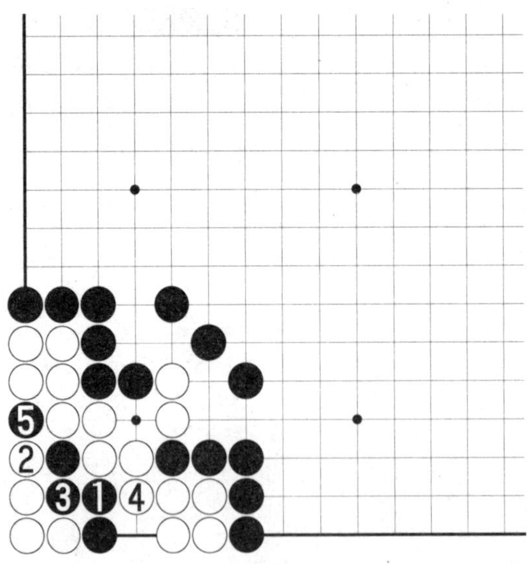

图 6　失败变化图

图 3 黑 3 如 1 顶则白 2 底打后 4 粘，5 提时……

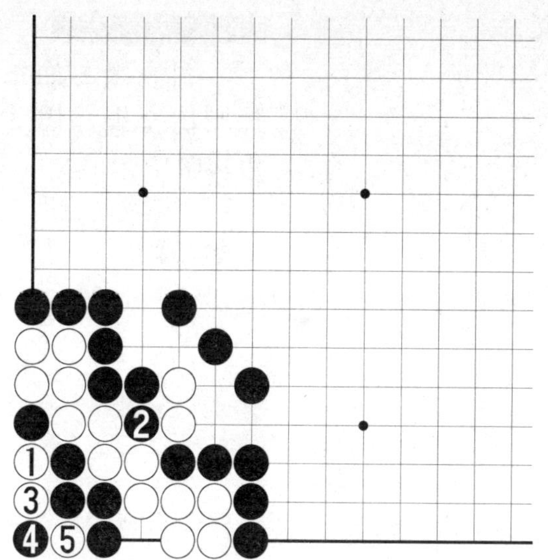

图 7　继续图

白 1 提时黑 2 只有断，至 5 提成打劫活。

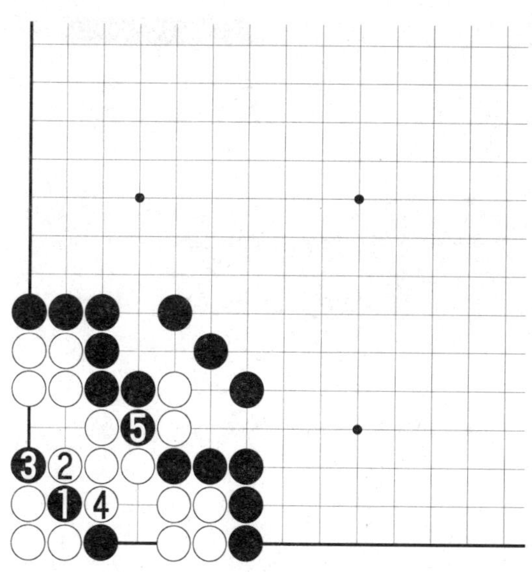

图8　正解

黑 1 打是意外的要点，白 2、4 抵抗最强，但黑 5 从后面断即可。

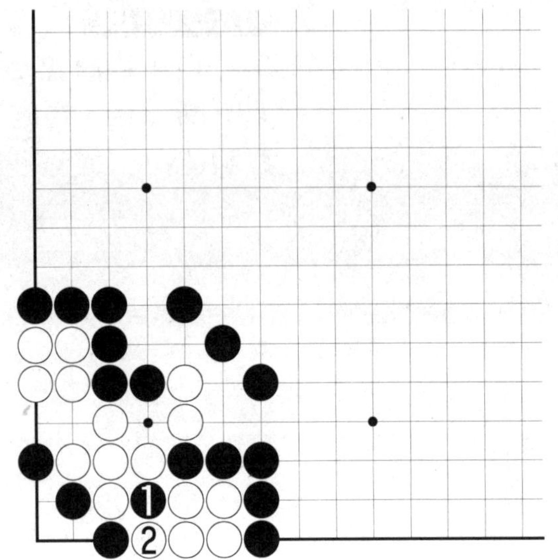

图 9　黑的失手

图 8 黑 5 如 1 扑则白 2 提，黑 3 再提时……

❸=❶

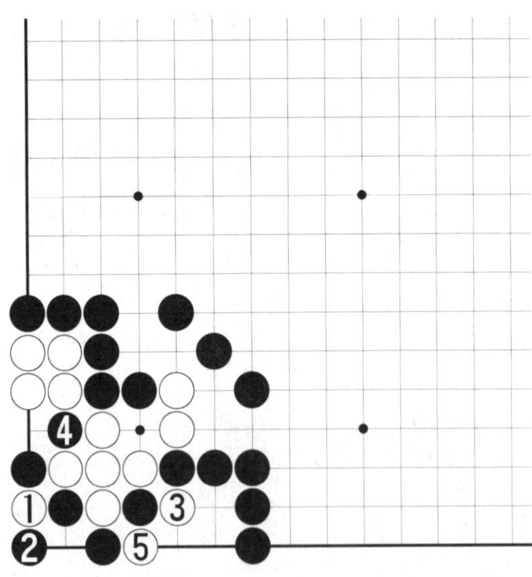

图 10　继续图

白 1 扑后 3 打,5 提即成劫活。

问题28　必杀技

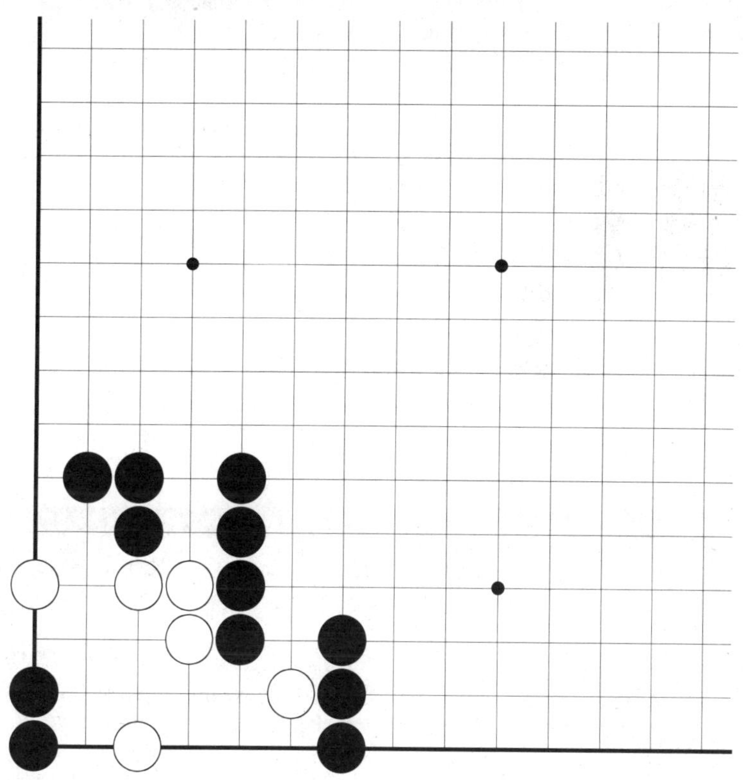

这是一道能找出高手真面目的题，看上去形状很完美，计算到最后，要使出必杀的一击。

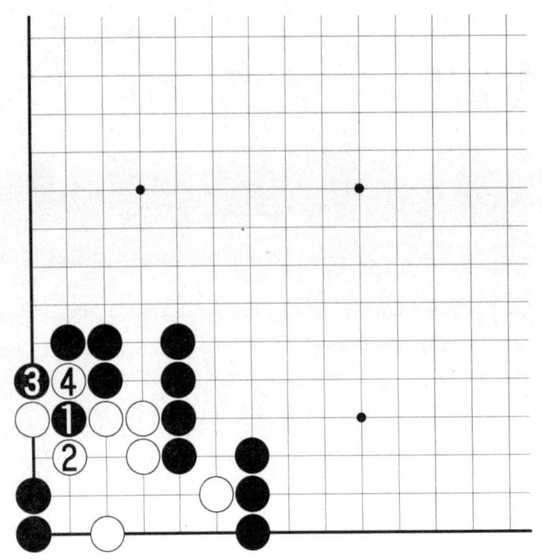

图 1 太平淡

黑 1、3 做劫过于平淡，4 提成劫则黑失败。

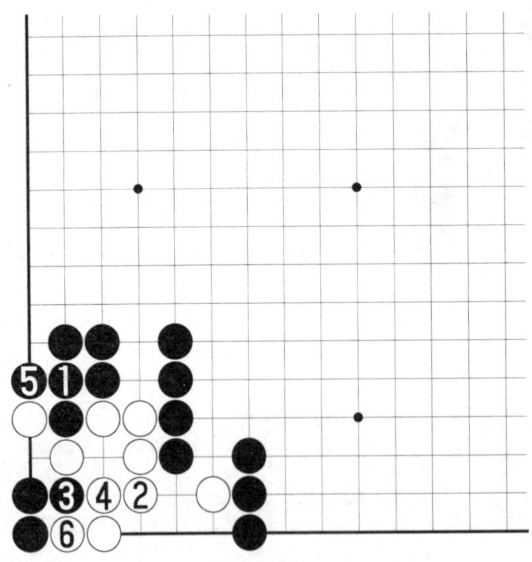

图 2 从后打

图 1 黑 3 如 1 粘则白 2 立，3 冲、5 打吃则白 6 从后面打成活。

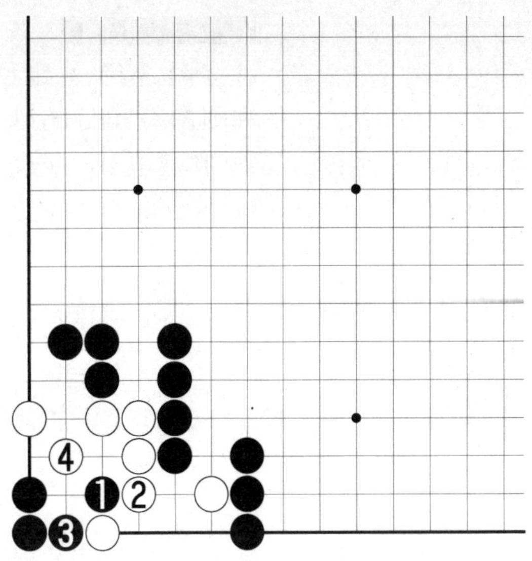

图3　识破意图

黑1、3打想做成梅花六杀白，但白4尖即成活。

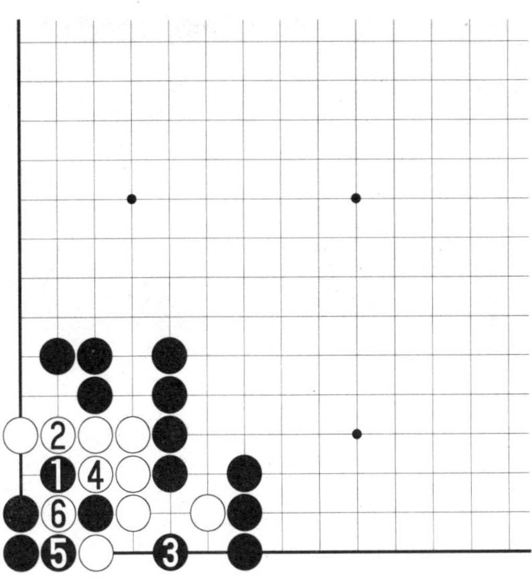

图4　跳

图3黑3如1尖后3跳则白4打后6提成劫。

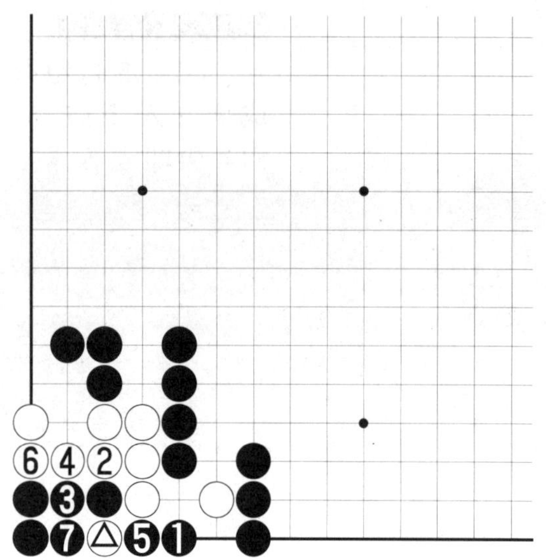

图 5 失败图 1

图 3 黑 3 如 1 跳则白有团打的妙手，黑 7、白 8 互提后……

⑧=△

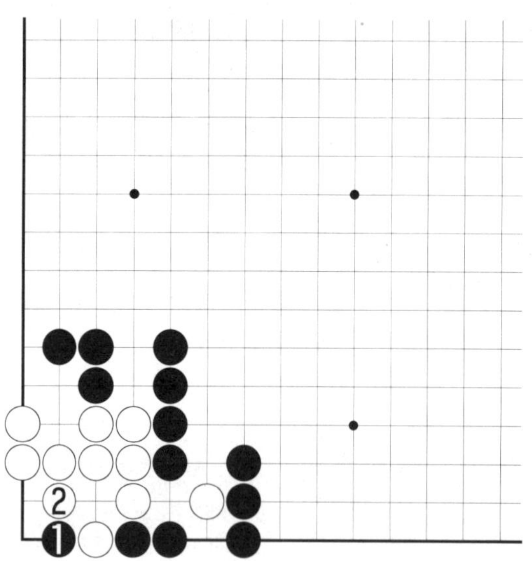

图 6 继续图

黑 1 打，白 2 做劫黑即失败。

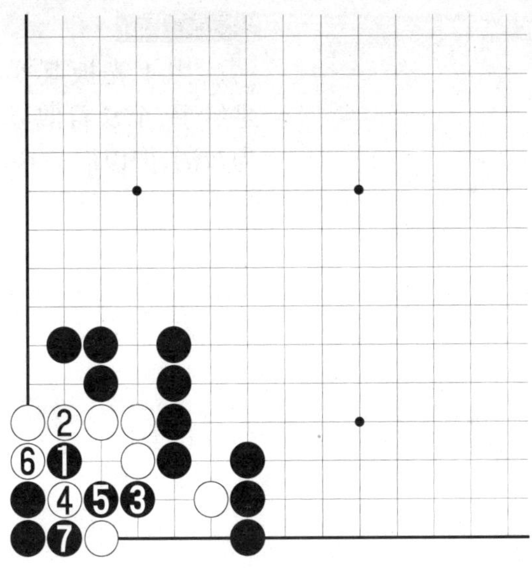

图7 失败图2

黑1尖后3扳则白4、6还击吃住黑二子，白8提后……

⑧=④

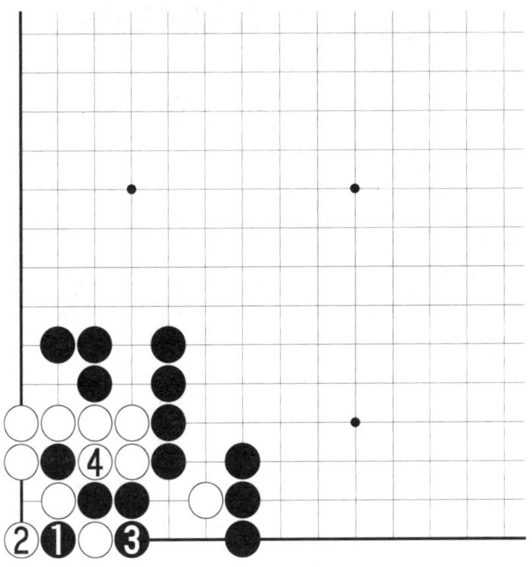

图8 继续图

黑1扑至白4成劫。

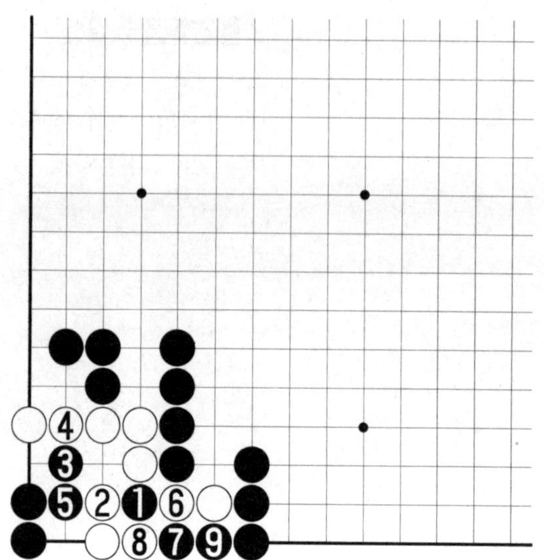

图9 正解

黑1先扳其实是妙手，至9看似成为双活，但以后……

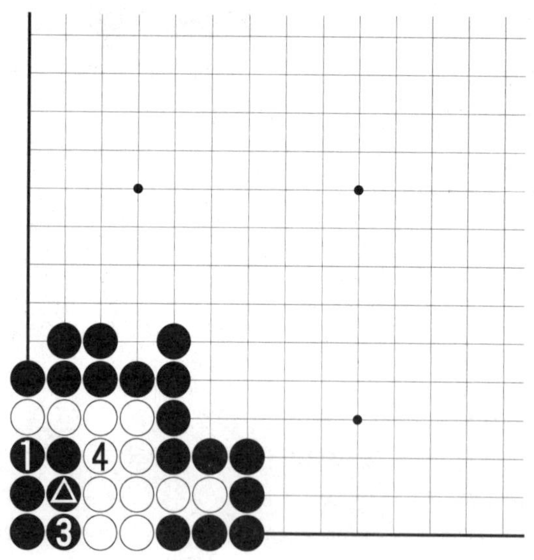

图10 继续图

全紧住气后黑1、3做成板六杀白，图9时白已死亡。

②脱先

❺=▲

问题29　生锈的名剑

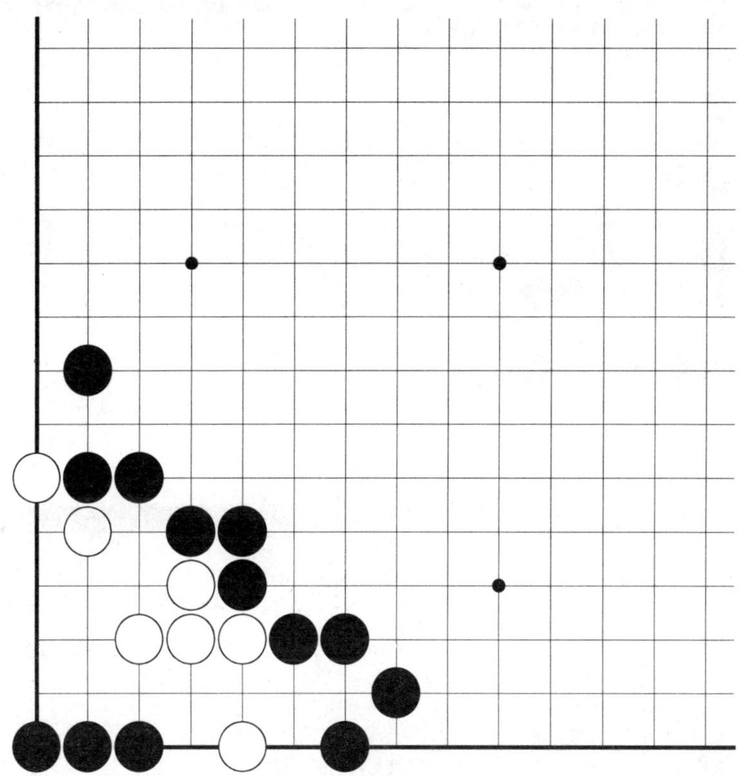

这道题不容易找到开始，不过，你只要冷静，会发现有路可以走，不能太相信对方的形状。

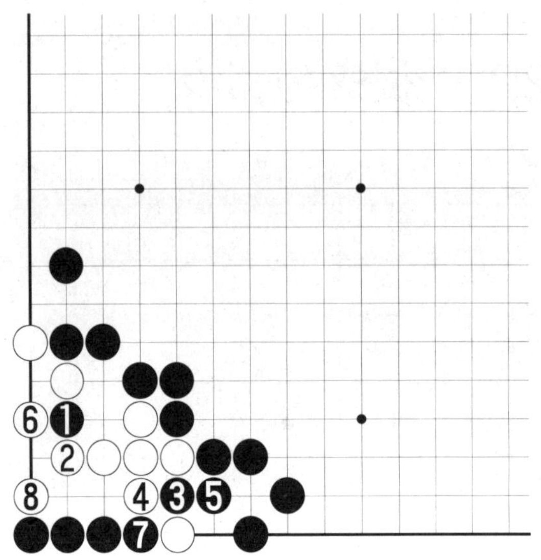

图1 见合

黑1夹后3、5挖粘看似可行，但白2至8成活。

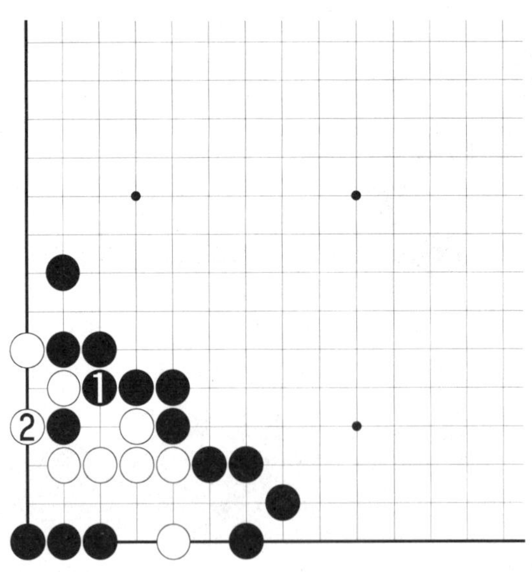

图2 简单成劫

图1黑3如1打则白2做劫即可，劫则黑失败。

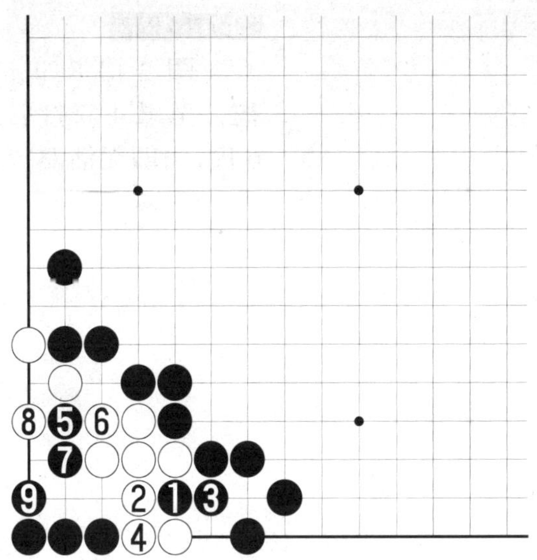

图3 正解

黑 1、3 挖粘好手，白 4 粘时黑 5 夹正着，白 6、8 则黑有 9 的妙手。

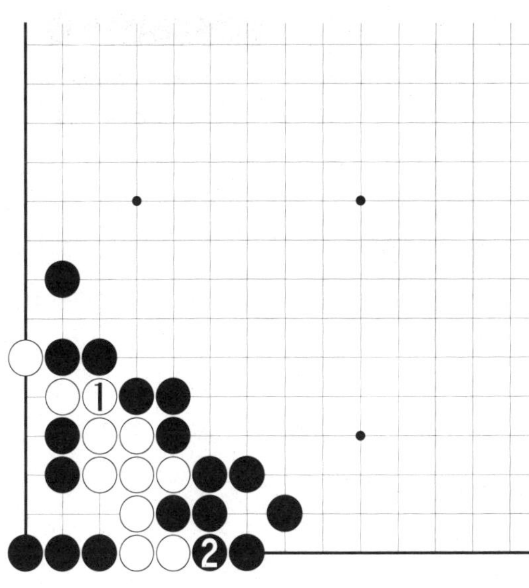

图4 天外之着

图 3 白 8 如 1 单粘，这时黑 2 紧气是鬼手，白居然已无生路。

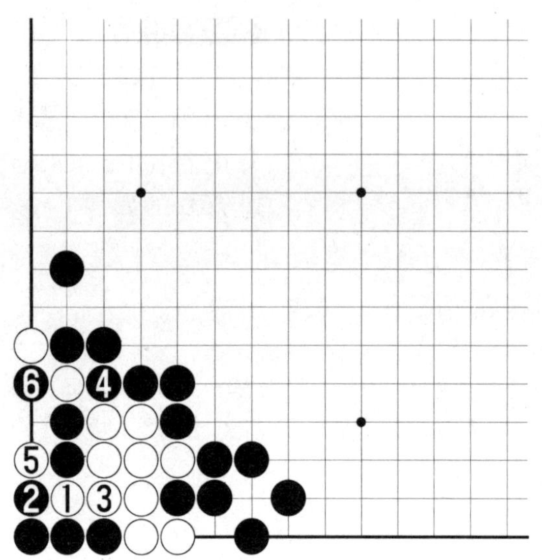

图5 双打

图 3 白 8 如 1 挖，至黑 4 双打后 6 提，白即无活路。

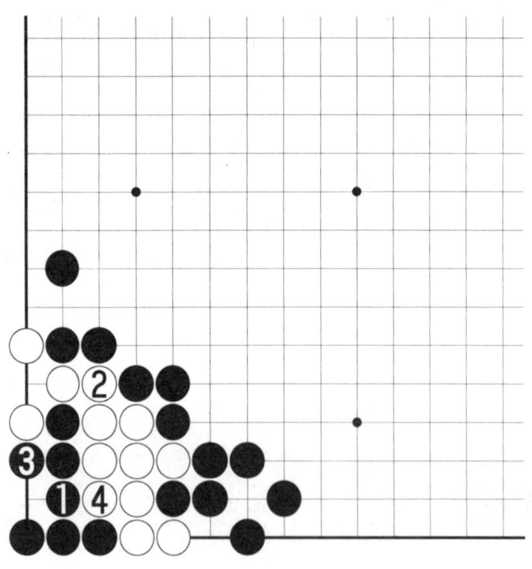

图6 黑的失手

图 3 黑 9 如 1 粘的话则白 2 粘，4 打即成劫，黑不能大意。

问题30 追击者

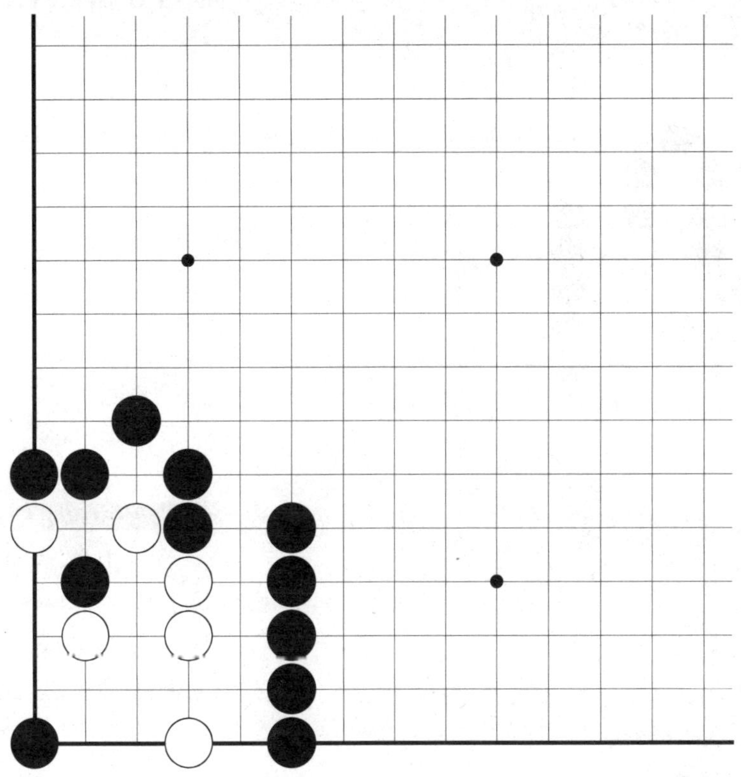

再怎么追对方也看不到最后，因为白方的拼死抗战会非常强烈，计算力不够强大的话，无法追到对方，你能看到最后吗？

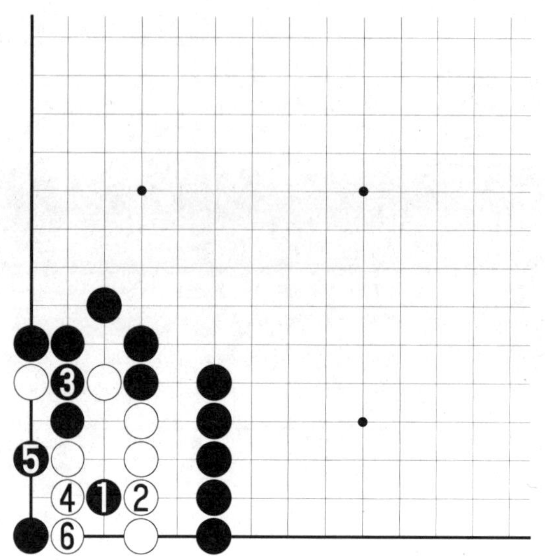

图1　从后打

黑如1点后3粘则白4挡，5扳时白6挡好手，净活。

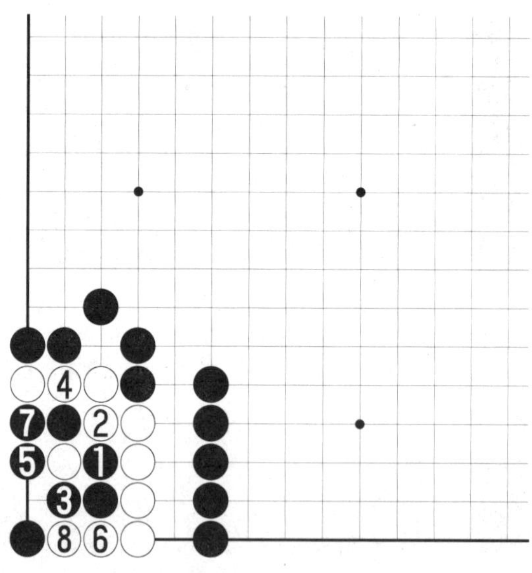

图2　缓气劫

图1黑3如1以下吃住白一子，则至白8形成缓多气劫，黑失败。

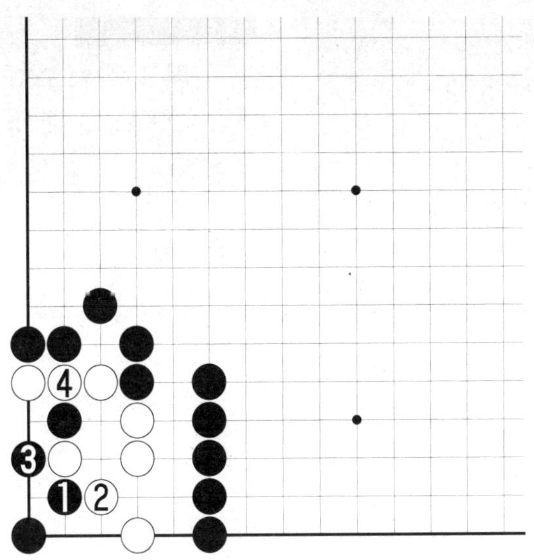

图 3　别无神通

黑 1 尖则白 2 扳，3 打则白 4 粘，黑即失败。

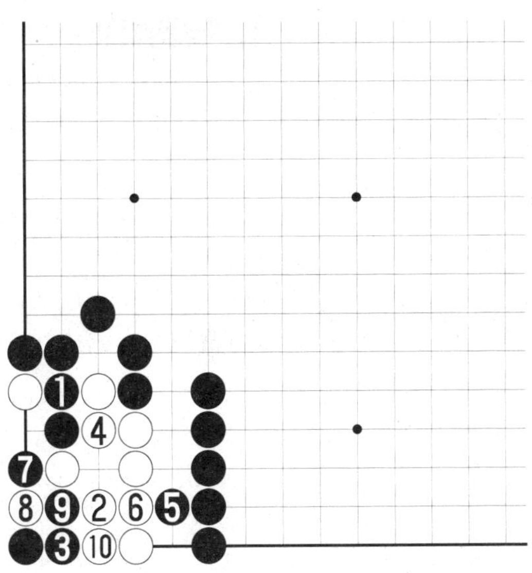

图 4　正解

黑 1 单粘沉着，白 2 尖时 3 破眼以下看似成劫，但接下来……

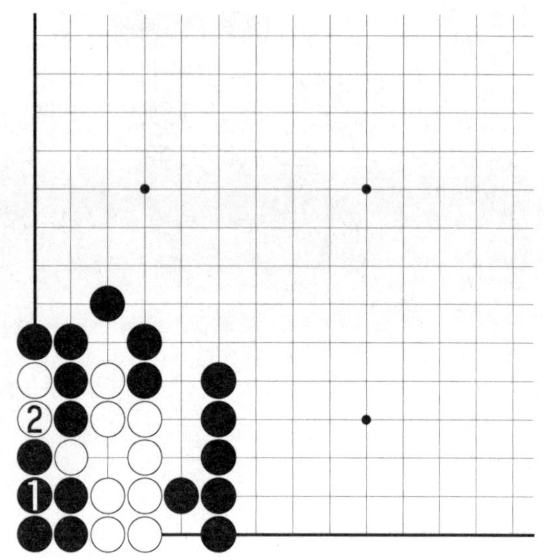

图5 继续图

黑1粘聚杀好手，3点后白即束手就擒。

❸=❶

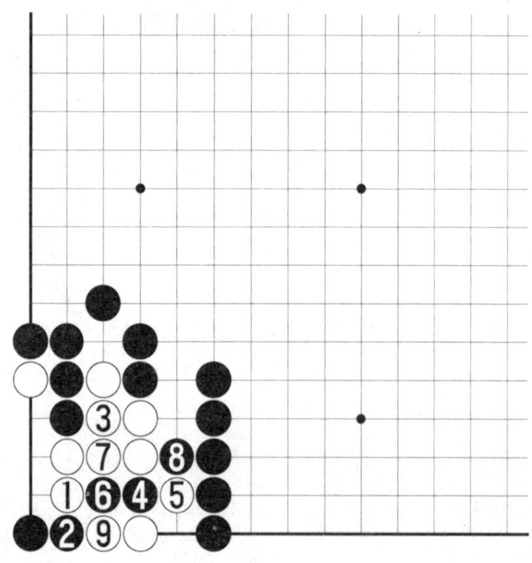

图6 变化

图4白2如1并则黑有2长的好手，3粘则4挖成立，至10白仍是死棋。

❿=❹

问题31　无色无味

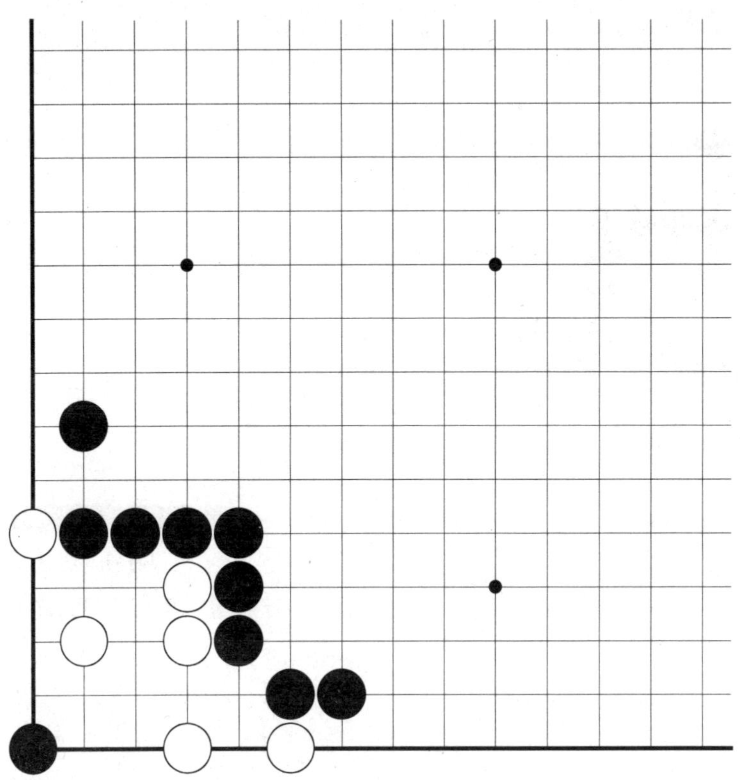

不能让对方觉察,要像影子一样跟踪……

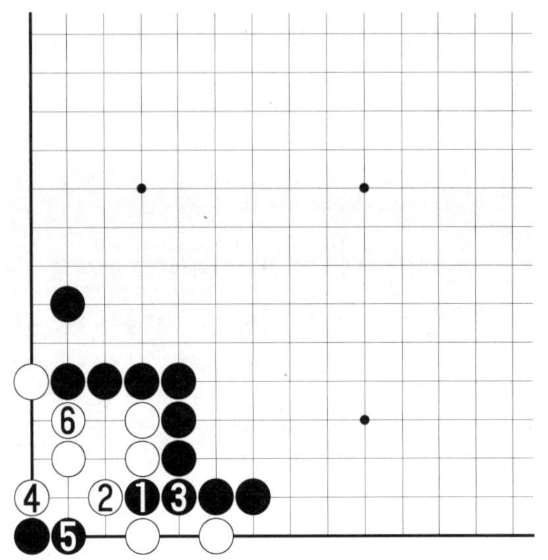

图 1　见合

黑 1、3 挖粘无谋，白 4、6 后见合成活。

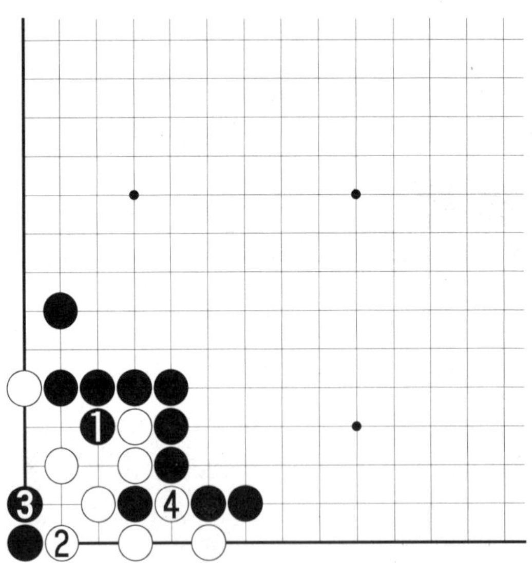

图 2　富有弹性

图 1 黑 3 如 1 打则白 2 打后 4 提即成活棋。

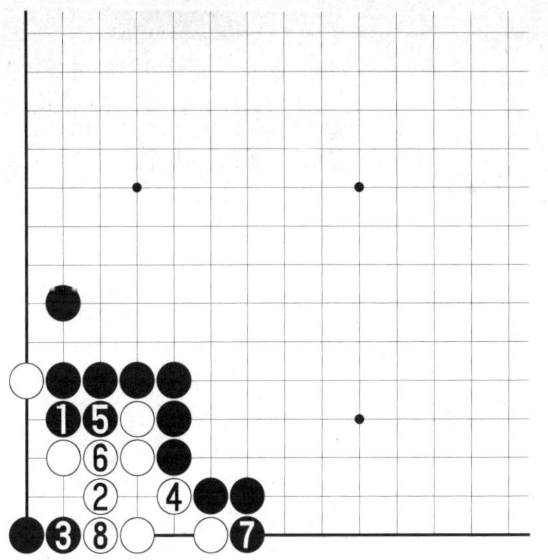

图3 劫活

黑1顶则白2尖后眼位丰富，至8成劫活。

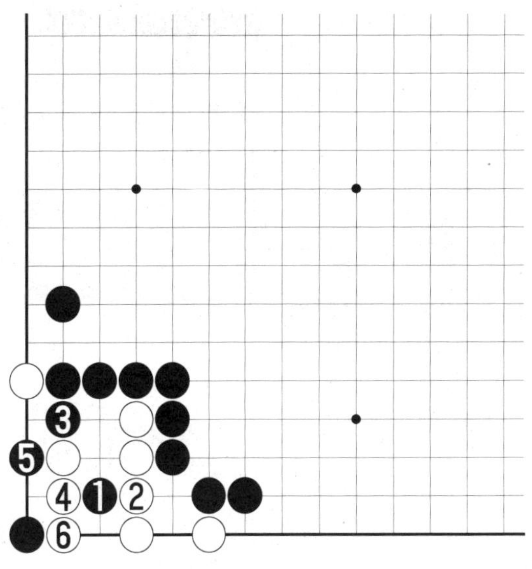

图4 从后打

黑1点则白2粘，3顶5扳则白6从后打成活。

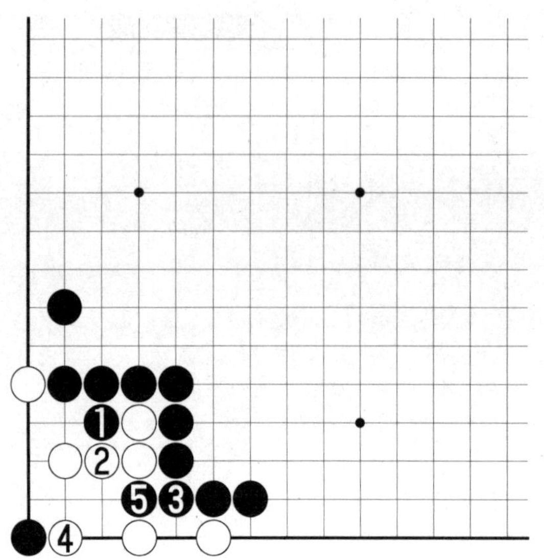

图5 正解

黑1单冲后3团是鬼手，白4打则5冲杀。

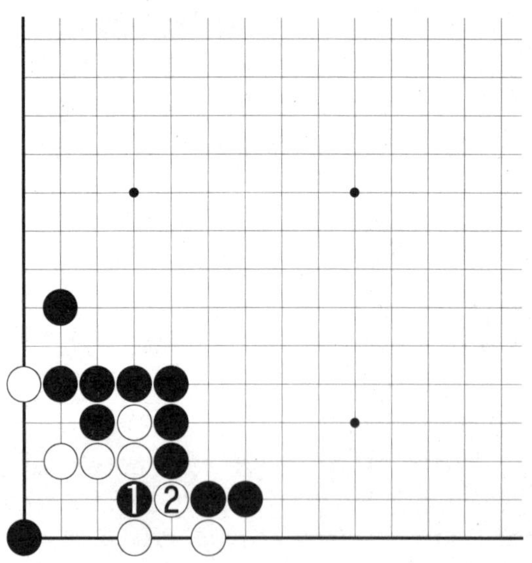

图6 黑的失手

图5黑3如1挖的话白2扑即成劫,黑功亏一篑。

问题32 反向思维

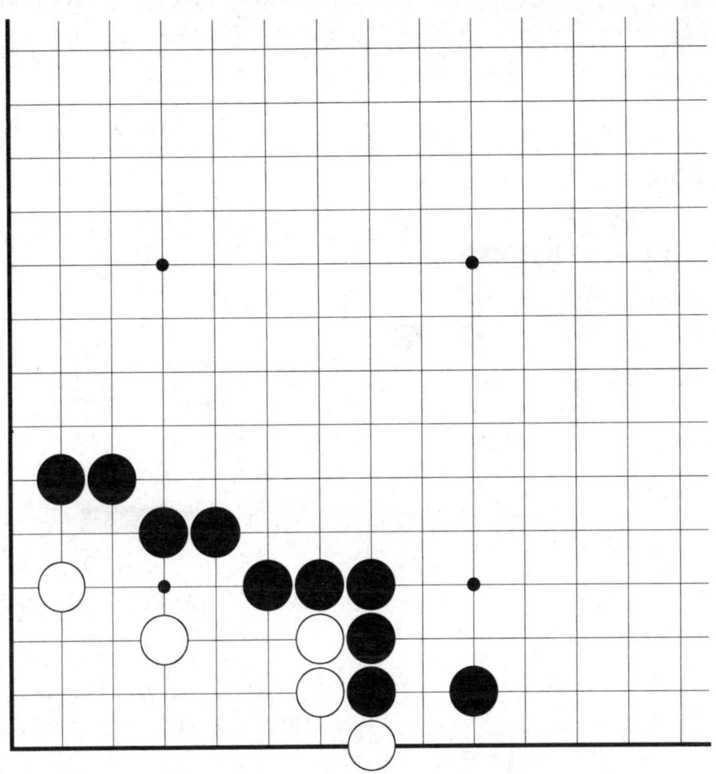

平凡的思维很难解决此题，要运用反向思维。

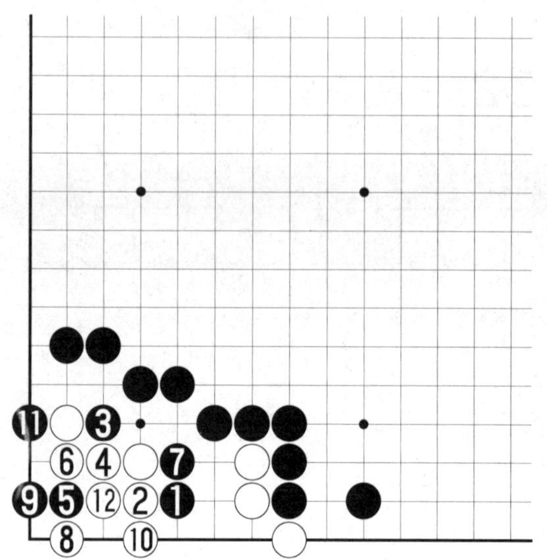

图 1　扩大眼位

黑飞看似急所，但接下来至 7，白有 8 夹后 10 扩大眼位的好手，白净活。

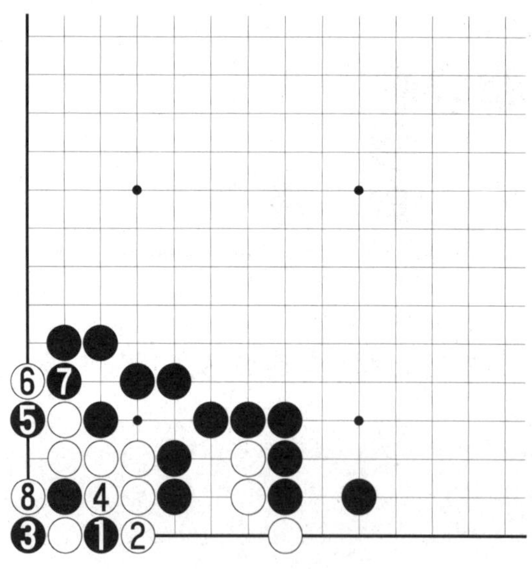

图 2　扑

图 1 黑 9 如 1 打则白 2 打，3 提则白 4 再打，5 托则白 6 打后 8 扑成活。

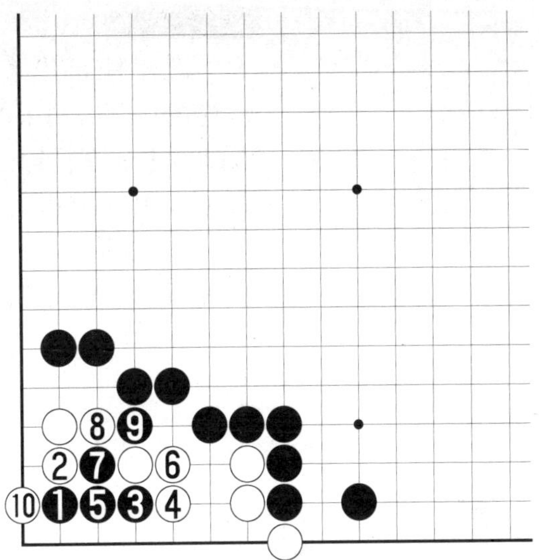

图3 对杀

黑1点则白2顶，3、5抵抗则白6粘，至10白快一气吃住黑四子。

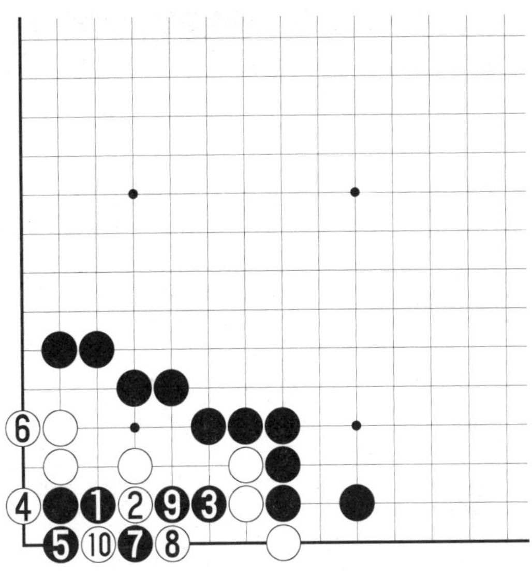

图4 劫活

图3黑3如1长则白2挡，3夹虽顽强破眼，但至10成劫活，黑失败。

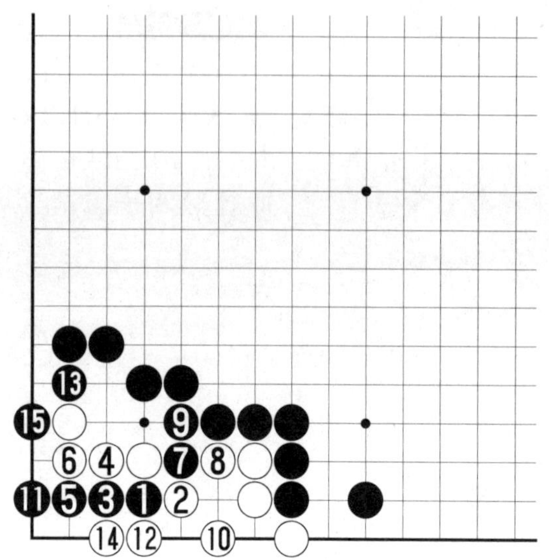

图5 正解

黑1托是出人意料的一手，白2挡则3长，白6只有团，黑7、9断开后11立，即快一气杀白。

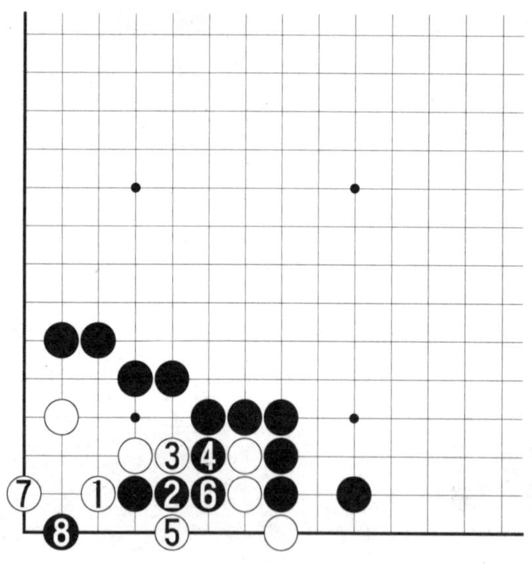

图6 变化图

图5白2如1挡则黑2至6全部应住，7跳则黑8点杀。

问题33 温柔的风

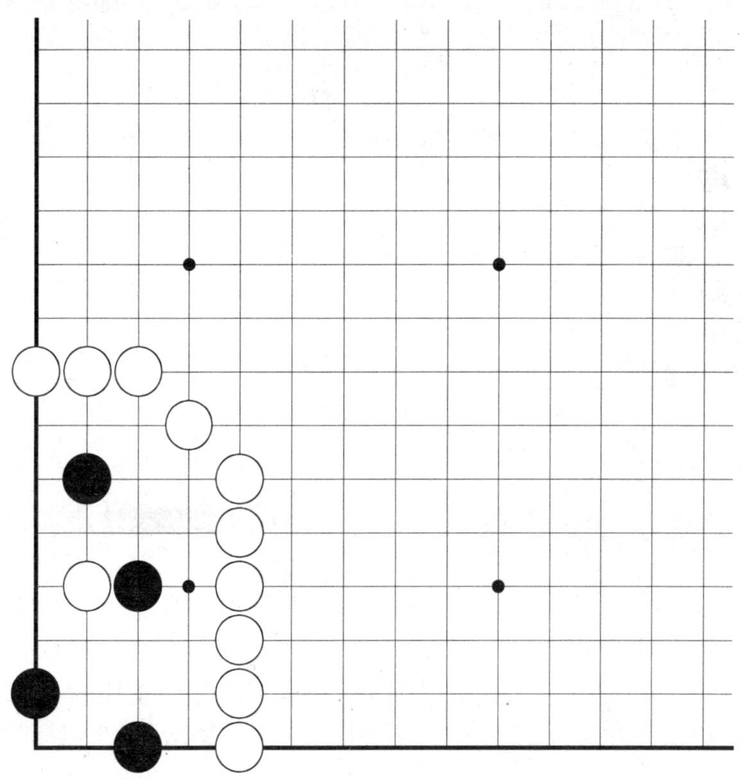

风不能吹得太快，也不能吹得太猛，一切顺其自然……

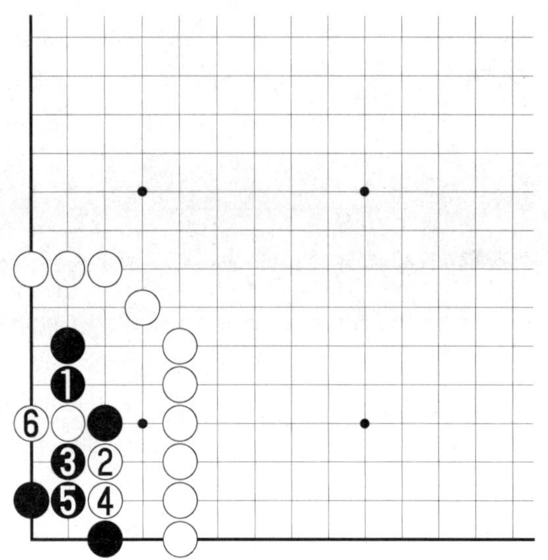

图1 第一感

黑1顶是第一感，但白2、4顶后6立,黑即被杀。

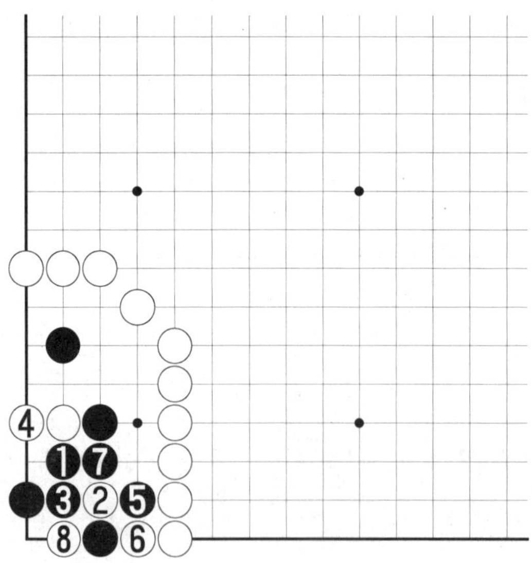

图2 扑

黑1扳则白2靠是急所,3团则白4立,5、7提则白有8扑的好手成劫活,黑失败。

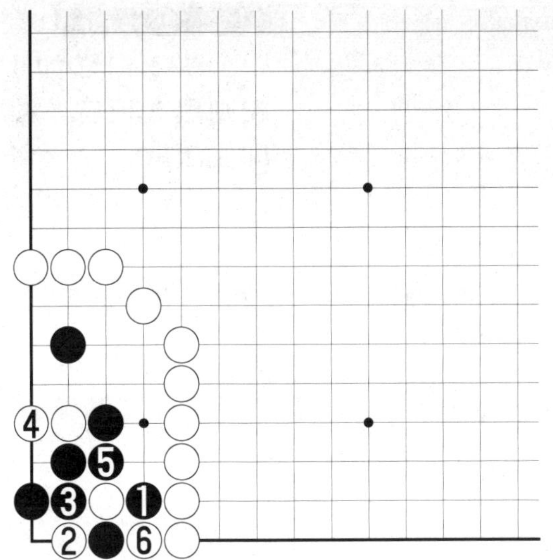

图3　还是劫

图2黑3如1先挖大同小异，白2打后至6还原上图。

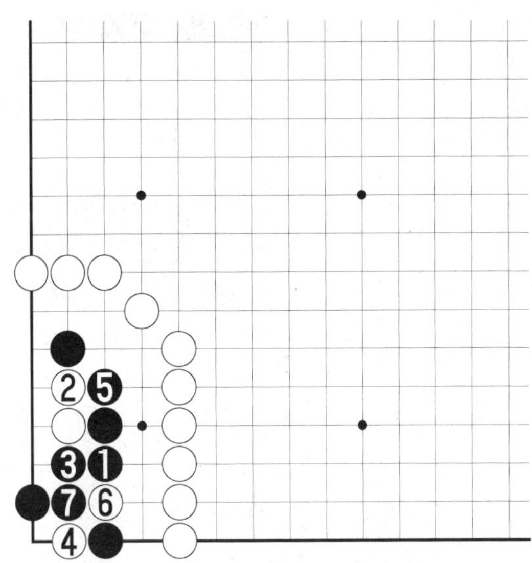

图4　正解

黑1长是好手，白2顶则3挡住，白4、6则黑5、7打即成活。

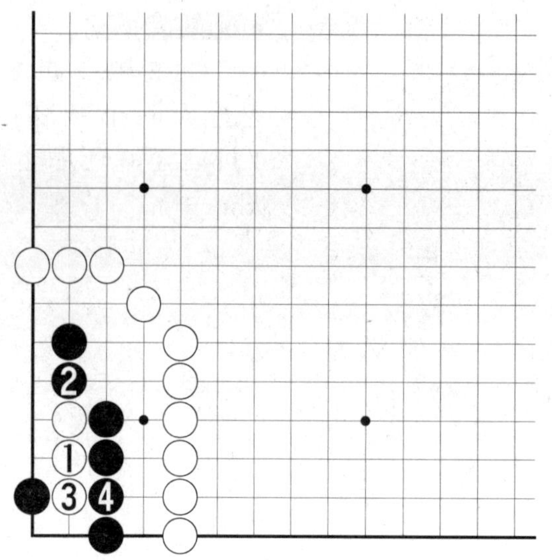

图5 变化图1

图4白2如1爬则黑2顶后4粘即成活棋。

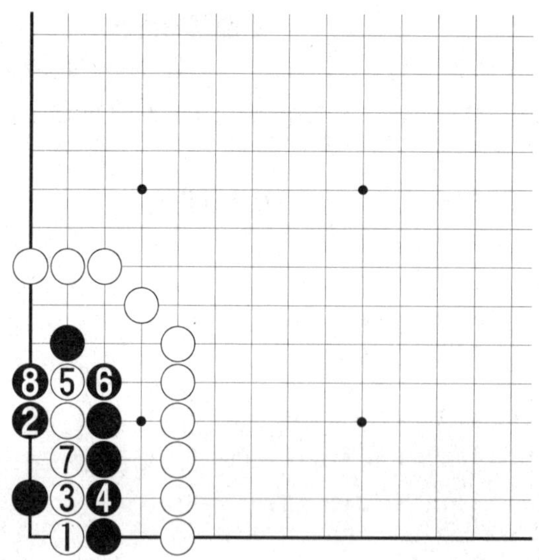

图6 变化图2

图4白2如1靠看似可行，但黑有2夹的好手，3以下像无头苍蝇一样乱撞，至8白五子被吃。

问题34　猎猛兽

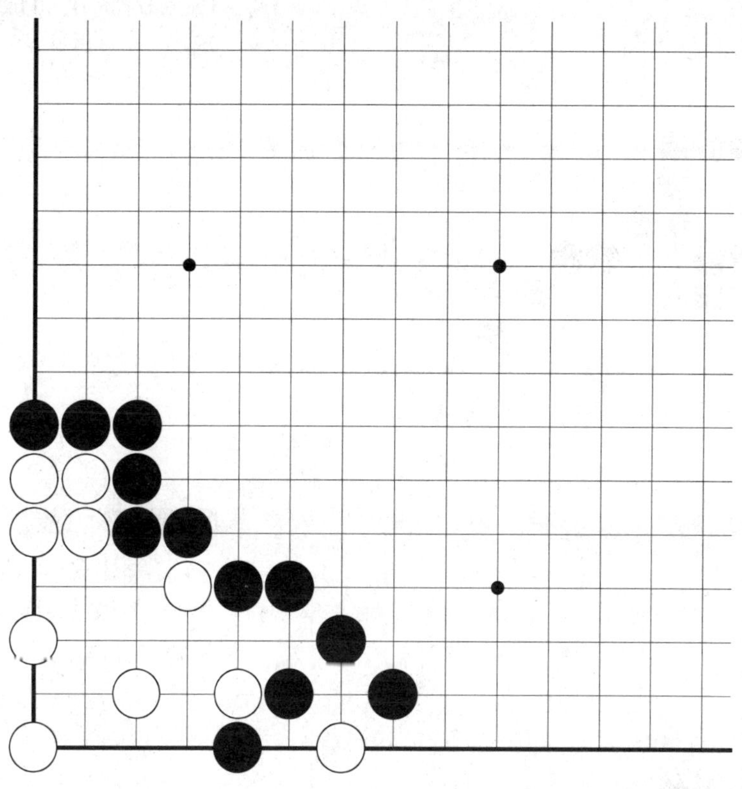

白棋的模样就像猛兽发怒的样子，怎样抓住猛兽呢？

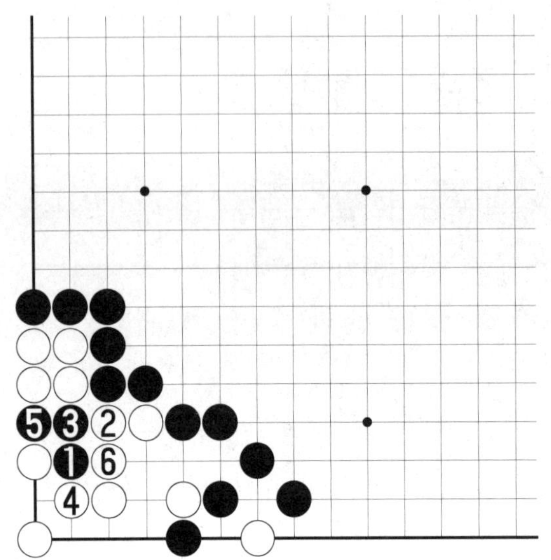

图1　倒脱靴

黑1是第一感，但白2、4挡后因为倒脱靴而成劫活。

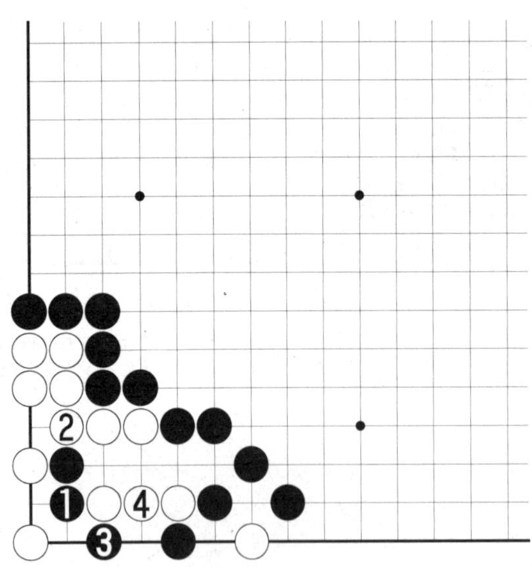

图2　双

图1黑3如1长后3扳，则白4粘即失败。

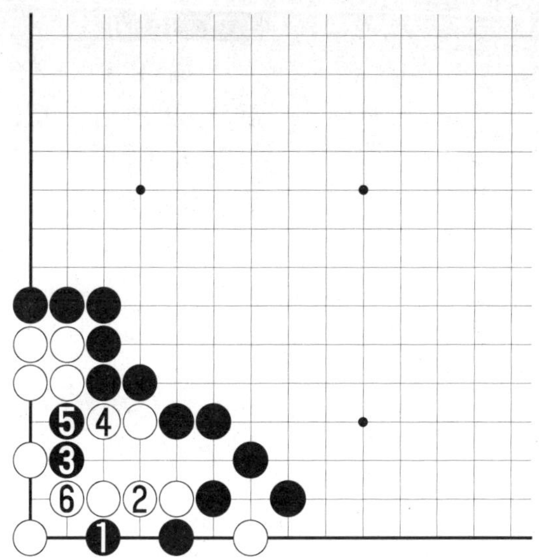

图3 单粘

黑如 1 托则白 2 单粘，3、5 打吃则白 4、6 挡住仍是劫活。

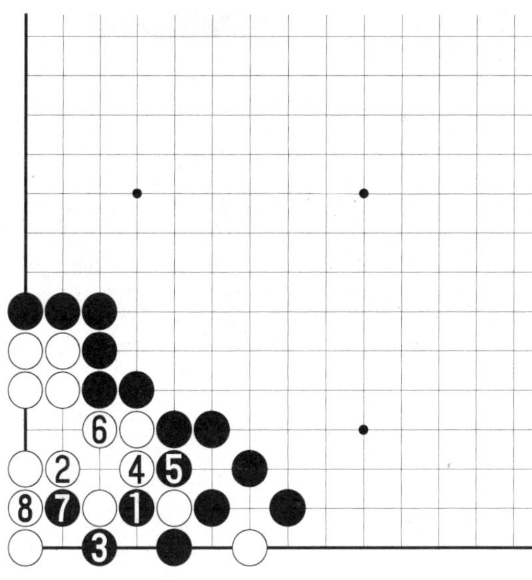

图4 还是劫

黑 1 打则白 2 双，3 扳则白 4 打后 6 挡，至 8 成劫杀。

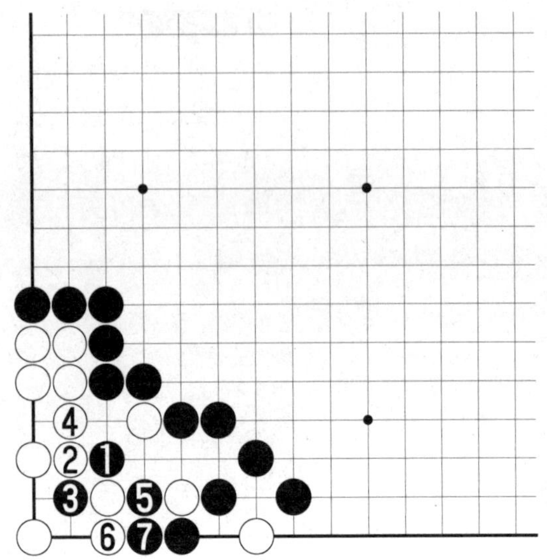

图5 正解

黑1靠是好手,白2顶则3断,白4粘则黑5、7,即杀死白棋。

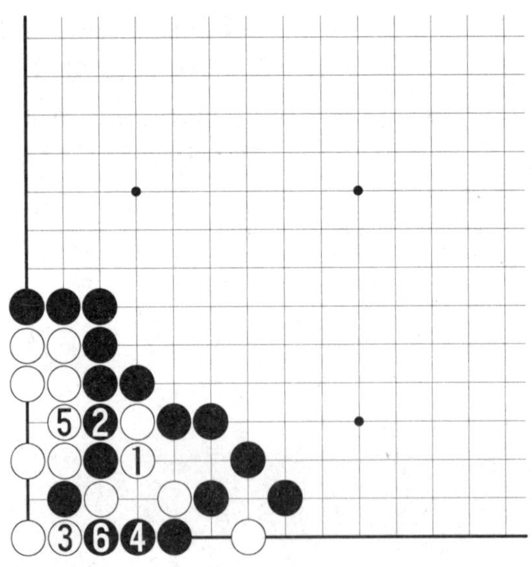

图6 变化图

图5白4如1打后3打抵抗则黑4单长即可，白5粘则黑6打吃。

问题35　脚趾

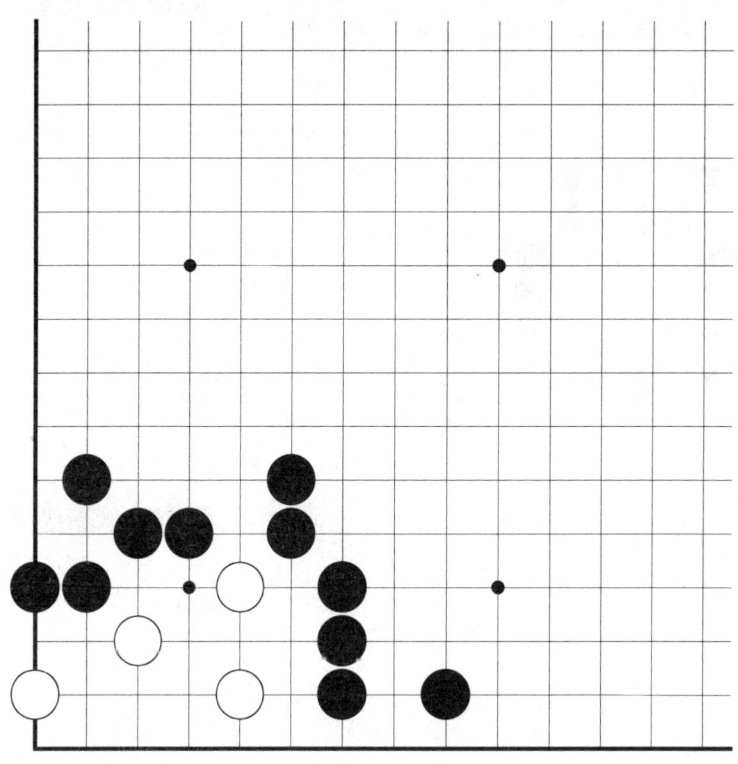

再怎么坚固的沙堡，也会被海浪冲倒。它也像沙堡一样，虽然占据要点，可是意外的在脚趾上有弱点……

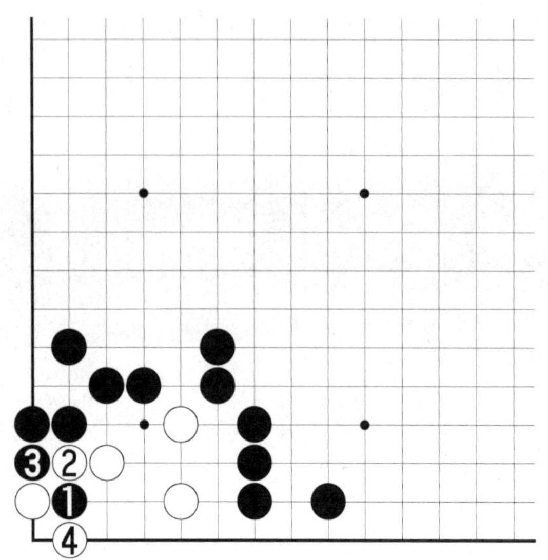

图 1　劫则失败

黑 1 太平淡了，至 4 成为打劫杀，但却是失败。

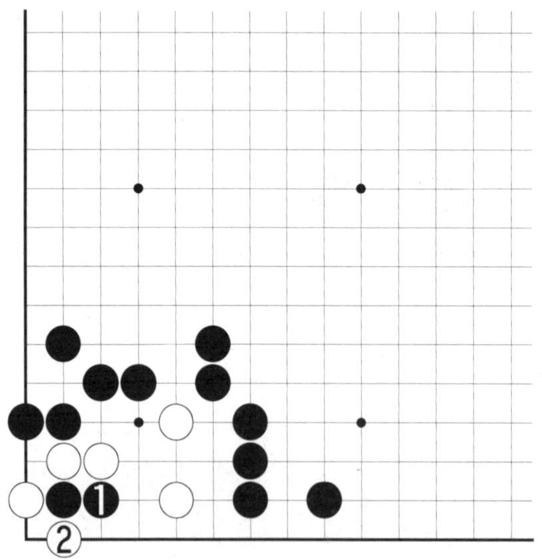

图 2　还是劫

图 1 黑 3 如 1 爬则白 2 扳，仍是劫。

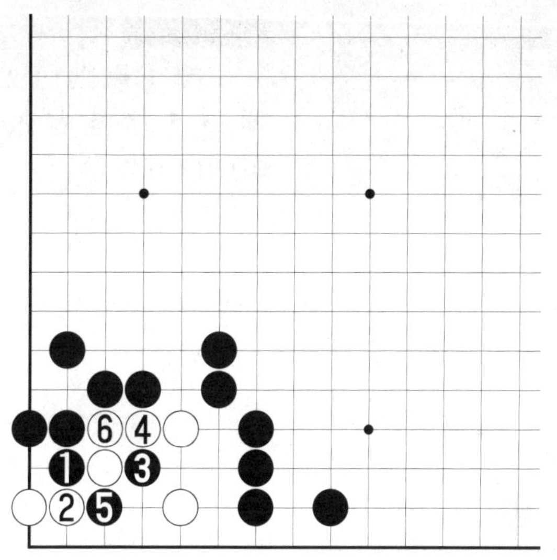

图3 全应住

黑1冲后3靠看似要点，但白2、4、6全部应住也是活棋。

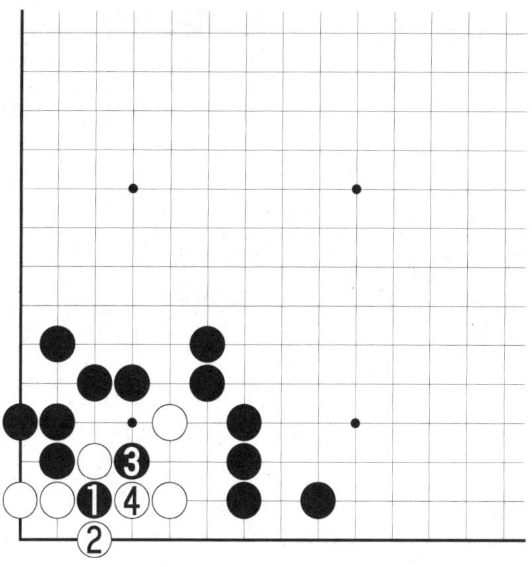

图4 见合

图3黑3如1断则白2打，3则白4提，见合成活。

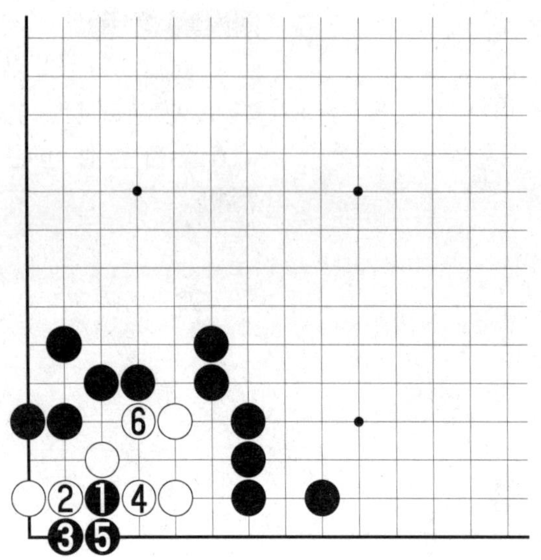

图5　挣扎

黑 1 靠则白 2 顶，3、5 挣扎着破眼则白 6 做活。

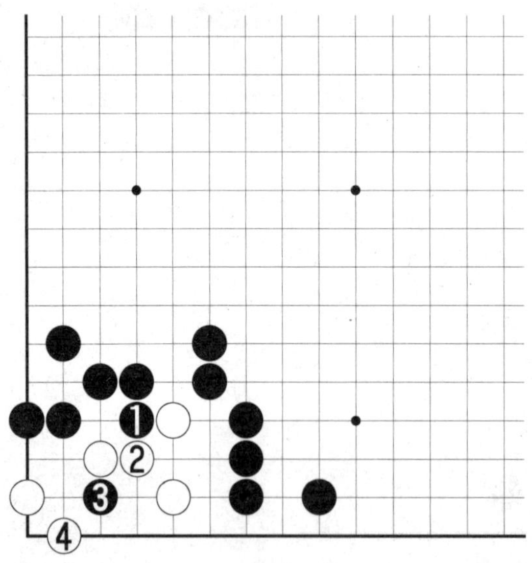

图6　无味

黑 1、3 靠大同小异，白 4 尖后黑仍是失败。

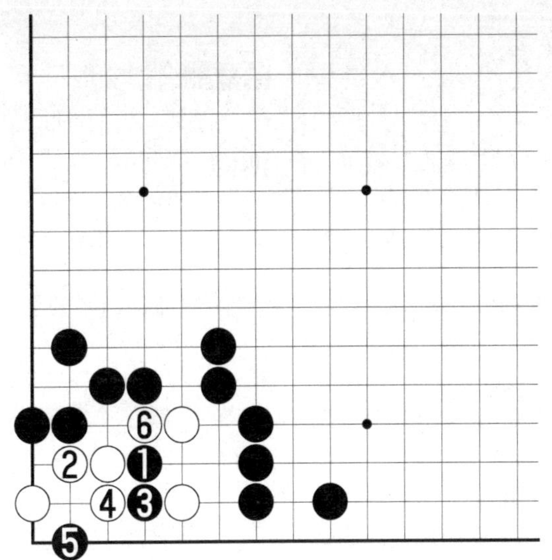

图 7 被吃

黑 1、3 无理，白 4 挡轻松做活，5 点则白 6 冲吃成活。

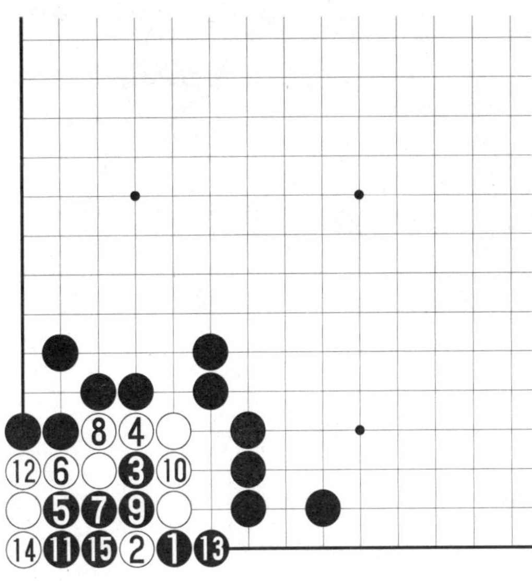

图 8 正解

黑 1 托好手，白 2 挡则黑 3、5 是接下来的连环好手，至 11 立，白只有 12 粘，15 提后白 16 提……

⑯=②

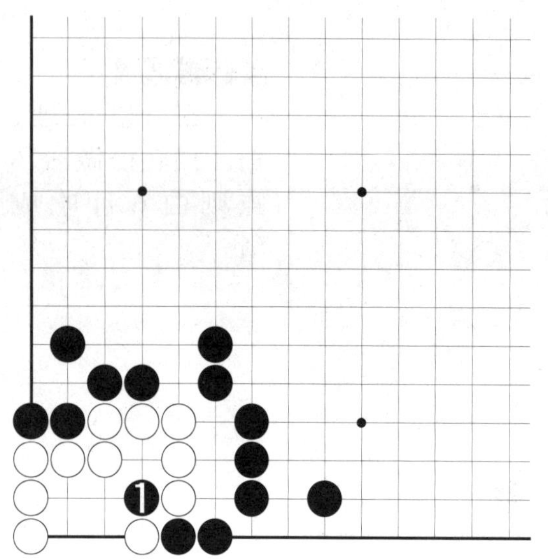

图 9　继续图

黑 1 打白即无活路。

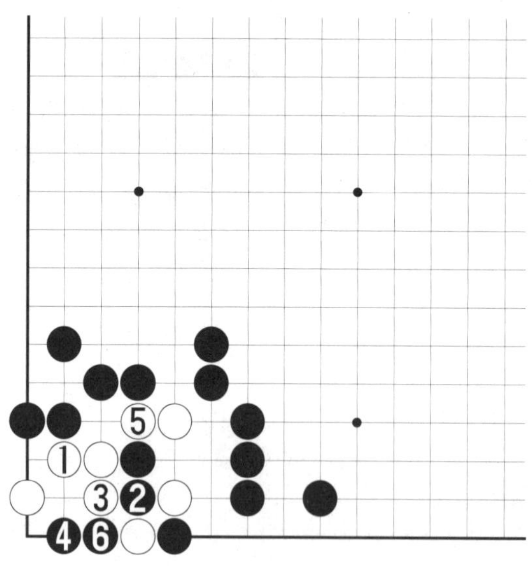

图 10　变化

图 8 白 4 如 1 贴则黑 2 打，白 3 挡则黑 4 点即可。

问题36　自己的颜色

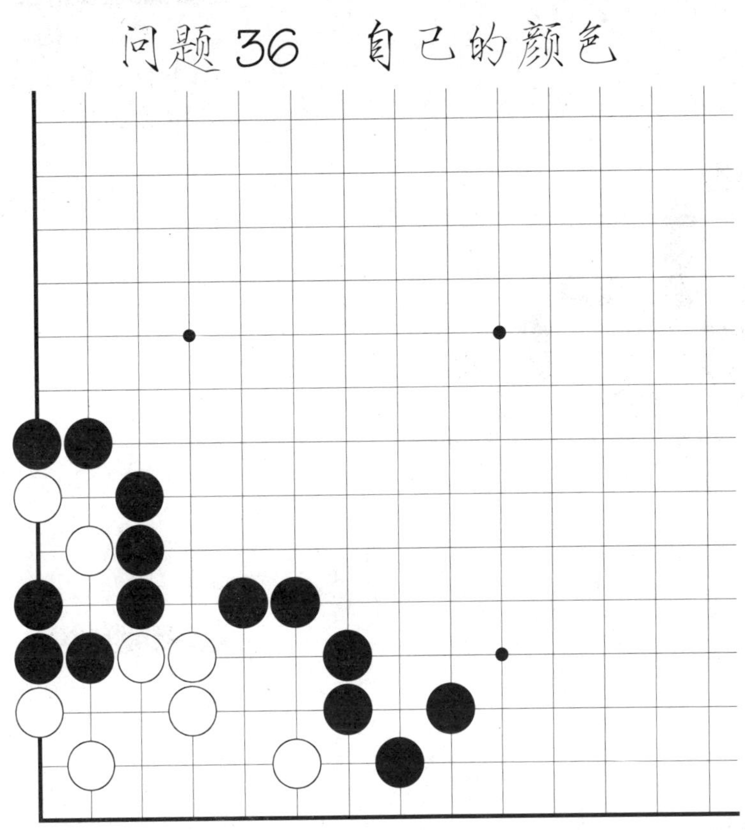

对方看起来很虚，可是它在瞄着你的后脑勺，你要找到对方预料不到的棋，就得保持自己的颜色。

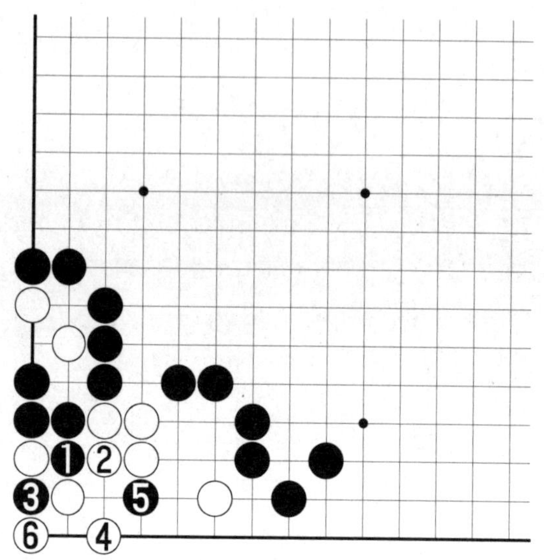

图1 白的预想

黑1、3提正中白下怀，白4虎后6扑成劫活，黑失败。

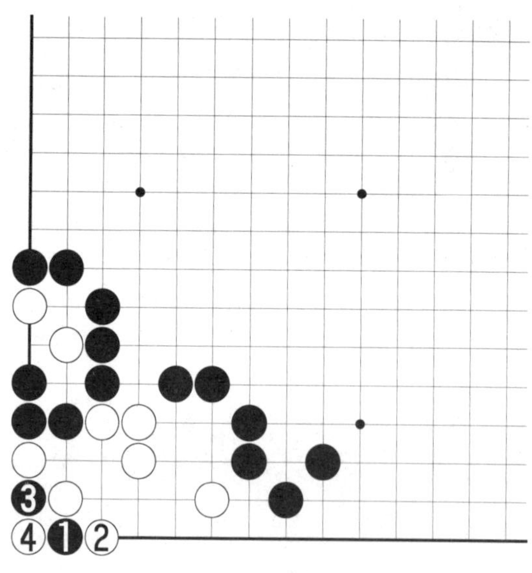

图2 还是劫

图1黑3如1靠看似好手，但白2打即成劫活。

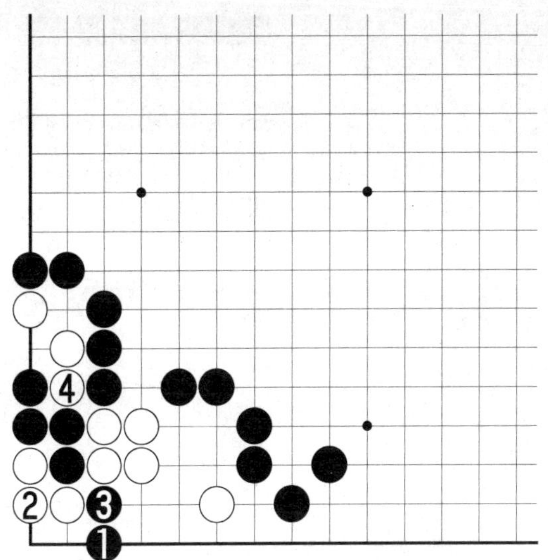

图3　像个样子

图1黑3下1也看似好手，但白2粘后4吃即可。

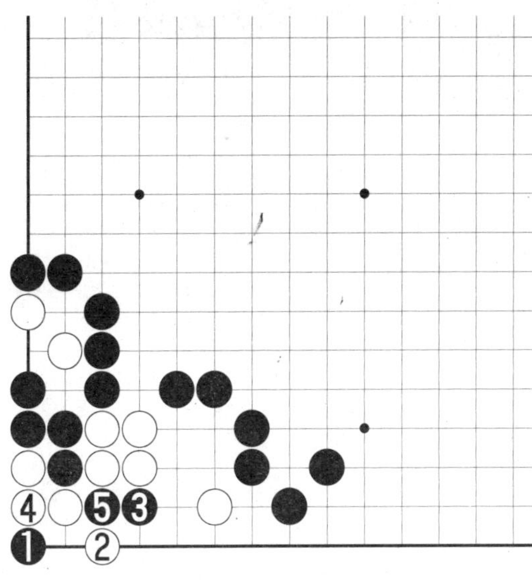

图4　正解

黑1点一、一鬼手，白2虎则3点，4则5打，白无法做出打劫。

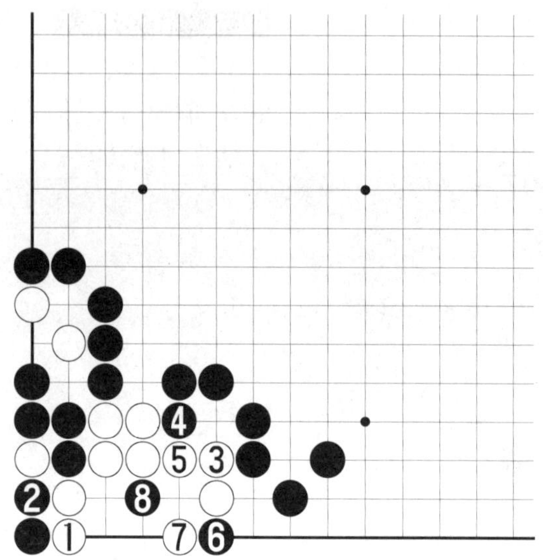

图5　简单的死活

图4白2如本图1打则黑2提即可，白3则黑4冲即简单吃住。

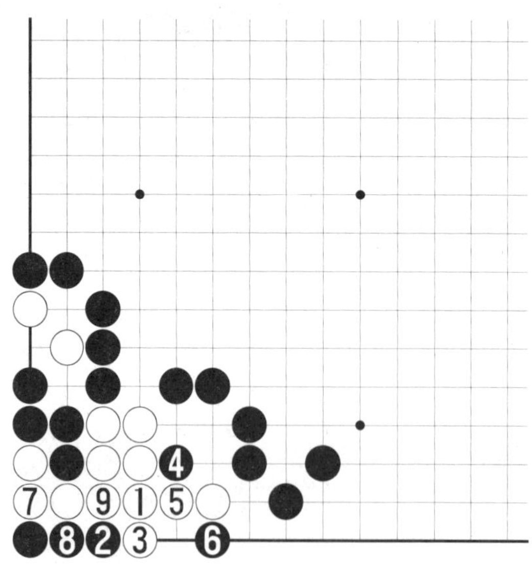

图6　变化图

图4白2如1弯则黑2点，白3挡看似活棋，但黑4、6，白9提……

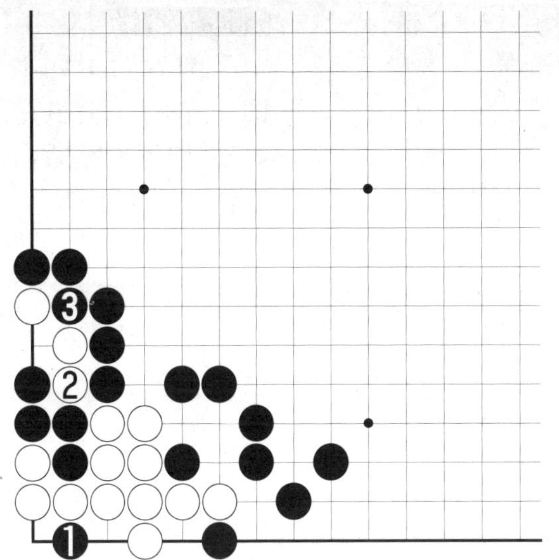

图7 继续图

黑1点，白2打，黑3反打即成倒脱靴杀白。

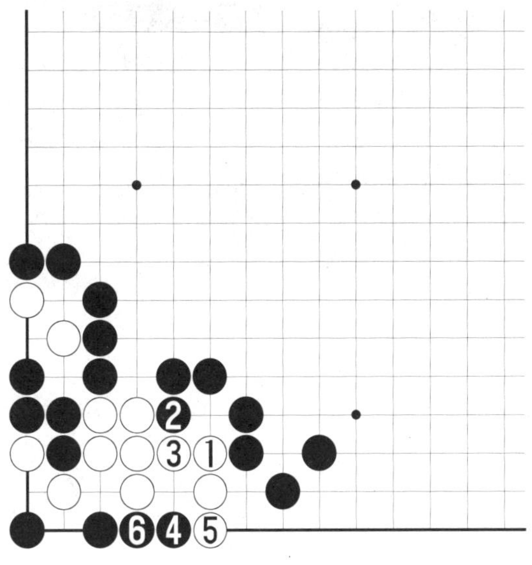

图8 变化

图6白3如1贴则黑2冲后4点即可。

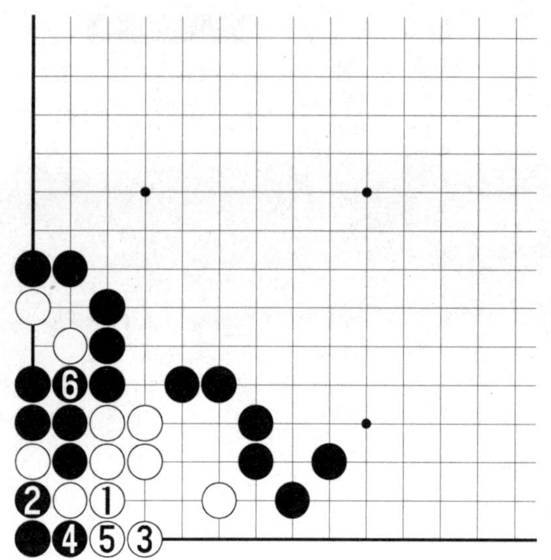

图 9 变化

图 6 白 1 如本图 1 粘后 3 尖虽是好手，但黑 6 粘后白吃住三子也不活。

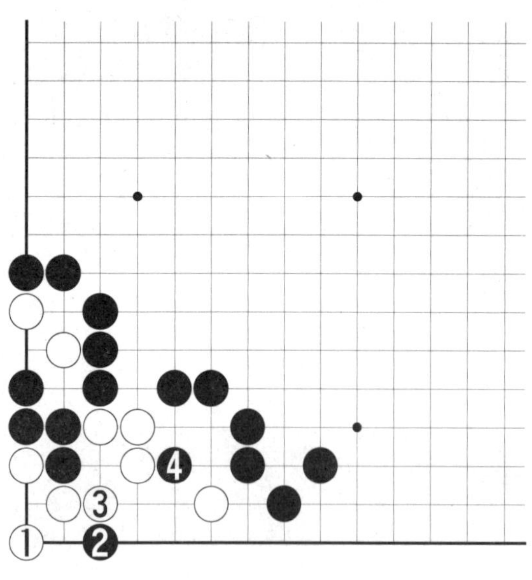

图 10 变化

图 1 白 2 如 1 顽强抵抗则黑 2 点，白 3 则黑 4 靠即可。

问题37　沼泽

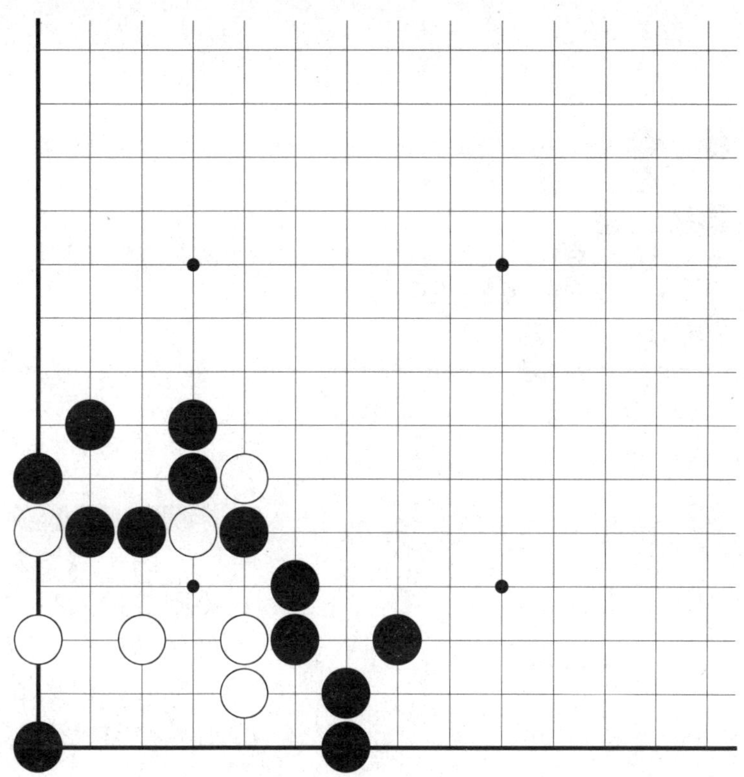

这道题就像沼泽一样，越在里面动作就越容易陷进去，千万不要在沼泽地里陷进去。

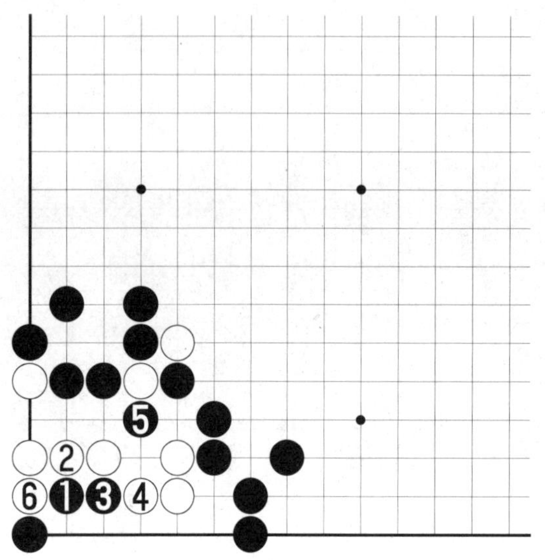

图 1　简单的一手

黑 1、3 则白 2 粘后 4 顶即失败。

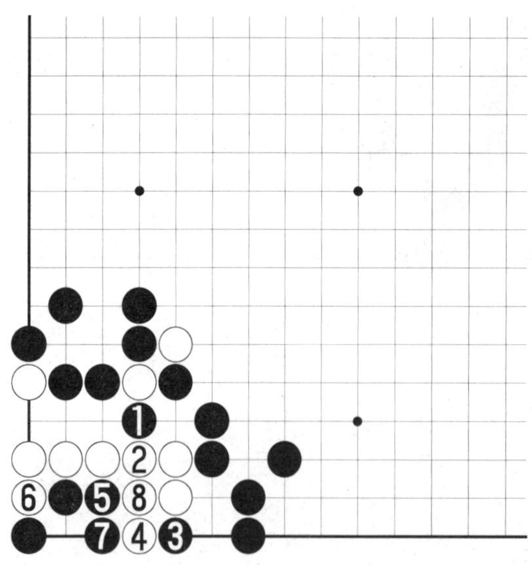

图 2　眼位问题

图 1 黑 3 如 1 提则 2 扩大眼位即可，3 以下虽做成刀把五，但白 6 打后 8 粘即成活。

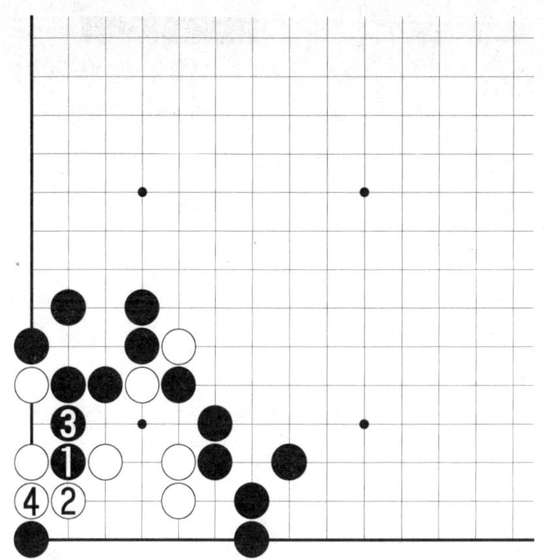

图3 无谋

黑1、3挖粘无谋，白4粘即成活。

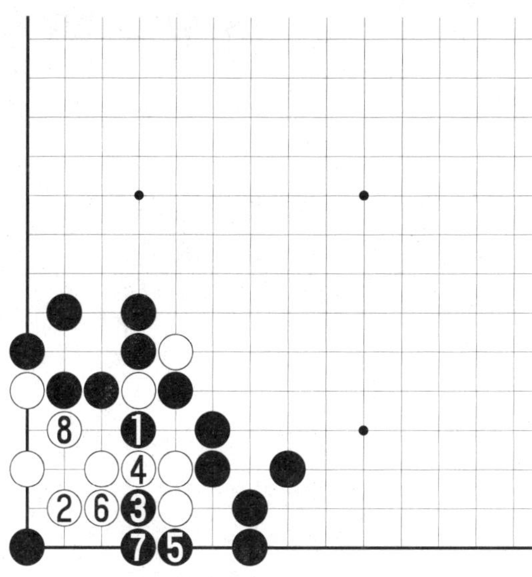

图4 还是无谋

黑1提也无谋，白2虎即简单成活，黑3、5渡过则白8做眼成活。

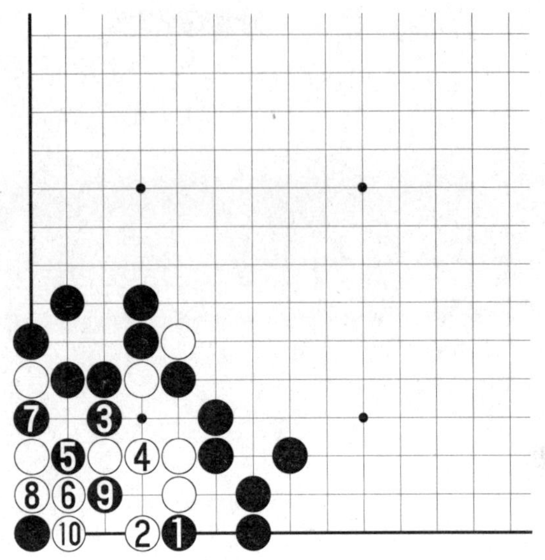

图5 全应住

黑1托后3顶威胁白棋，但白4以下应住即可，至10白轻松成活。

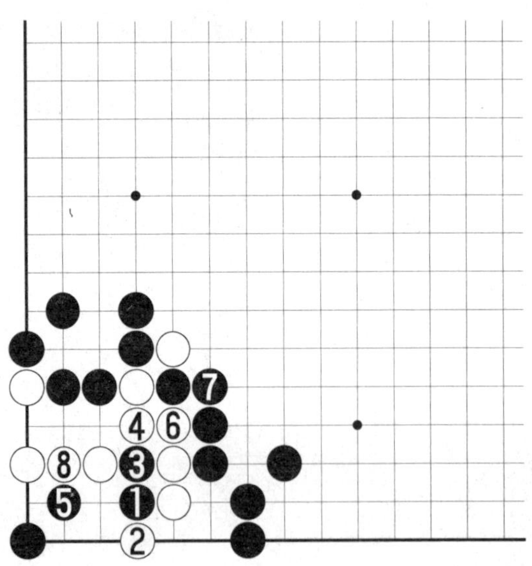

图6 粘是先手

黑1点后3冲5点一气呵成，但白6先手打后8粘即成活棋。

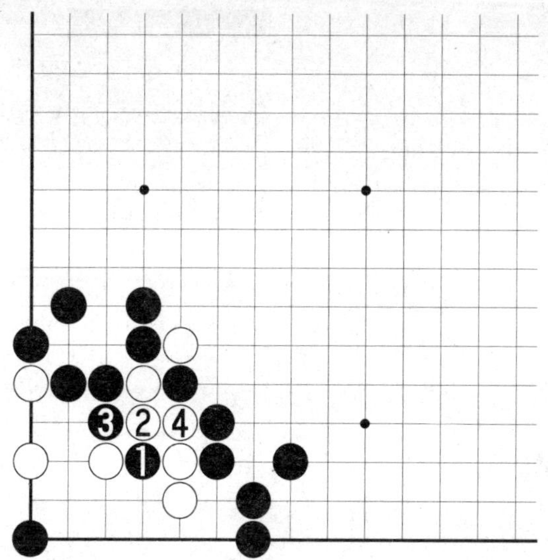

图7　白有先手

黑1挖虽是要点，白2打后黑3打，但白4粘打是先手。

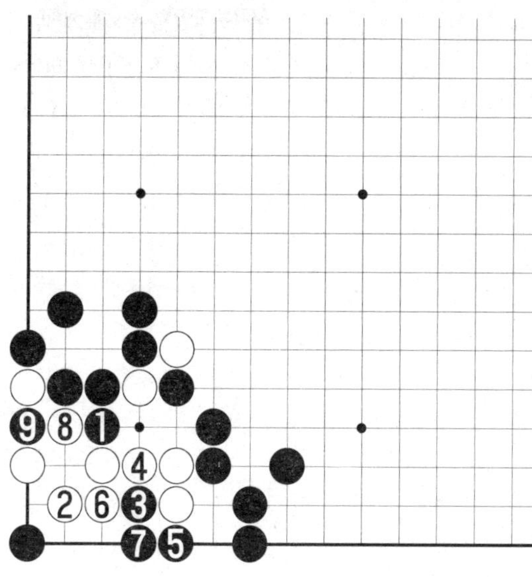

图8　正解

黑1弯顶是妙手，白2虎则黑3靠破眼，至9形成劫杀是正解。

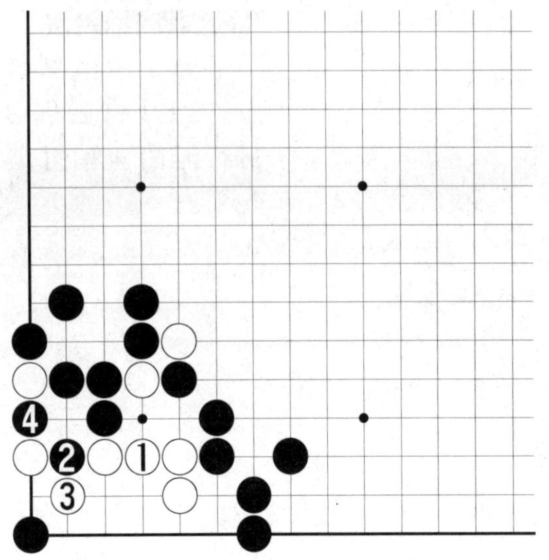

图9 变化图1

图 8 白 2 如 1 粘则黑 2 挖后 4 提成劫。

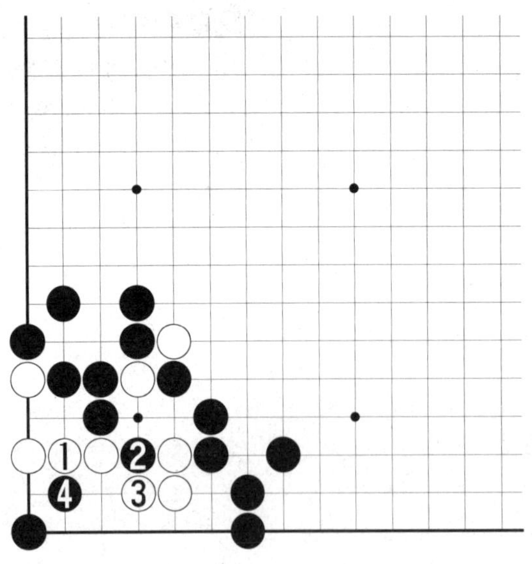

图10 变化图2

图 8 白 2 如 1 粘则黑 2 挖后 4 尖即可，白净死。

问题38 如履薄冰

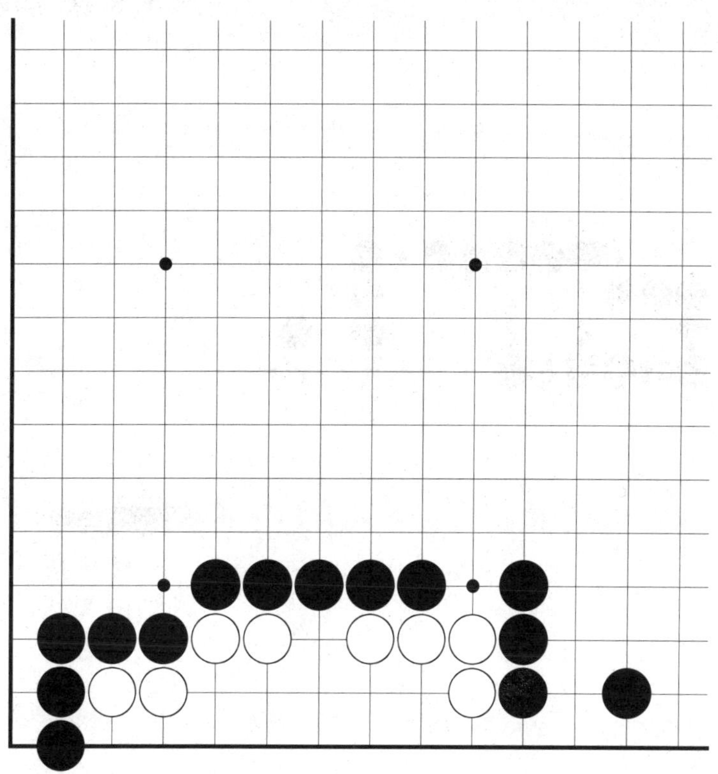

一般在边线的死活题，在一线决定的可能性比较大,很小的差异就会决定死活。需要如履薄冰的勇气。

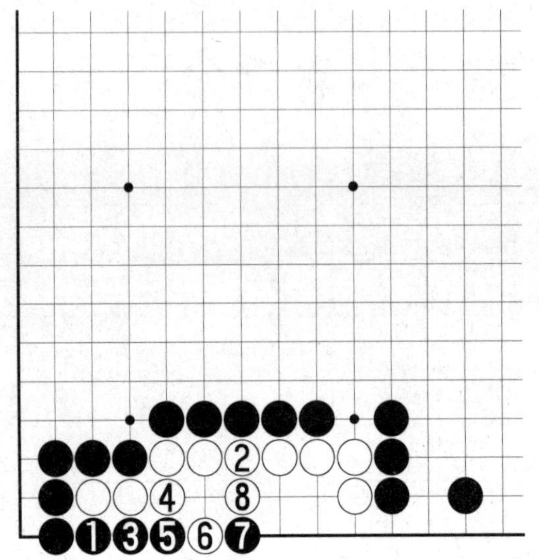

图1 粘

黑1爬则2粘是好手，黑3再打后至8成劫杀，黑失败。

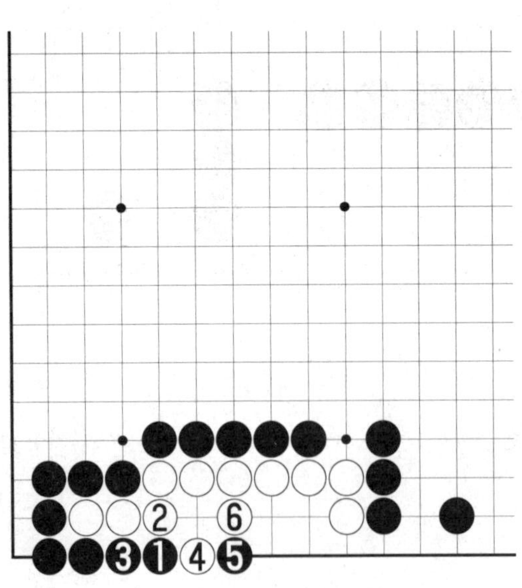

图2 还原

图1黑3如1跳则白2粘，以下还原上图。

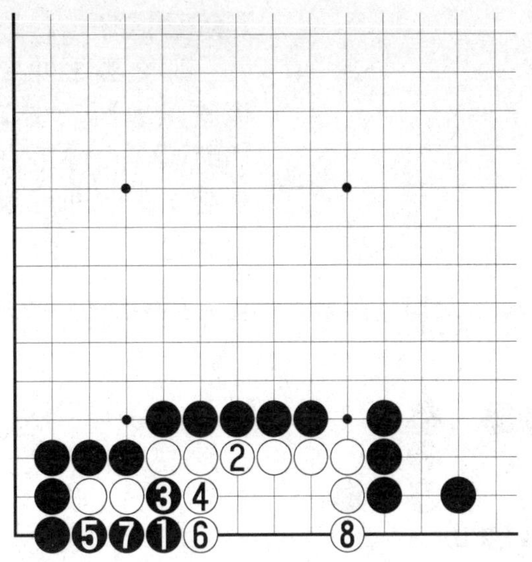

图3 得小失大

黑如先于 1 点则白 2 粘，3 断吃白二子则 4 挡，至 8 白净活。

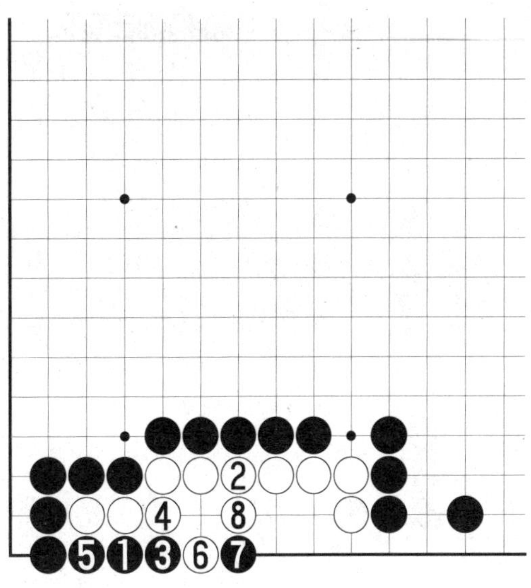

图4 大同小异

黑 1 如夹则白还是 2 粘，至 8 还原图 1。

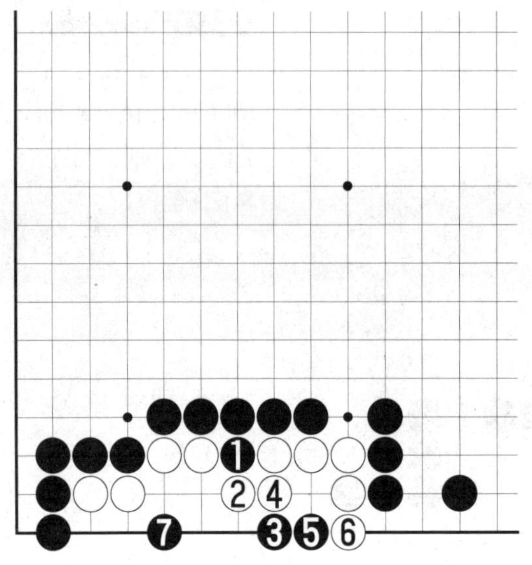

图 5　正解

那么黑 1 冲应该就是急所，白 2 挡时黑 3 点好手，5 长后 7 再点即可杀白。

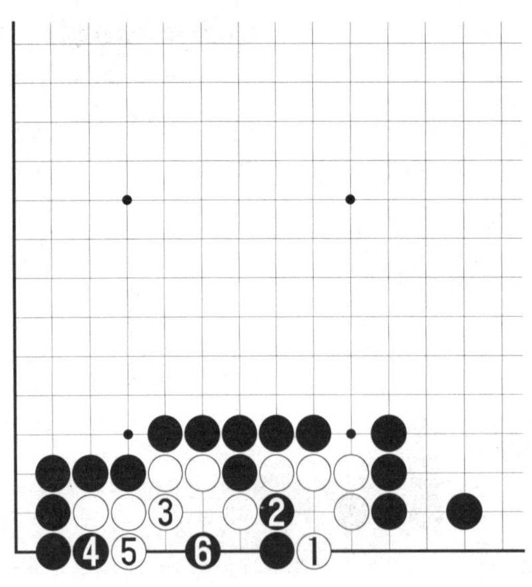

图 6　变化图

图 5 白 4 如 1 尖顶则 2 断，白 3 粘则黑 4 爬后 6 点即可。

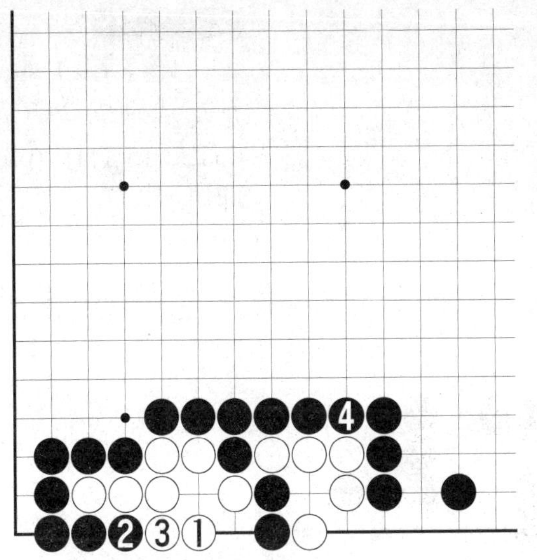

图7 变化

图 6 白 5 如 1 做眼则黑 2 爬后 4 粘即成金鸡独立杀白。

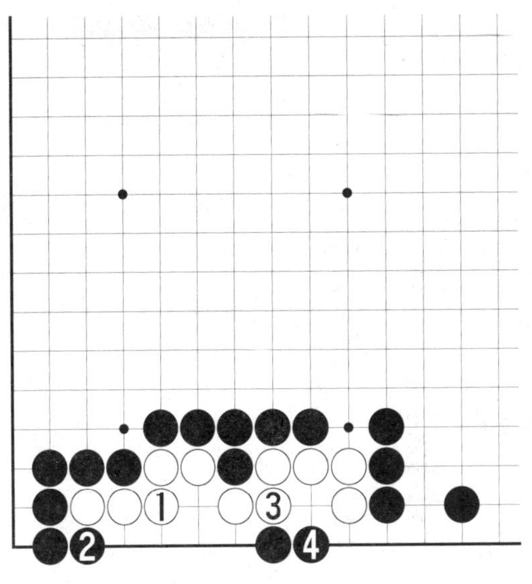

图8 变化

图 5 白 4 如 1 粘的话则黑单爬好手，白 3 则黑 4 长即可。

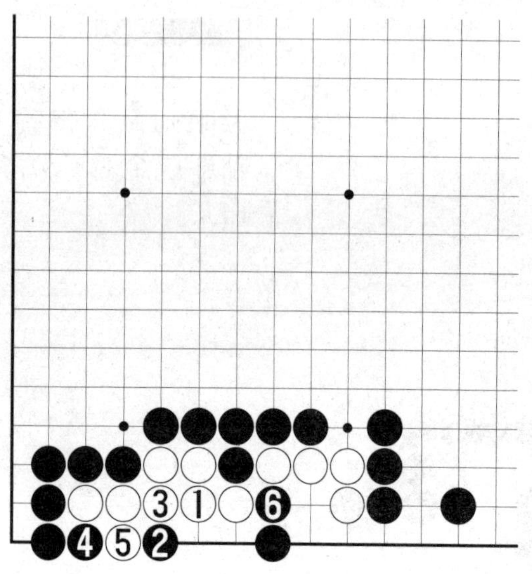

图9 变化

图5白4如1粘这边则黑2点后4爬好，5打则6断即可。

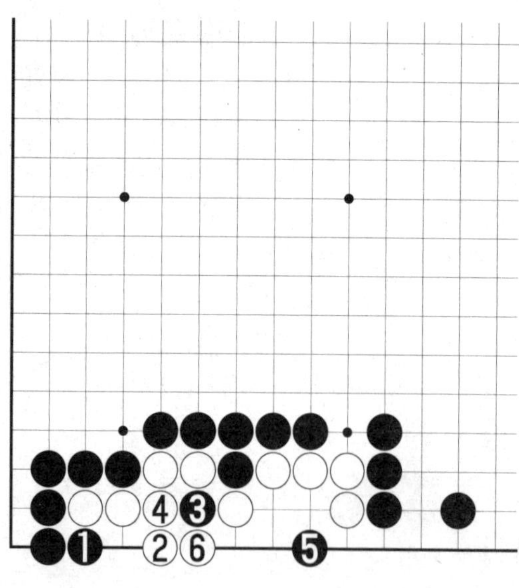

图10 注意

图5黑3如1先爬则白2虎，3打后5点，则白6单提成活。

问题 39 鸟

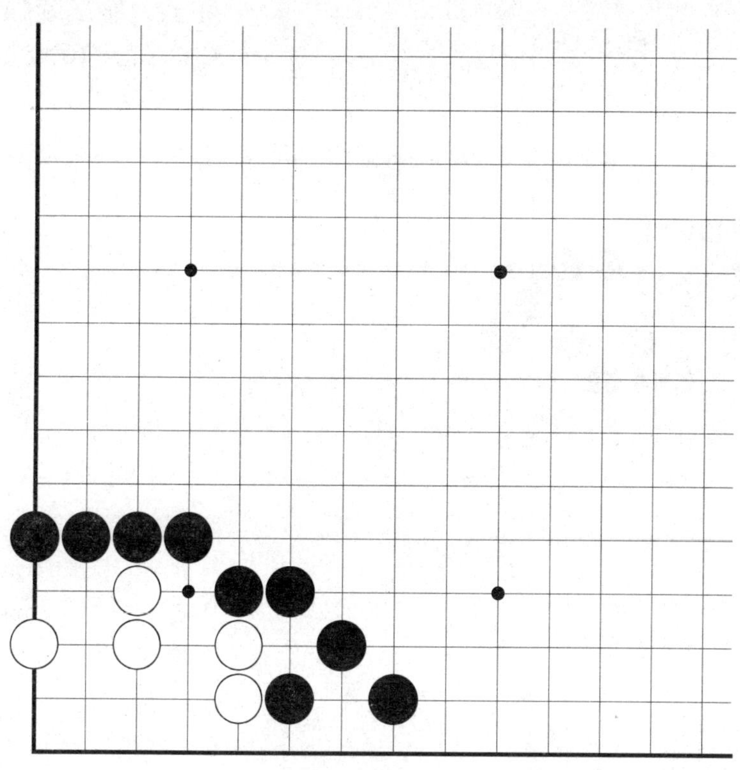

永远抓不到从头上飞的鸟，可是你可以阻止它在你的头上做巢，如你小看它的话，它还会让你受伤。

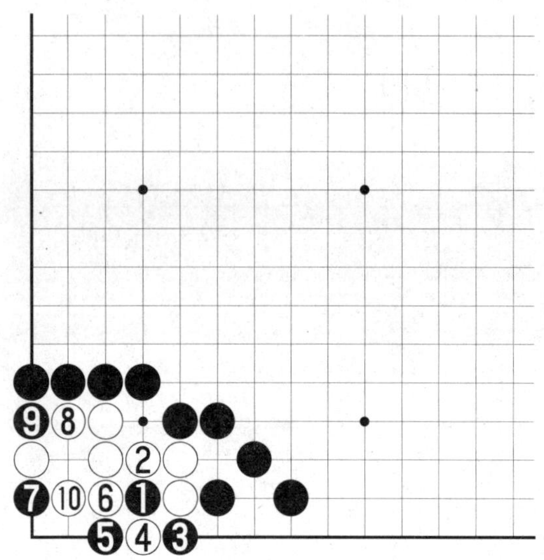

图 1　虽然顽强

黑 1 夹是第一感，但白 2 后 4 扑好手，7靠虽顽强但白 8 挡至 10 成劫。

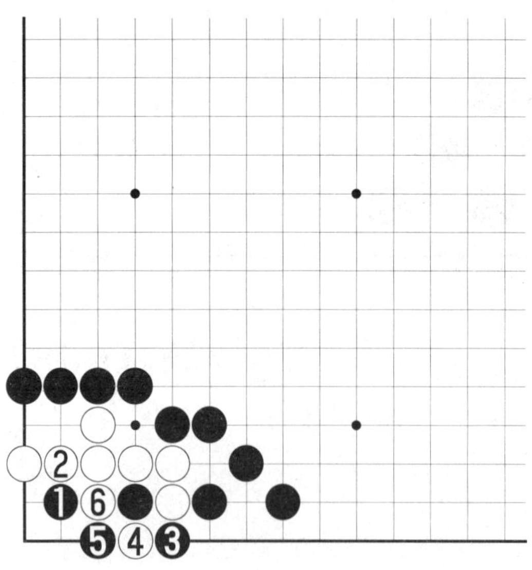

图 2　还是劫

图 1 黑 3 如 1 点则白 2粘，此时再 3 渡过，则白 4 扑后 6 打还是成劫。

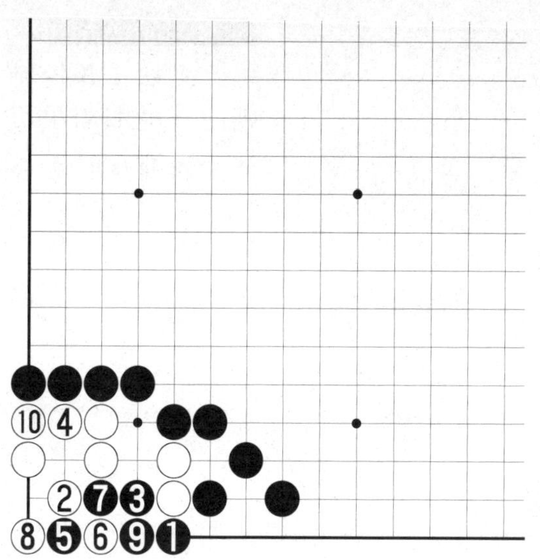

图 3　弹性

黑 1 扳则白 2 虎是好手，3 扳则 4 挡，5 托以下虽然成劫，但还是失败。

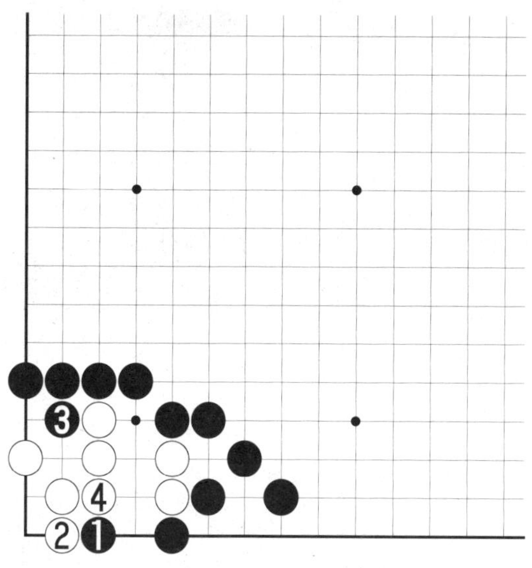

图 4　跳无谋

图 3 黑 3 如 1 跳则白 2 挡即可，3 则 4 打简单成活。

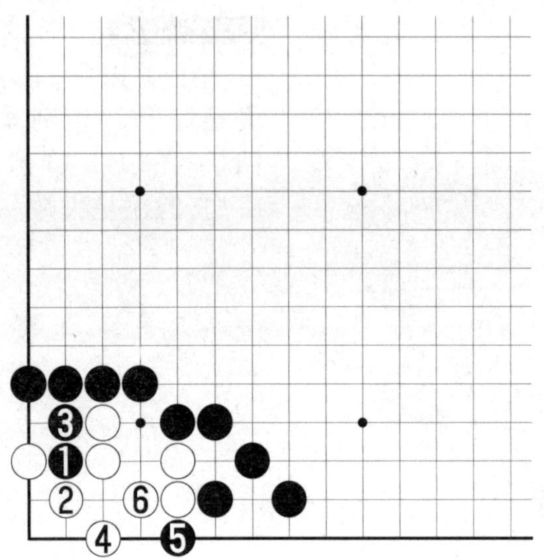

图5　简单活棋

黑如1、3挖粘则白4虎即简单成活，5扳则6退。

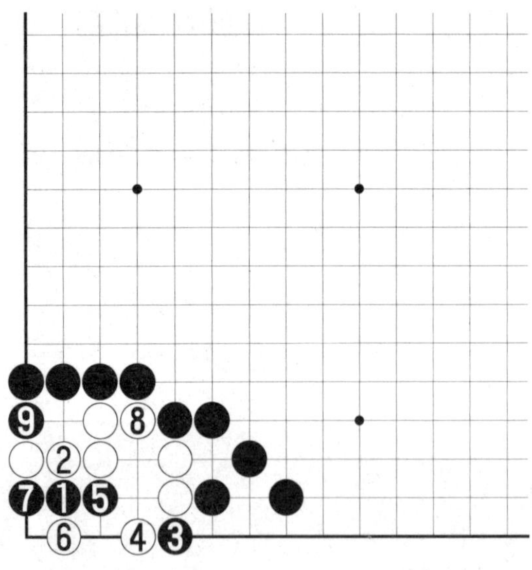

图6　正解

黑1点是急所，白2粘时3扳后5冲好，6夹时7挡后9紧气是妙手，白死。

问题 40　渔夫

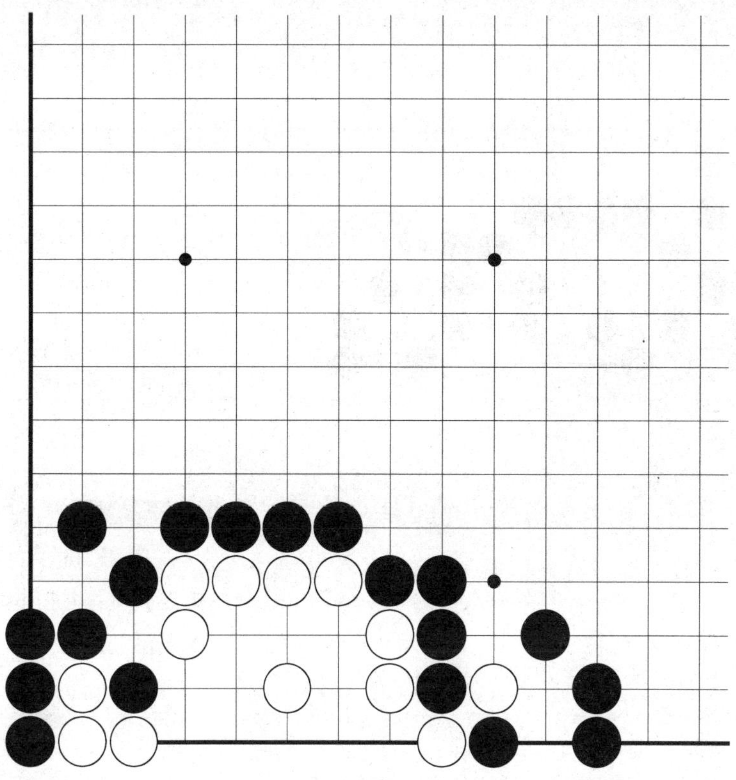

想做的事，不说出来的话，会失去机会。没有试过的事情，不要轻言放弃，为了抓好的鱼，先进水里，再想办法。

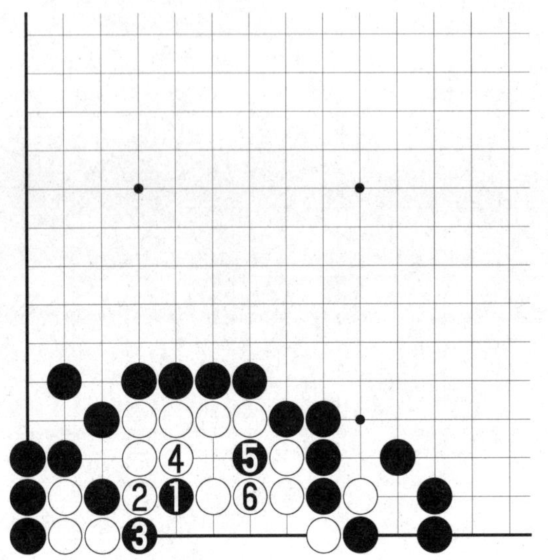

图 1　轻率

黑 1 靠轻率，白 2 冲后 4 打即可，5 断则 6粘。

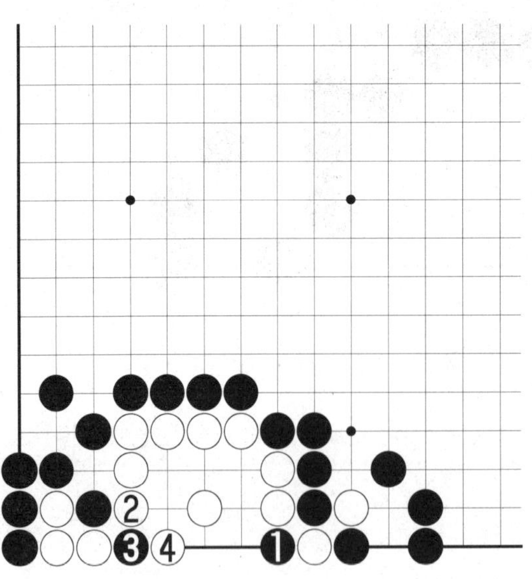

图 2　无谋

黑 1 提无谋，白 2 打后 4 打即简单成活。

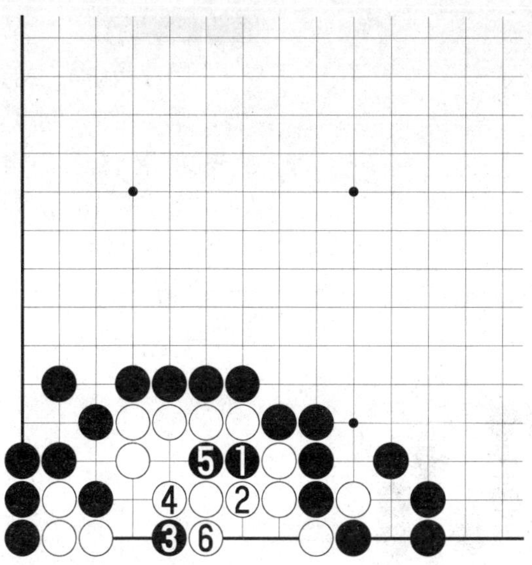

图3　见合

黑1断后3飞，则白4压后6打即成活。

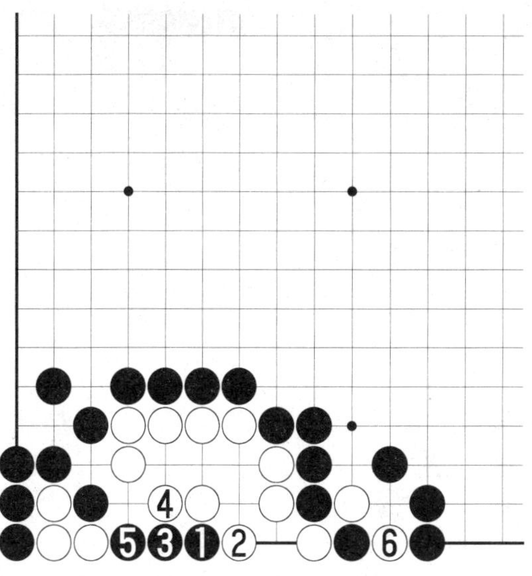

图4　像妙手

黑1托似妙手，但白2、4打后6提即成活。

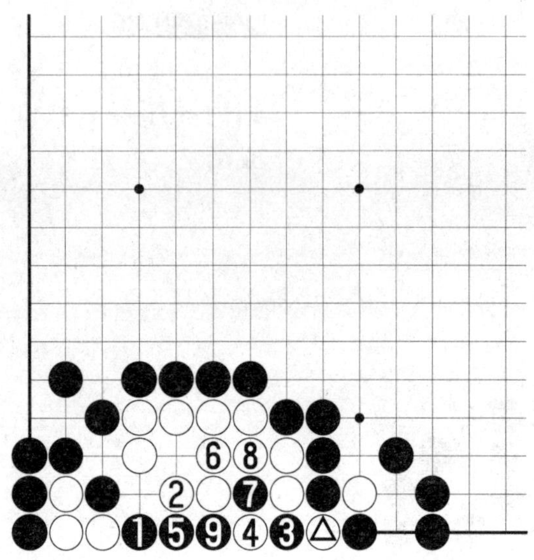

图5　正解

黑1单提三子是好手，白2时黑3先提重要，白4则5爬，至10成为劫杀是正解。

⑩=△

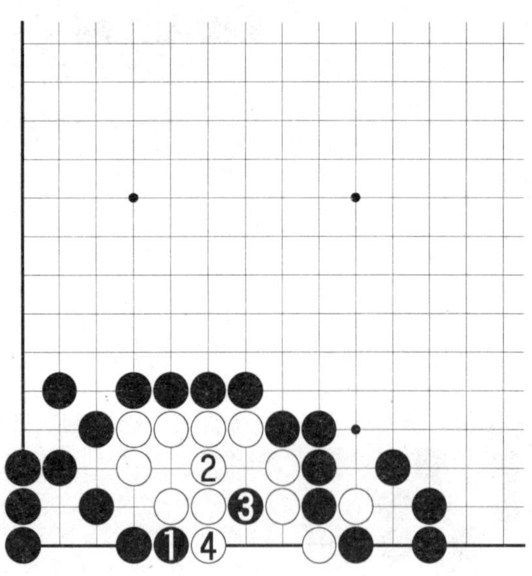

图6　注意

图5黑3如1先爬则白可于2做活，3则4挡即可。

问题41 韩信图

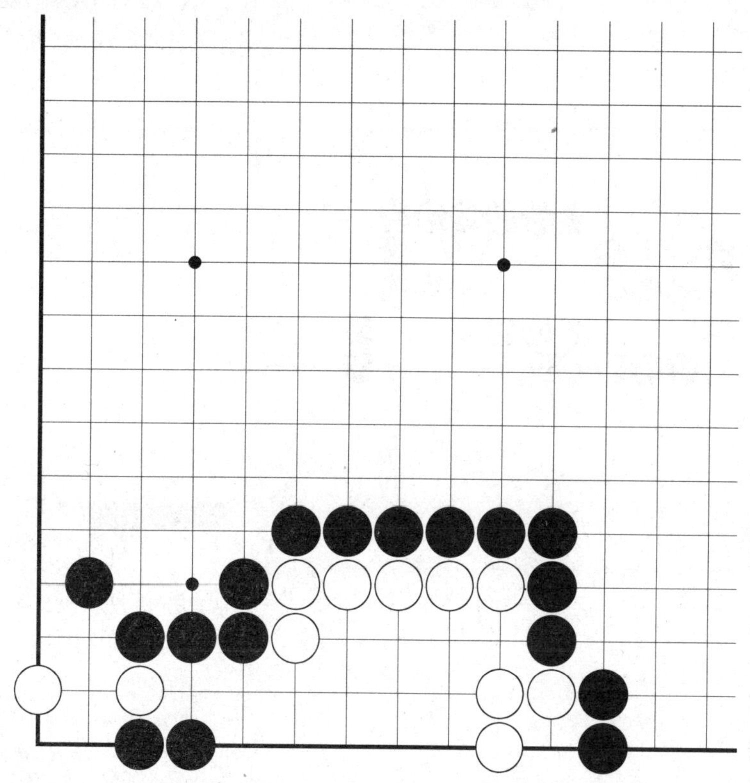

现实情况虽然很艰难，但为了达到目的，像韩信那样受些胯下之辱，你一定能成功的。

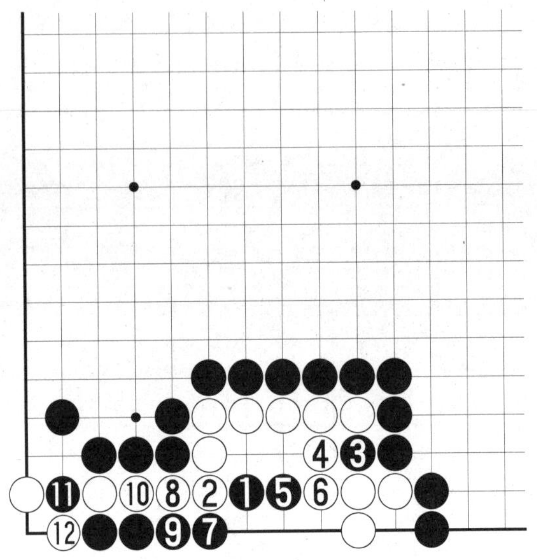

图 1　尝试

黑 1 点看似有力，但白 2 挡后，黑 3、5、7 看似能渡，但白 12 扑成劫。

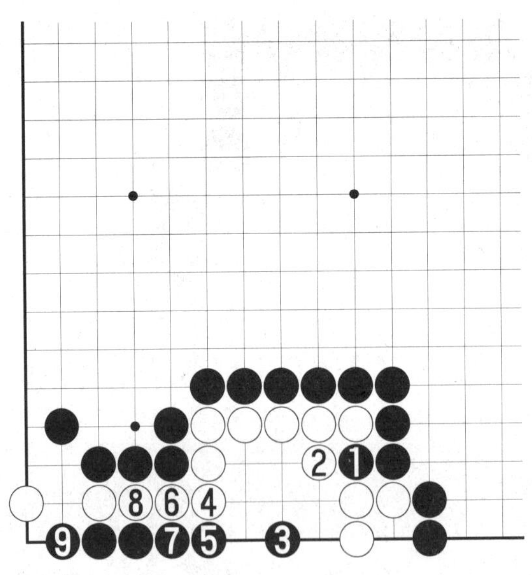

图 2　正解

黑 1 先冲后 3 点是急所，白 4 则黑 5 一路托过即可。

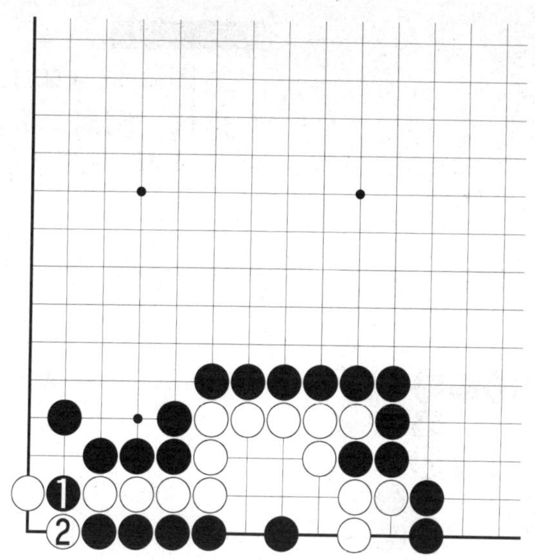

图3 注意

图 2 黑 9 如 1 随手挖的话则白可 2 扑劫，黑失败。

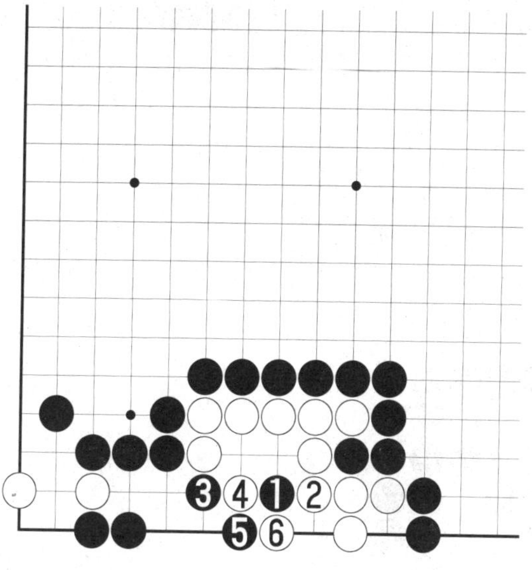

图4 变化图

图 2 黑 3 如 1 点后 3 扳，则白 4、6 扑还是成劫。

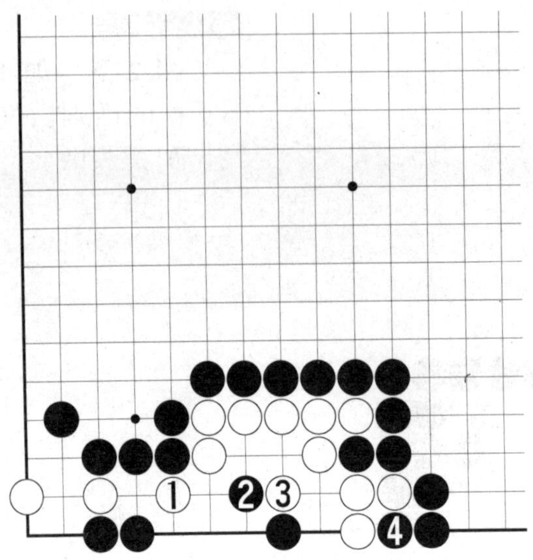

图 5　变化

图 2 白 4 如 1 扳抵抗，则黑 2 尖后有 4 挤的好手，巧妙杀白。

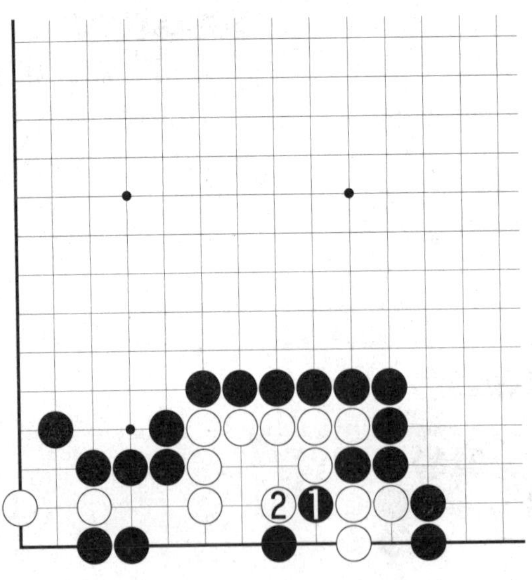

图 6　错觉

图 2 黑 5 如 1 断则白 2 打即成活。

问题 42 灯塔

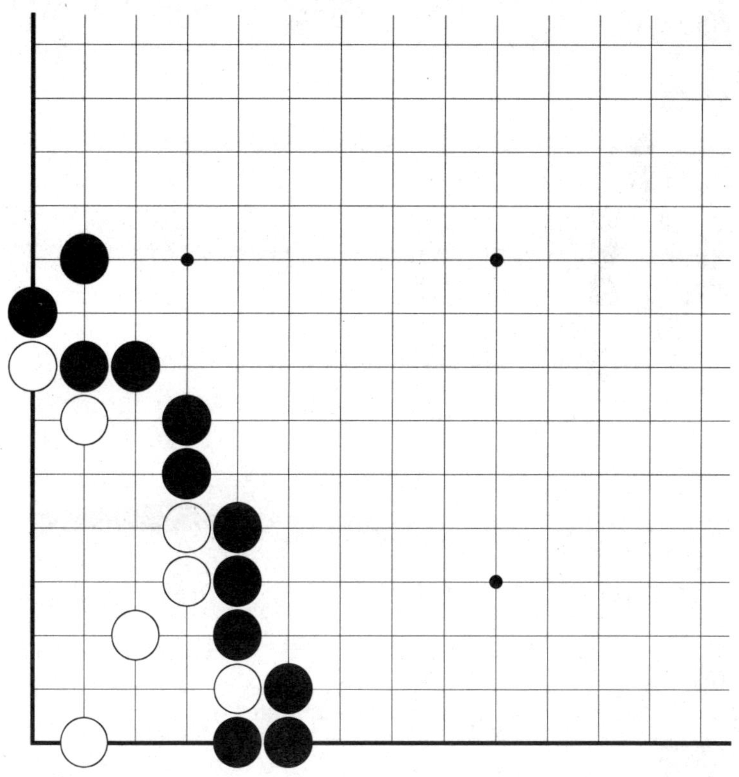

通过艰难的过程，会得到甜蜜的回报，就像黑暗的深夜里，看到闪光的灯塔的感觉……

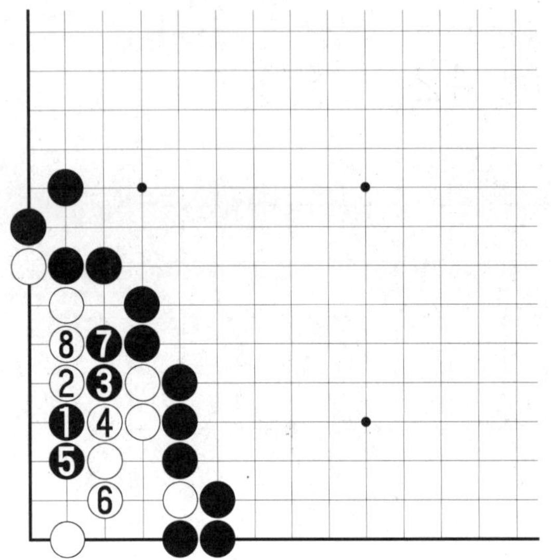

图 1 靠

黑 1 点则白 2 靠即无下一手，3、5 则白 6 退即可，7 则 8 粘，白净活。

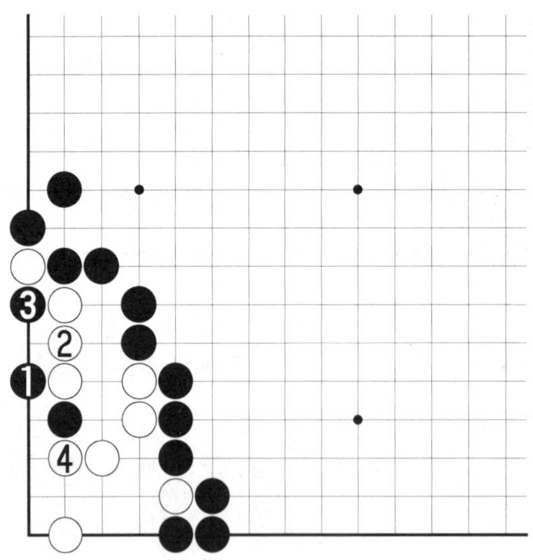

图 2 还是活

图 1 黑 3 如 1 扳后 3 提渡，则白 4 挡还是成净活。

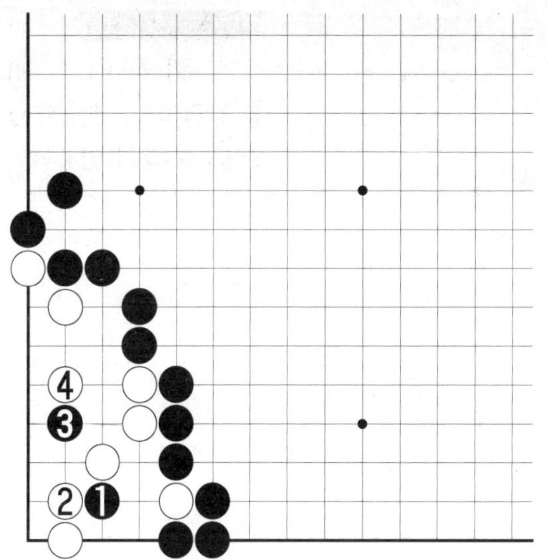

图3 无下一手

黑1靠后3点则白4靠即可，黑不行。

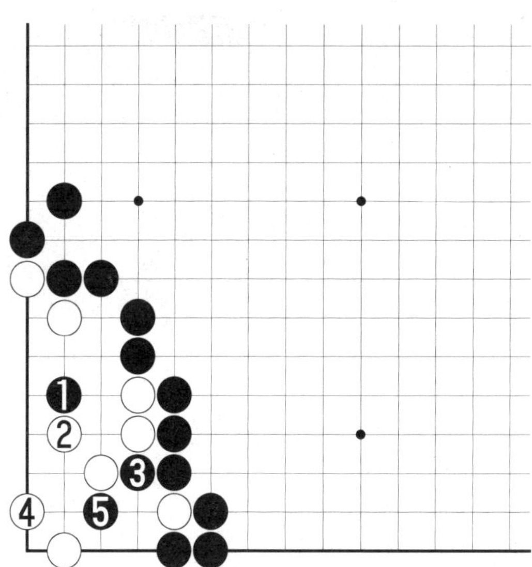

图4 正解

黑1飞是急所，白2顶时黑3挤是强手，白4则黑5扳杀。

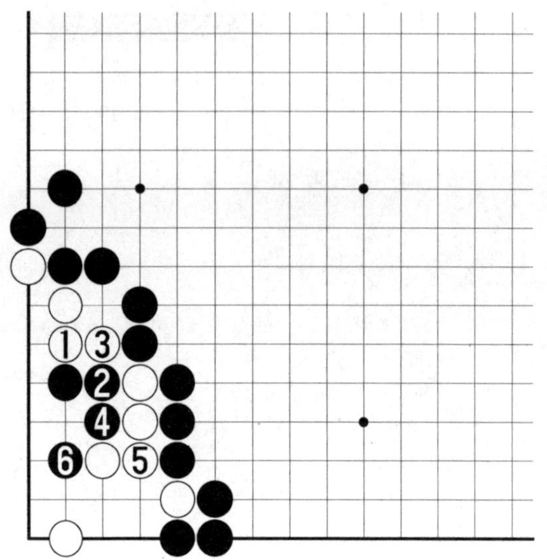

图5 变化图

图4白2如1、3顶断，则黑4打后6扳即可。

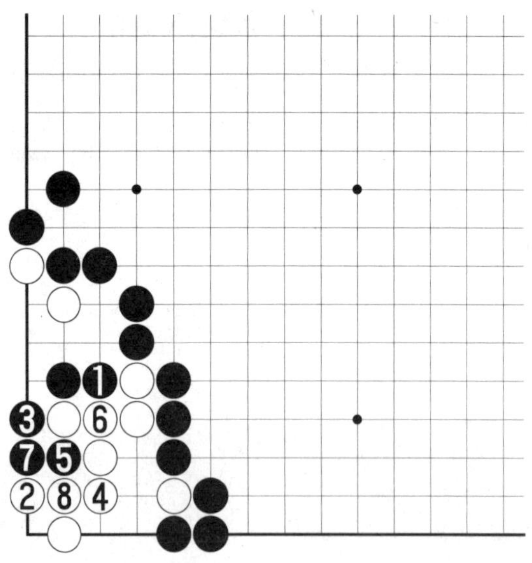

图6 小心

图4黑3如1顶则白2尖后4并成活，8打后黑三子成接不归。

问题43　魔术

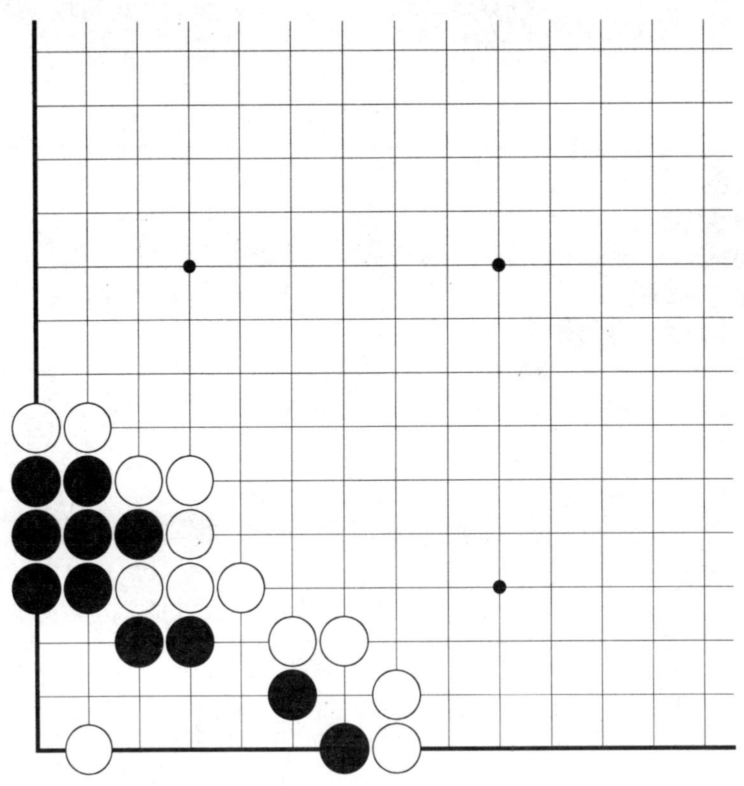

这道题就像变魔术一样，不像活棋也不像死棋，你要等待后面的精彩魔术。

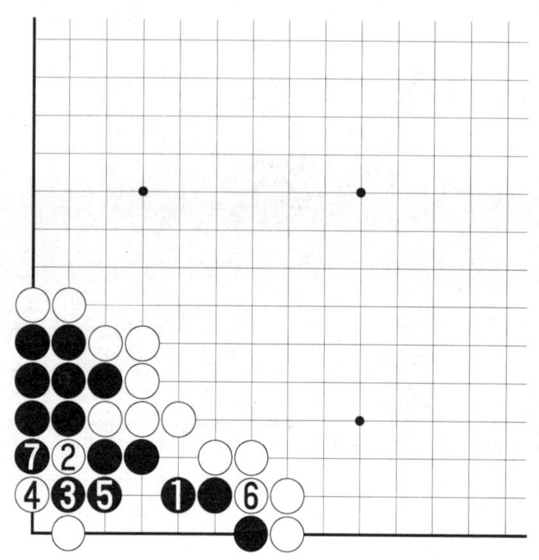

图1　失败图

黑1长则白2、4简单吃住黑七子，白6打吃，黑7提，白8后……

⑧=②

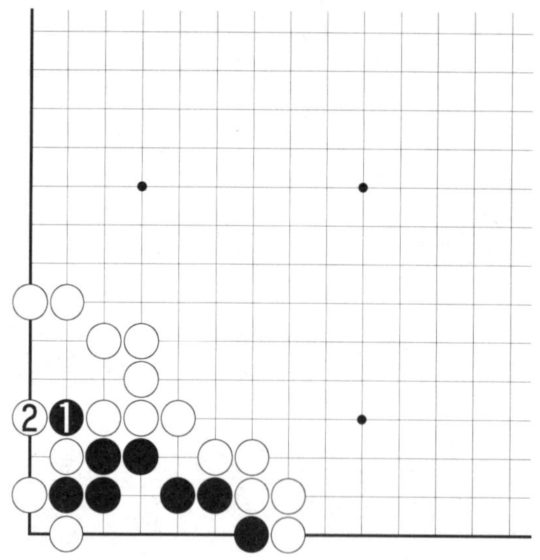

图2　继续图

黑1断打、白2打成劫，黑失败。

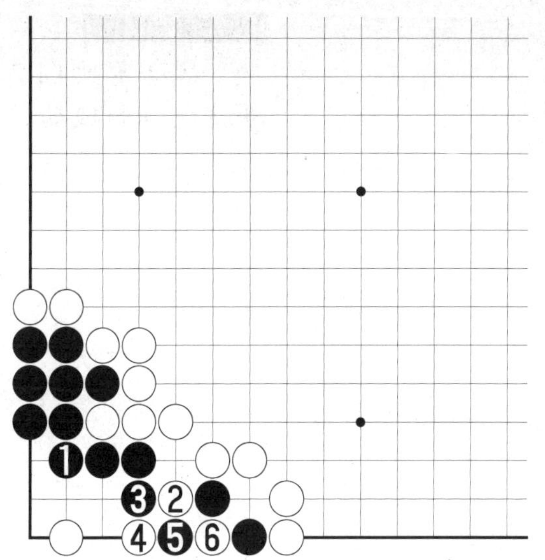

图3 无法净活

黑1如粘，则白2、4渡过，黑只有5扑打劫，不行。

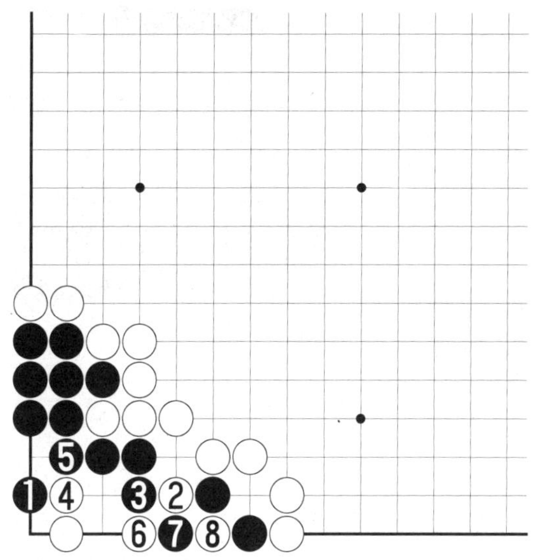

图4 还是劫

黑1跳是急所，但白2、4破眼后6渡过仍然成劫。

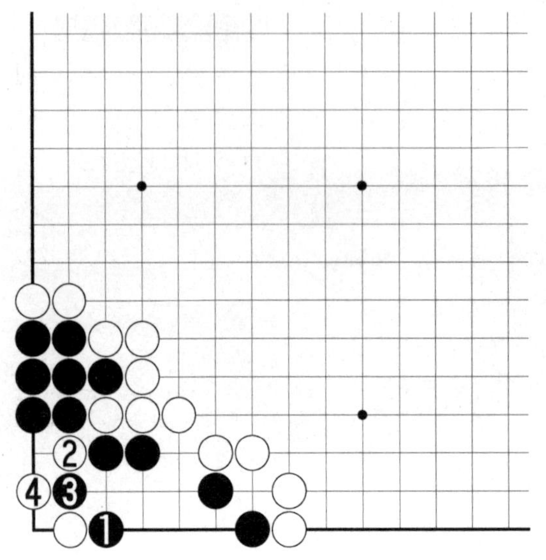

图5 断即可

黑 1 靠则白 2 断就行,4 打成劫。

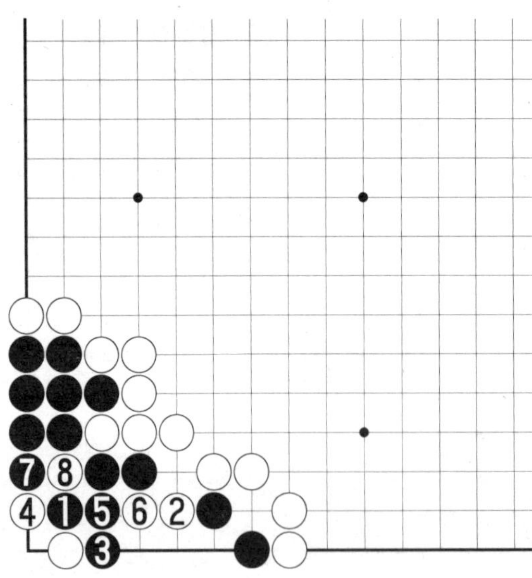

图6 正解

黑 1 虎顶是唯一的活路，白 2 则黑 3 挡，白 4 粘时黑 5 粘是妙手,6 紧气时黑 7 自送一子又是一妙手,白 8 提后……

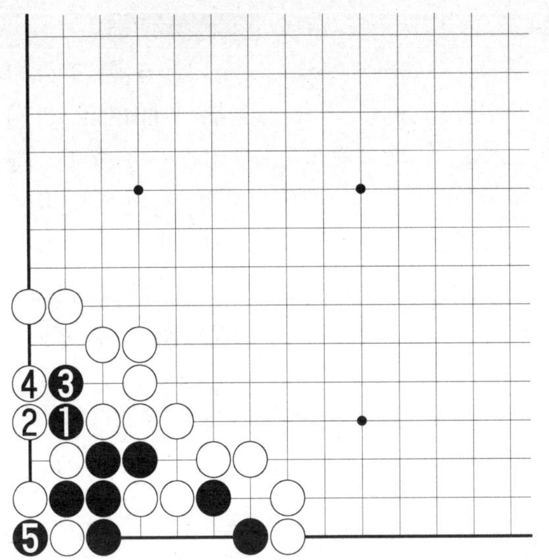

图 7　继续图

黑 1 断至 5 提看似劫活，但其实是连环劫净活。

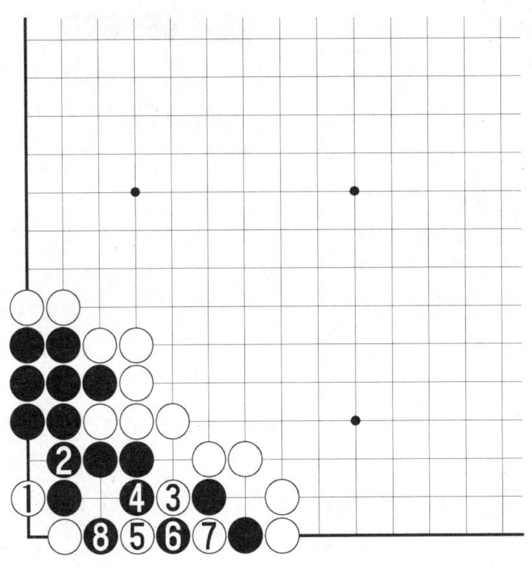

图 8　变化

图 6 白 2 如 1 扳则黑 2 粘，3 扳则黑 4 挡，6、8 两扑后巧妙地又以连环劫活。

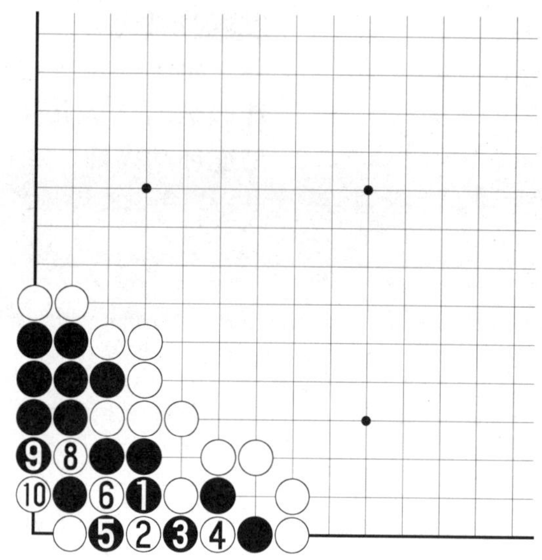

图9 注意

图6黑3如1挡后3扑的话则白有8扑的妙手，黑11提白12也提，接着……

❼=❸　⓫=❺

⑫=⑧

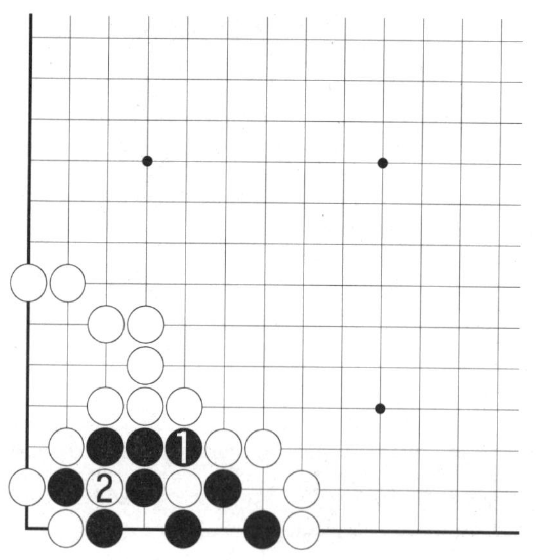

图10 继续图

黑1提后白2提成为劫活，黑失败。

问题 44　骄傲

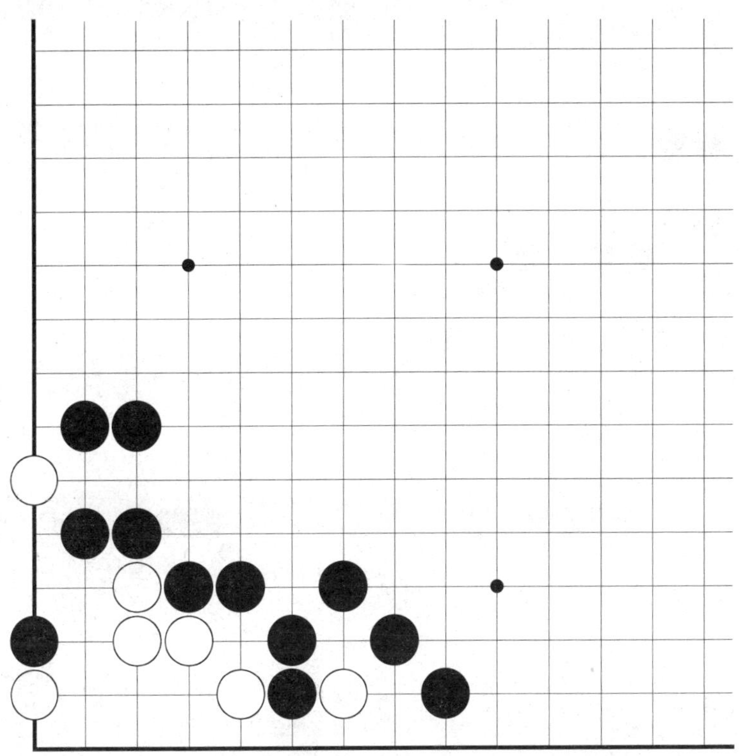

做不好，可以慢慢来，但如果骄傲的话，那就跟提前放弃一样。

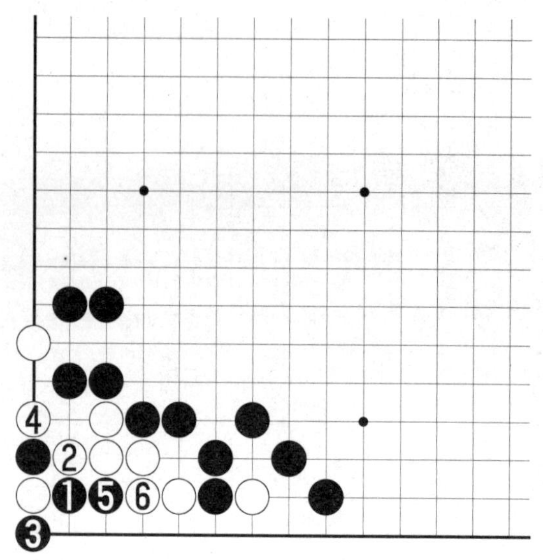

图1 劫

黑1、3是第一感，但白4打后已经成劫，黑失败。

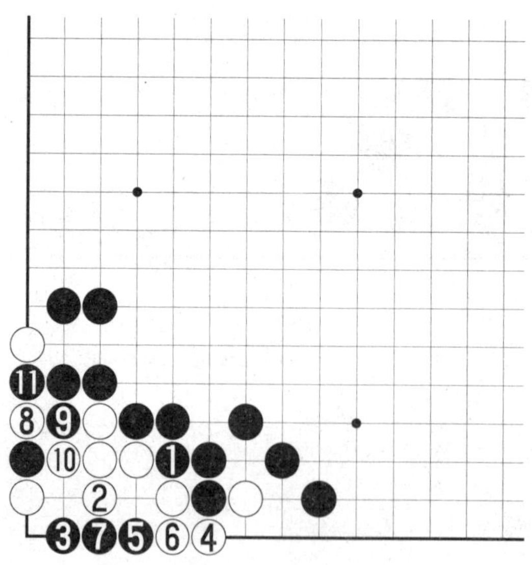

图2 还是劫

黑1挤是不易想到的一手，白2虎后4渡过是要点，5、7则8至12成劫。

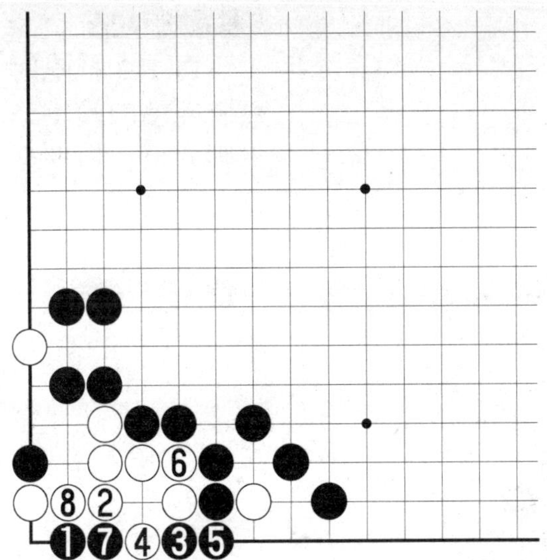

图3 别无神通

黑 1 点则白 2 虎,3、5 扳粘则白 6 团,7打则 8，还是成劫。

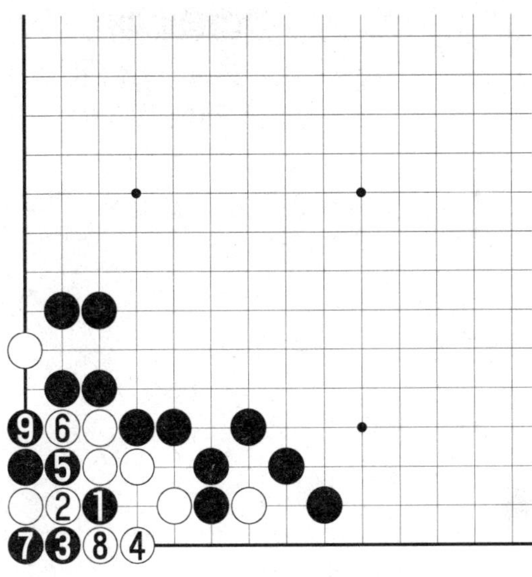

图4 正解

黑 1 靠是急所，白 2 顶时黑 3 扳是好手,4 以下至 9 看似黑不行……

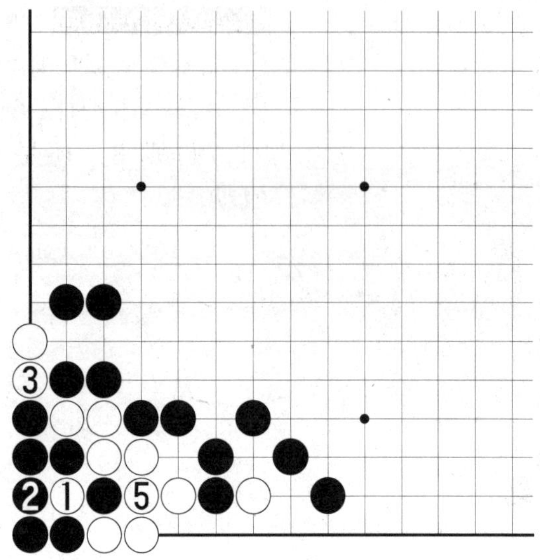

图5 继续图

白1、3打吃时黑有4粘的妙手，5提则6点，白即全灭。

❹=① ❻=①

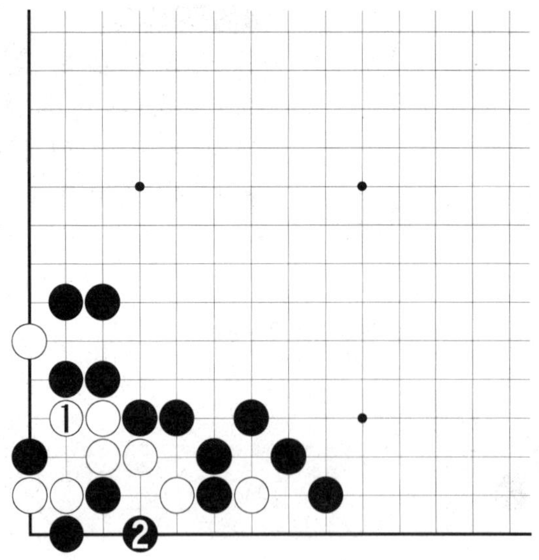

图6 见合

图4白4如1先挡则黑2尖后上下见合杀白。

问题45 铁桥

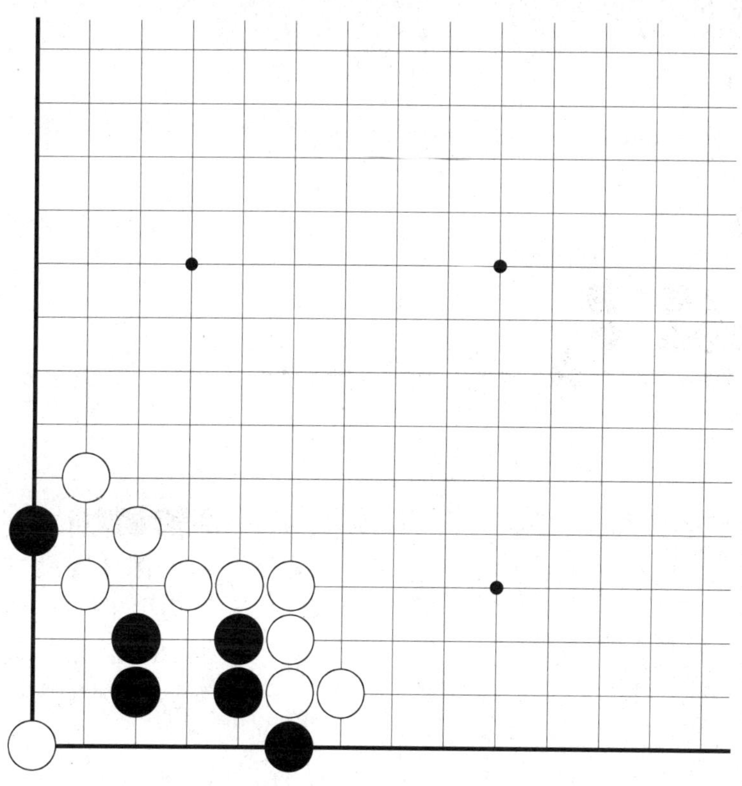

眼形并不丰富，但还是能构起防线。粗心的话，会吃大亏的。

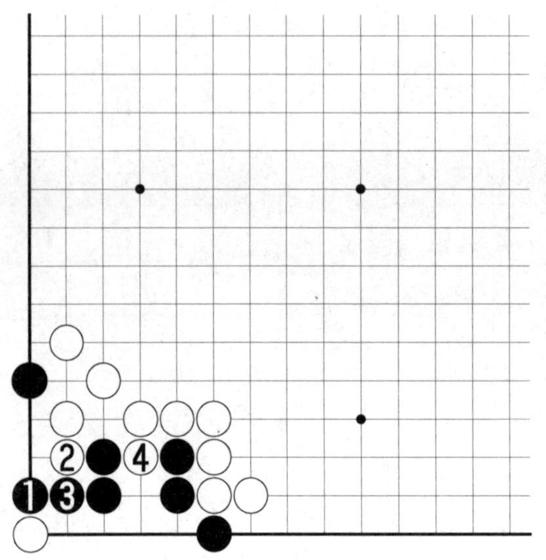

图 1 无谋

黑 1 无谋，白 2、4 两冲即杀。

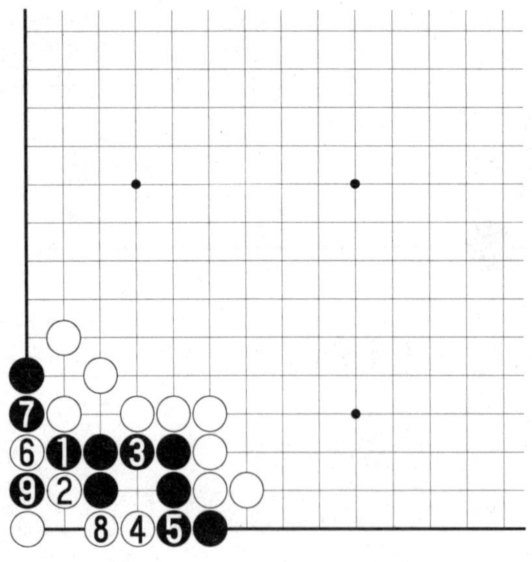

图 2 正解

黑 1挡后 3 是正着，白 4 点后 6 扳，8 爬成为缓一气劫，是本题正解。

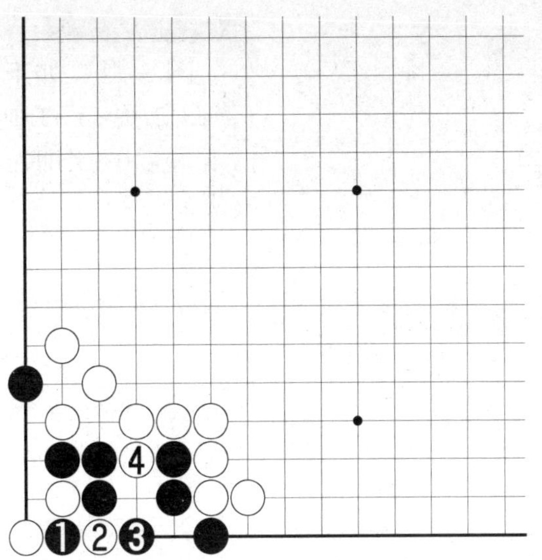

图3 抵抗

图2黑3如1扑后3打，则白4冲即成紧气劫。

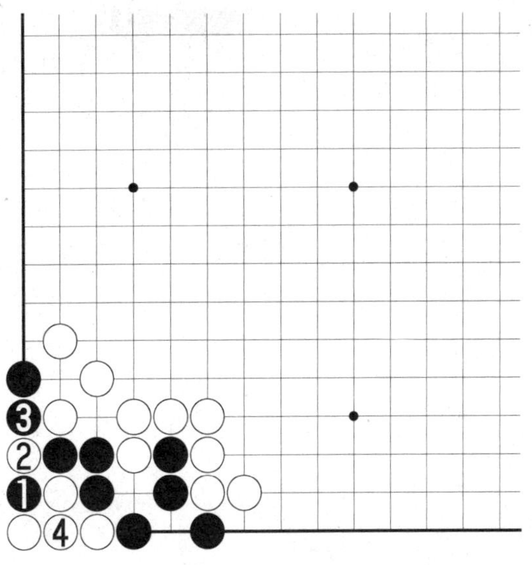

图4 错觉

黑1扑后3打是错觉，白4粘即可杀黑。

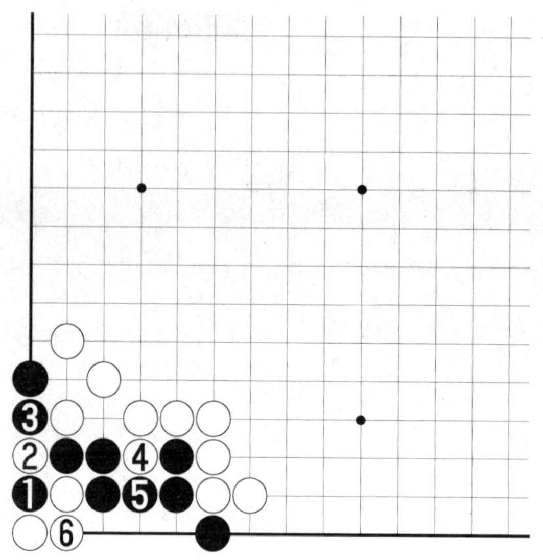

图5 简单死亡

图 3 黑 3 如下 1，白 2 提，3 打则白 4 冲后 6 团即可吃黑。

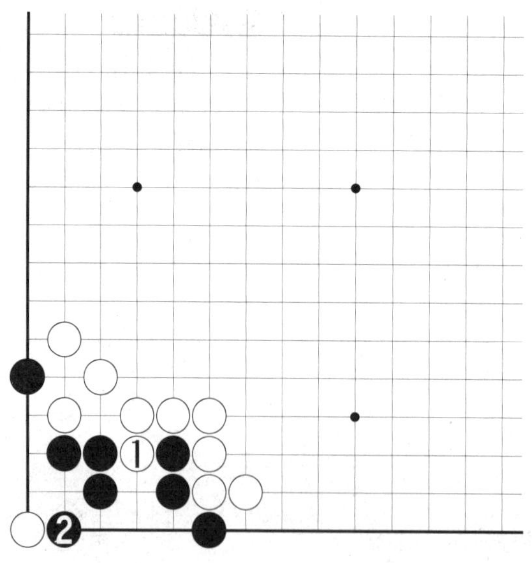

图6 变化

图 2 白 2 如下 1 则无谋，黑 2 打吃即成活。

问题46　盲点

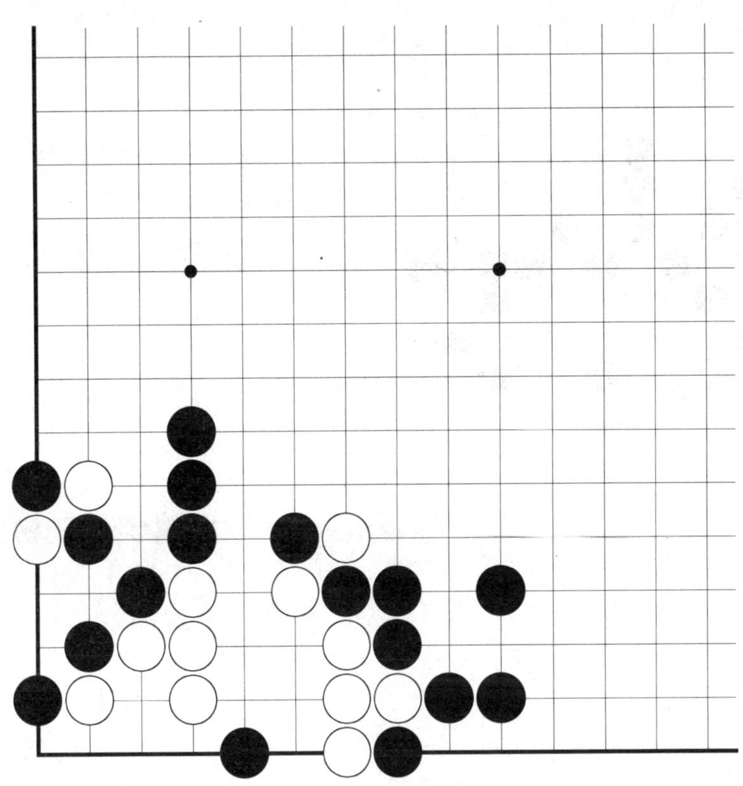

认真学习的话，总会得到机会出人头地，难的事情，也许想得简单些，会有更好的结果！

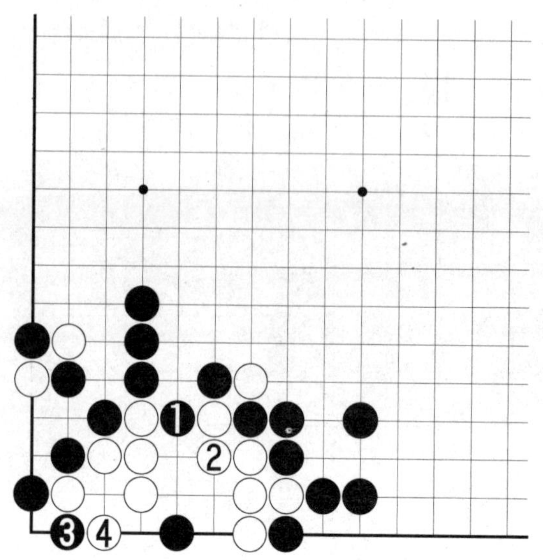

图1 简单成劫

黑1、3两打则白4做劫，黑失败。

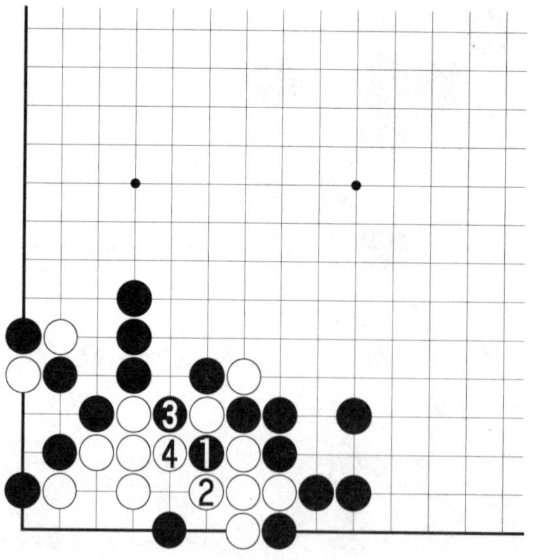

图2 失败图1

黑1、3打拔是必要的，白4打必然，之后的下法很重要，接着……

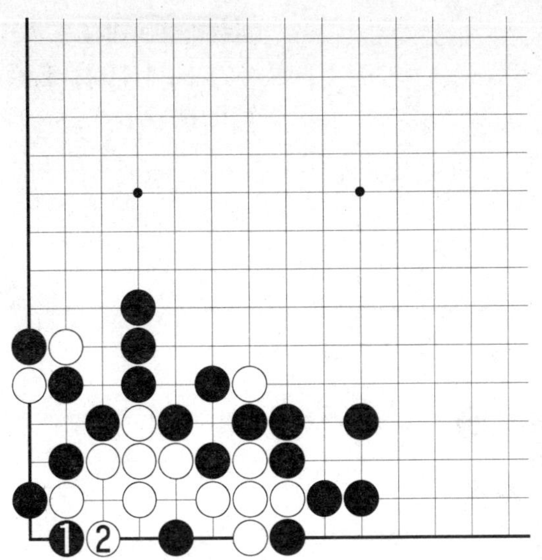

图 3　继续图

黑 1 打还是被白 2 挡住成劫。

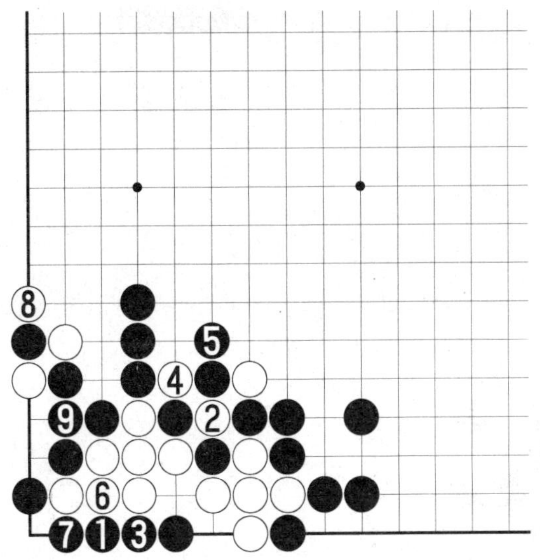

图 4　失败图 2

黑 1 点，白 2、4 提后 6 粘，之后 8 提好手，9 之后……

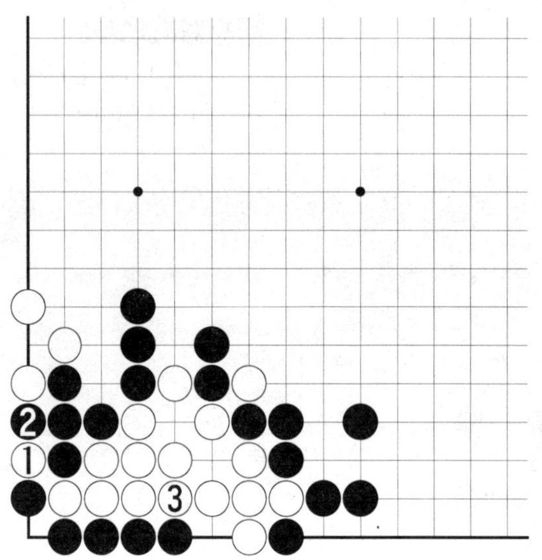

图5　继续图

白1扑后3紧气即成活。

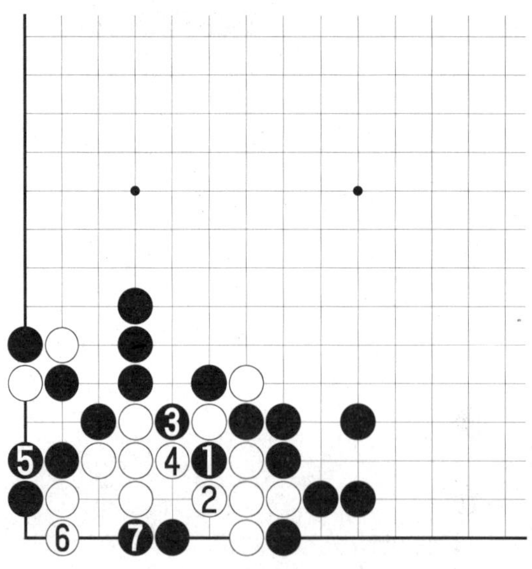

图6　正解

黑1、3打拔后5粘后面是妙手，白6则黑7爬即可。

问题47　无感

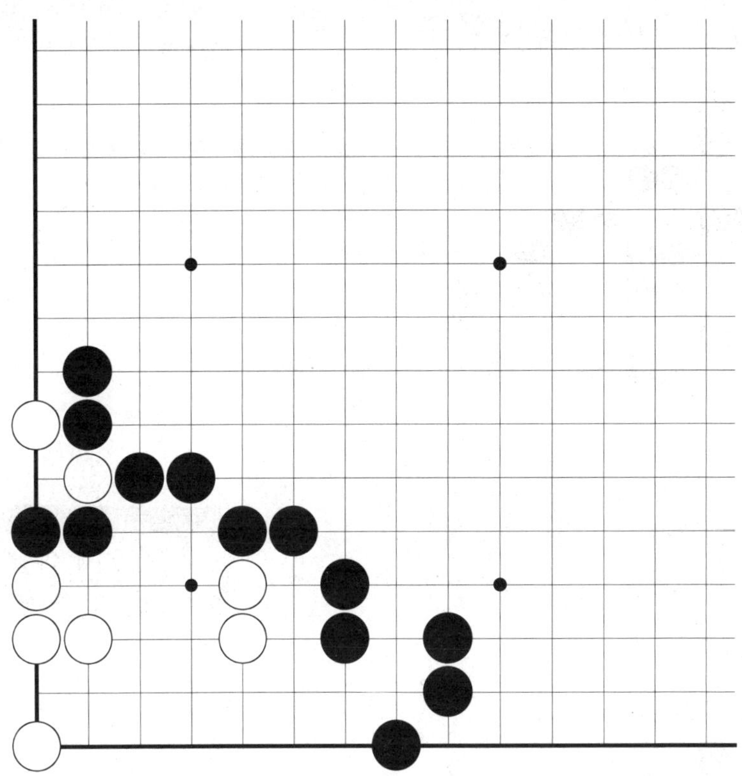

只要有坚强的意志力，就一定能找到通向目的地的路，可是为了找不容易看到的路，就要慢慢来……

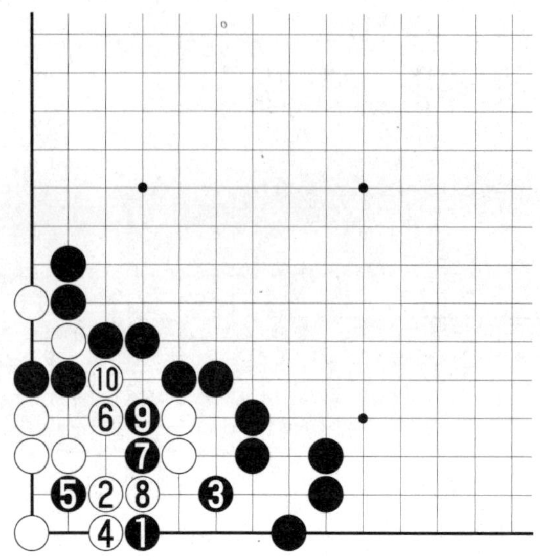

图1 见合

黑1点则白2尖应对,3尖则白4挡后6做眼，至白10断,两边见合成活。

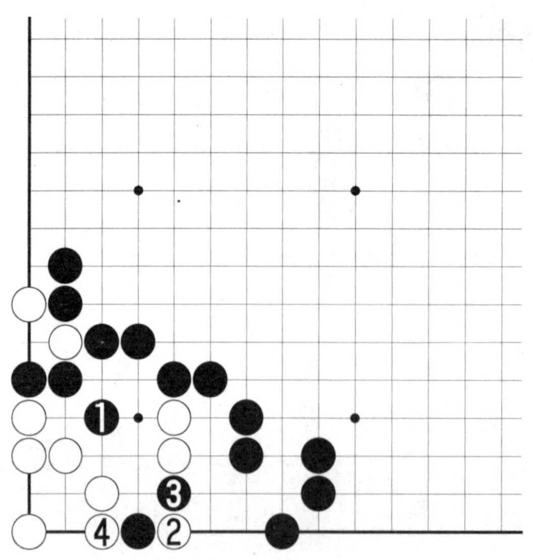

图2 简单的失败

黑如1尖则白2靠后4打吃即可。

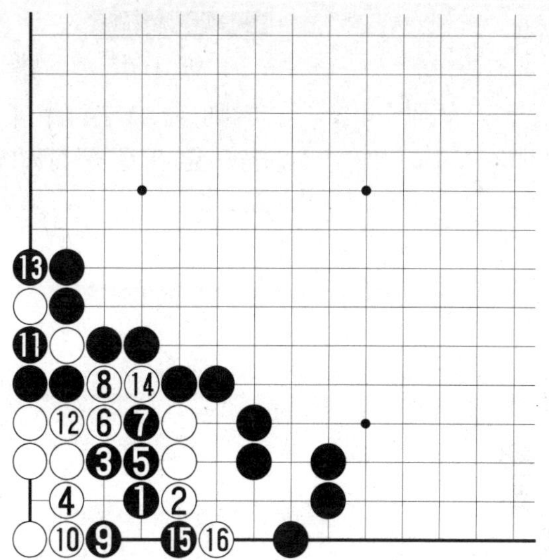

图 3 必然的次序

黑 1 看似可行，3 尖后 5 团是强手，但白 6 以下至 16 成劫。失败。

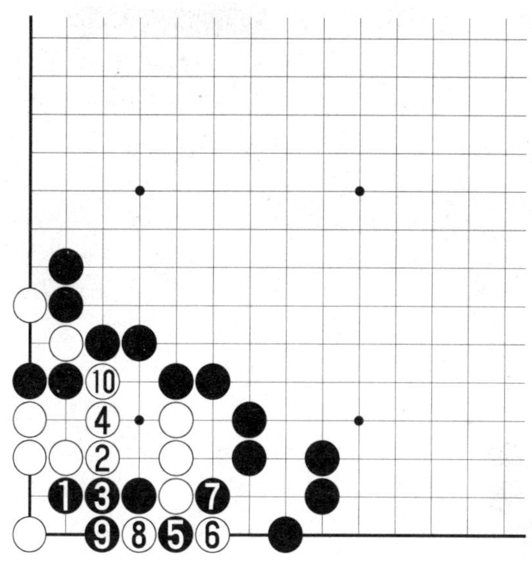

图 4 无谋

图 3 黑 3 如 1 跳，3 粘则白 4 弯对应，黑 5、7、9 则白 10 断仍是打劫。

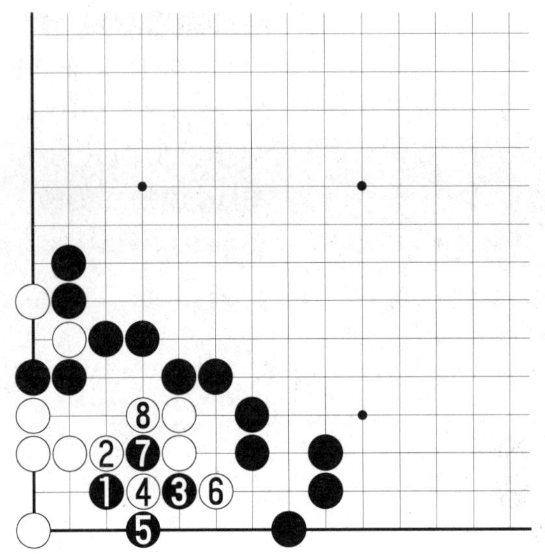

图5　仍是劫

黑1更进一路点则白2挡后4挖，至8还是打劫杀。

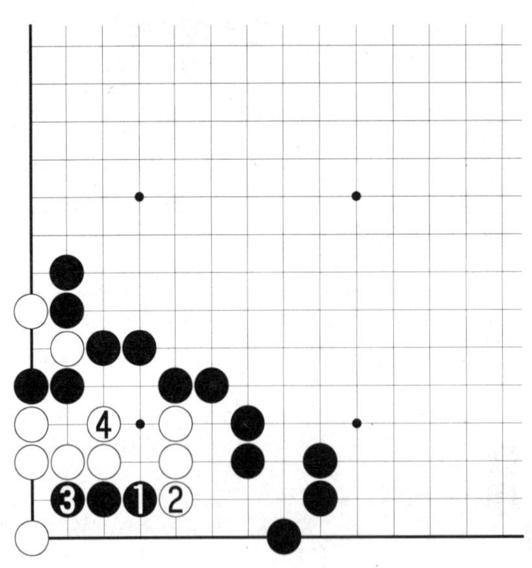

图6　还原图4

图5黑3如1长后3爬则白4弯,还原图4。

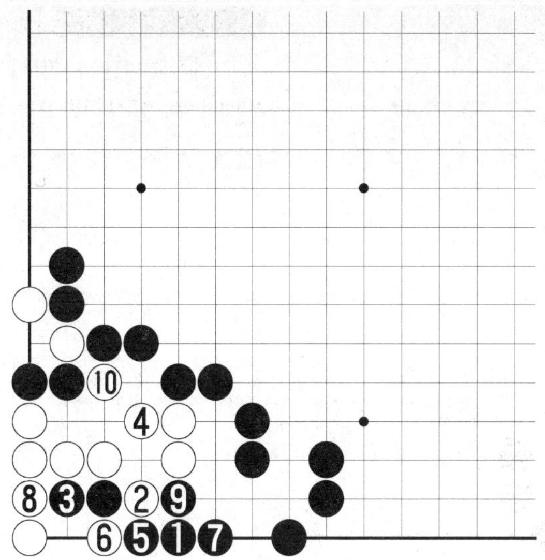

图7 还是劫

图5黑3如1飞则白2虎后4做眼,5以下至10还是打劫。

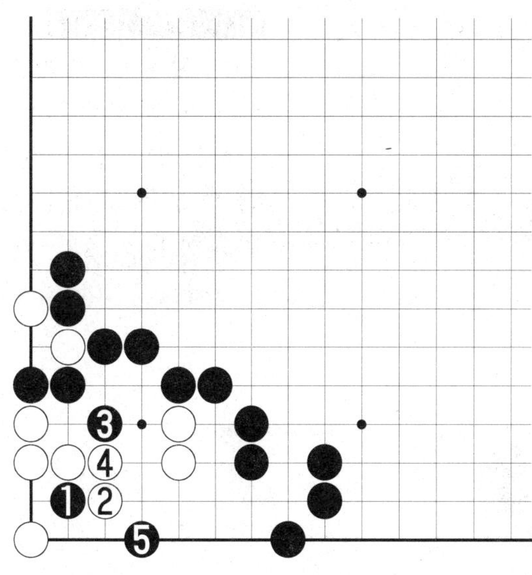

图8 正解

黑1靠是较难想到的急所，白2则3尖,4粘则黑5一击必杀。

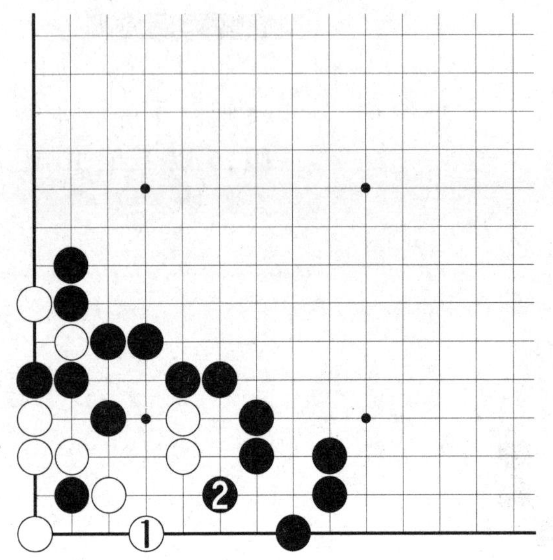

图 9　变化图 1

图 8 白 4 如 1 尖则黑 2 尖即可，白无活路。

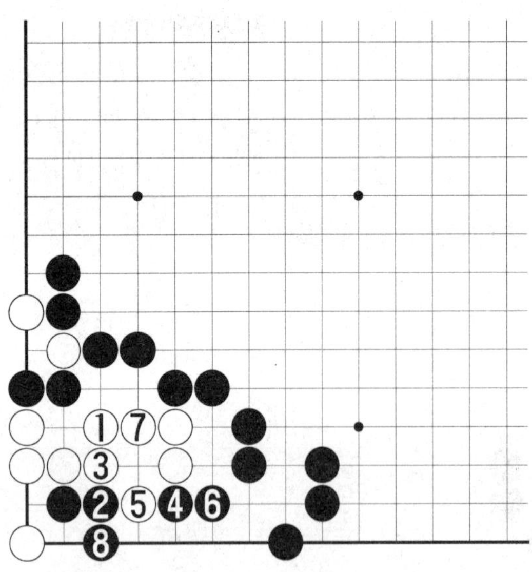

图10　变化图 2

图 8 白 2 如 1 往上尖则黑 2 长后 4、6 托退，白 7 粘时 8 立下好手，白仍是死棋。

问题 48 骄兵必败

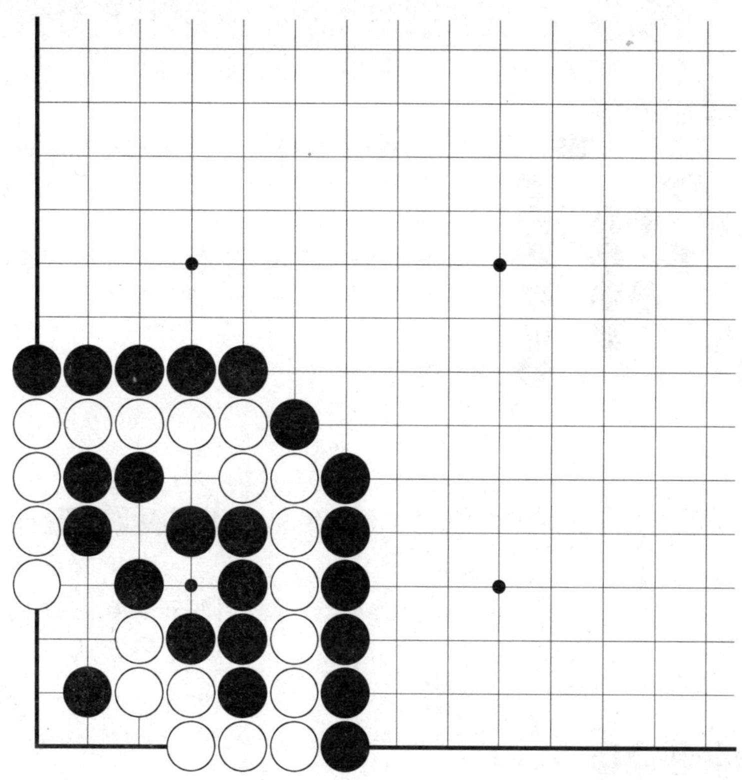

对方再怎么弱，也会顽强地抵抗你，你要记住骄兵必败。

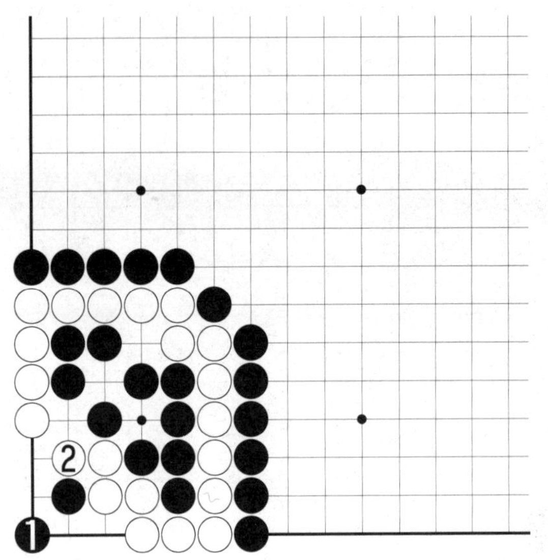

图 1 无后续

黑 1 尖一·一则白 2 挡后即无下一手,黑失败。

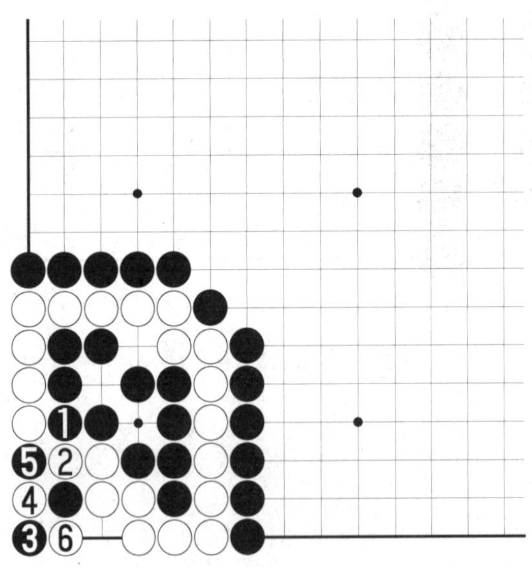

图 2 连环劫

黑 1 团后 3 尖则白 4、6 两扑后即成连环劫活。

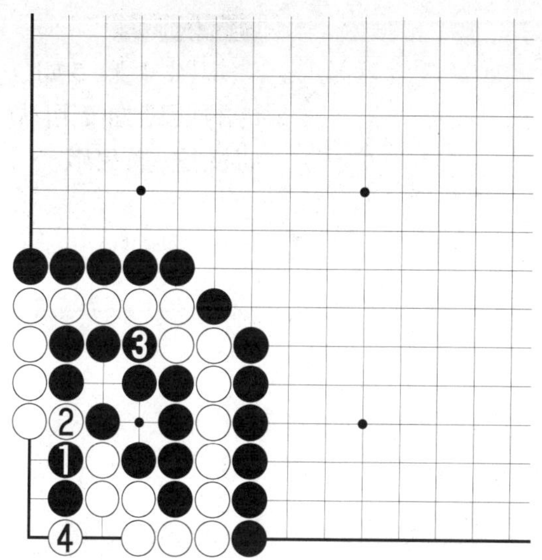

图3　扳活

黑 1 冲后 3 紧气则白 4 扳成活。

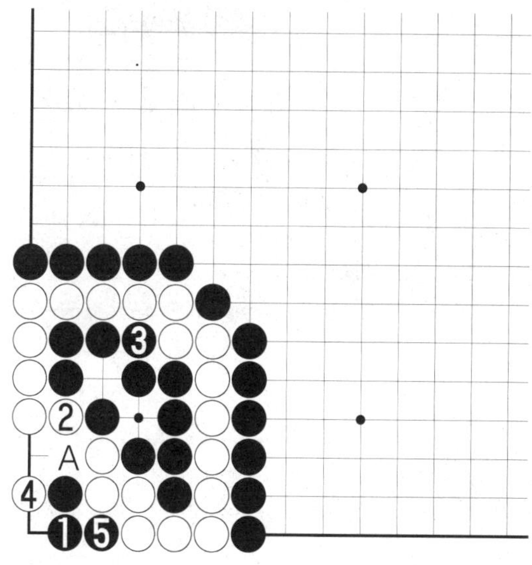

图4　正解

黑 1 立下是正着，白 2 挤后 4 托看似成活，这时黑 5 紧气妙手,白因 A 位不入气而无法成活。

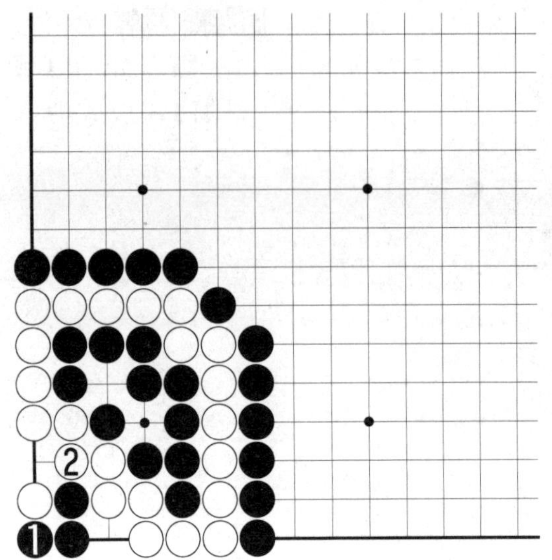

图5　抵抗

图4黑5如1打的话则白2可做劫抵抗，黑失败。

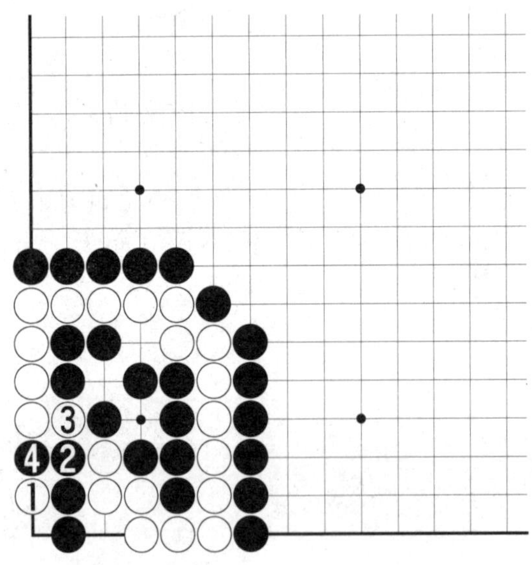

图6　变化图

图4白2如1先夹则黑2冲后4断，白仍因不入气而被杀。

问题49　葫芦里的小葫芦

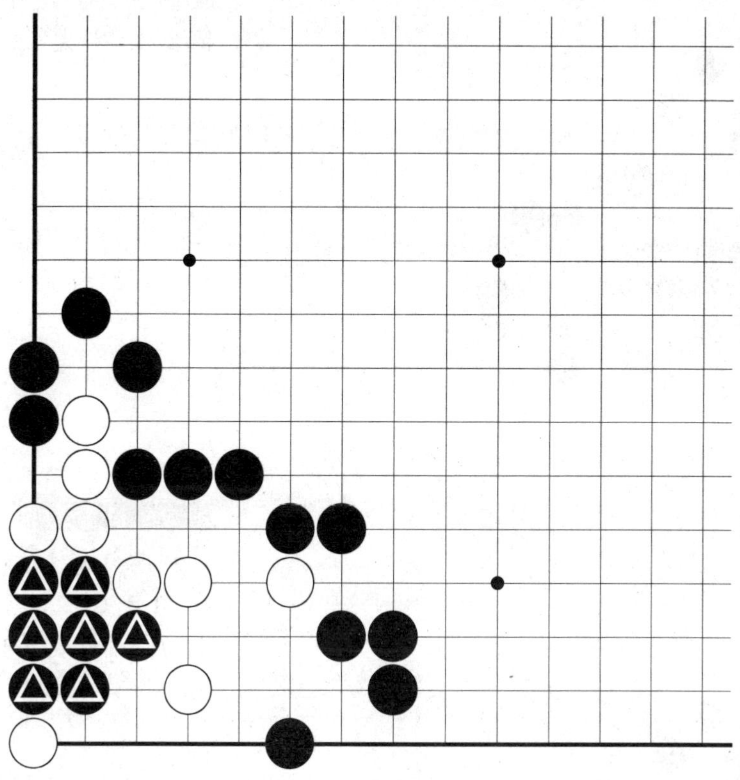

白棋包围了黑棋七个子，黑棋看上去跑不出来，但你如明白葫芦里还有一个世界的话，那就打破一个葫芦再想……

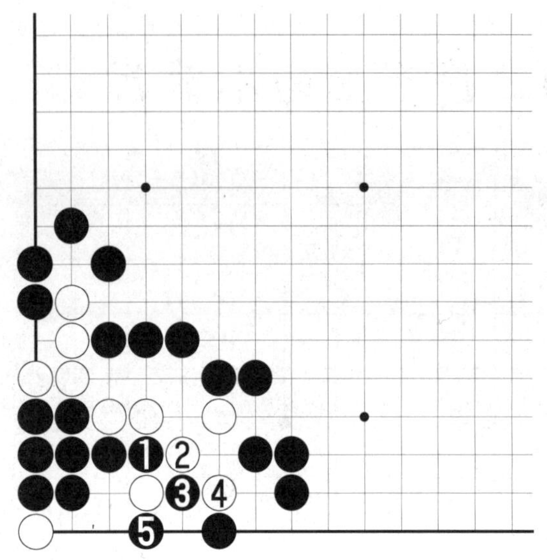

图 1　劫

黑 1、3 冲断则白 4 打，5 打虽可成劫杀，但这不满足要求，黑失败。

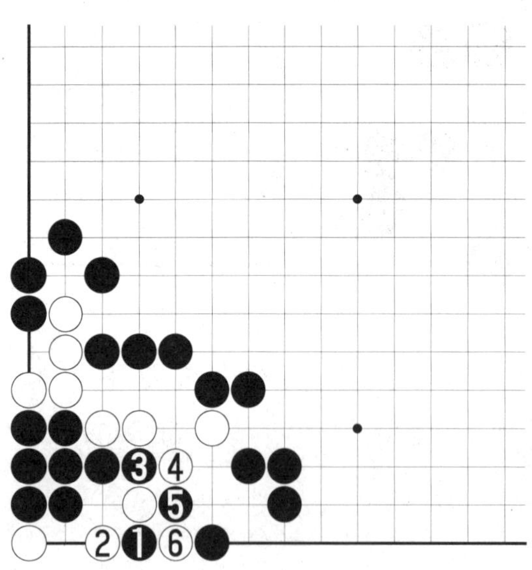

图 2　还是劫

黑 1 托后 3 冲则白 4、6 成劫，和上图没有大的区别。

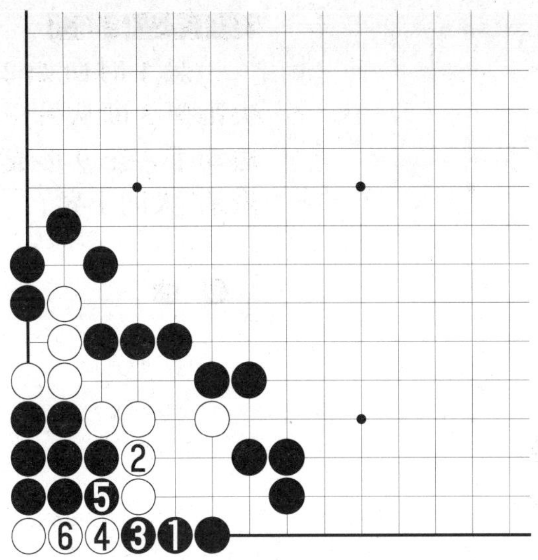

图3 正解

黑1并是正着，白2粘后黑3爬是好手，5断弃子，白6提后……

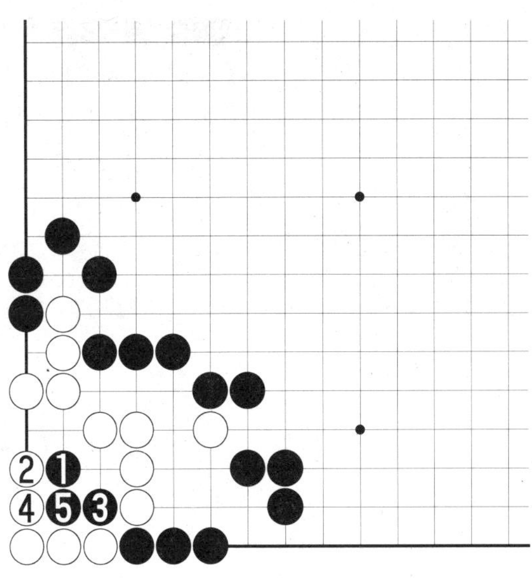

图4 继续图

黑1点，白2托则3断后5打吃即可。

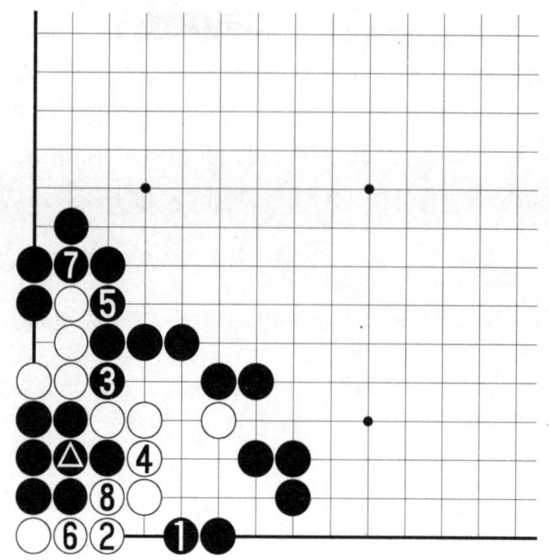

图5 变化图1

黑1时白如2尖则黑3断从另一边动手，至9形成聚杀，大同小异。

❾=▲

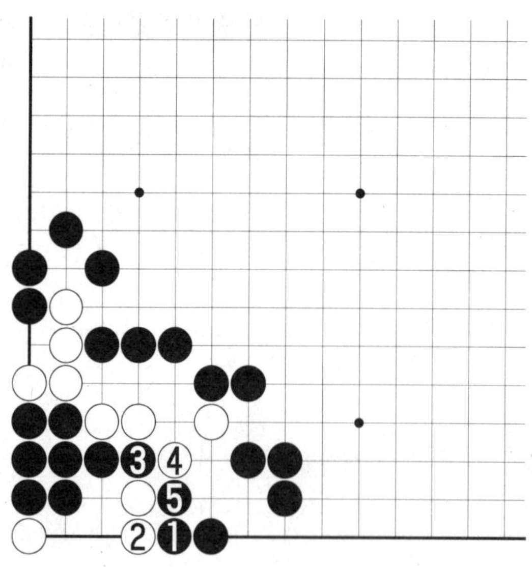

图6 变化图2

黑1时白如2挡则3、5冲断即可，白别无神通。

问题50 宇宙火车

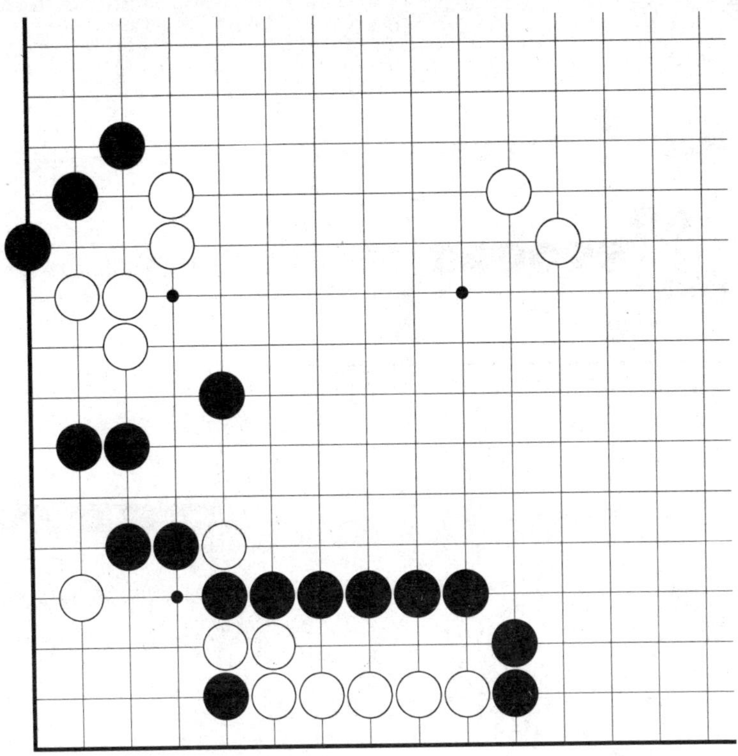

此题虽然大，可是每步都是必然的开始，每个瞬间都会出现绝妙的手筋，就像坐上火车，去宇宙旅游一样，你会发现这将是最精彩的旅行。

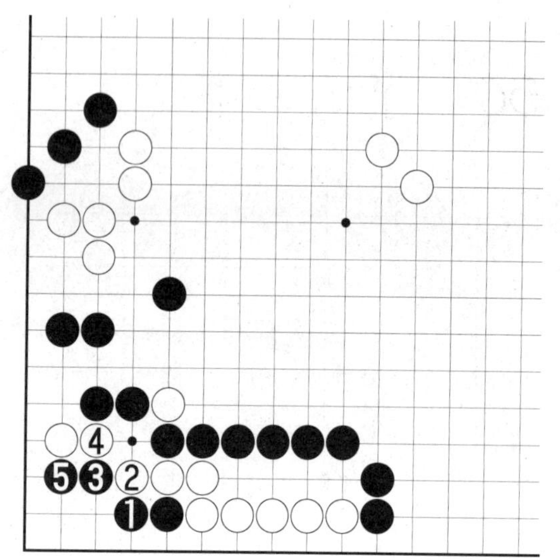

图 1　必然的交换

黑 1 至 5 是必然的交换，此时再想其他的变化。

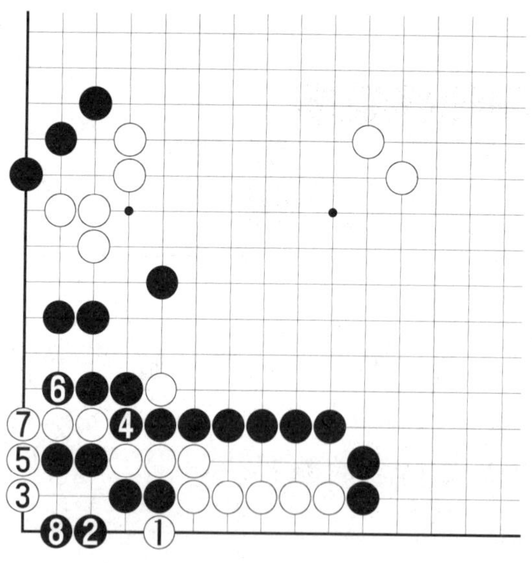

图 2　不正确的一手

白 1 扳不对，黑 2 虎后 4 断即把白全歼，至 8 白不行。

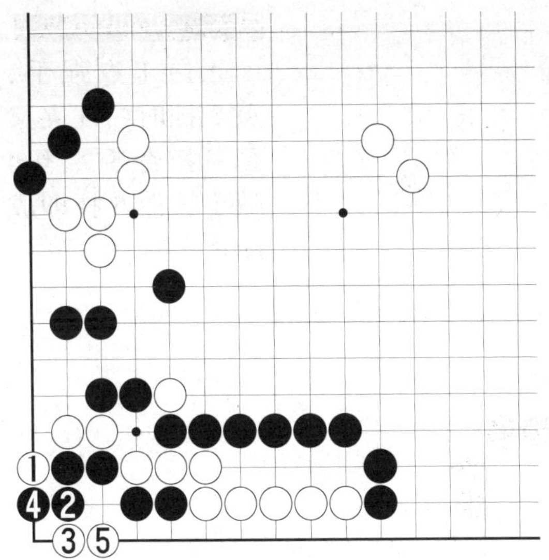

图3 不实在的应手

白1扳这边也不对，但黑2也不对，白3、5长即把黑棋给吃了。

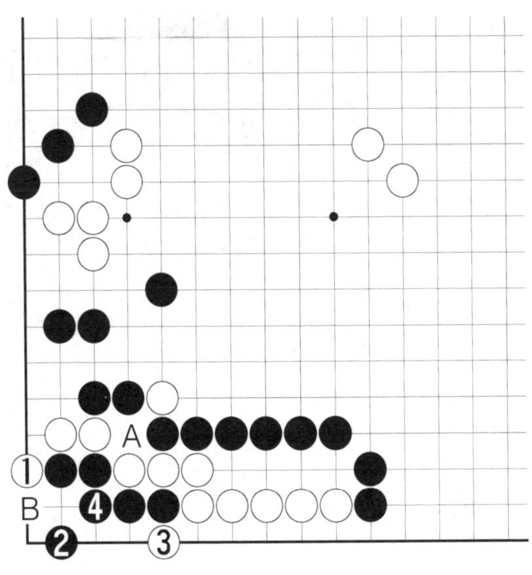

图4 正确的应手

黑2跳才是正着，白3则黑4粘，A和B见合，白全军覆没。

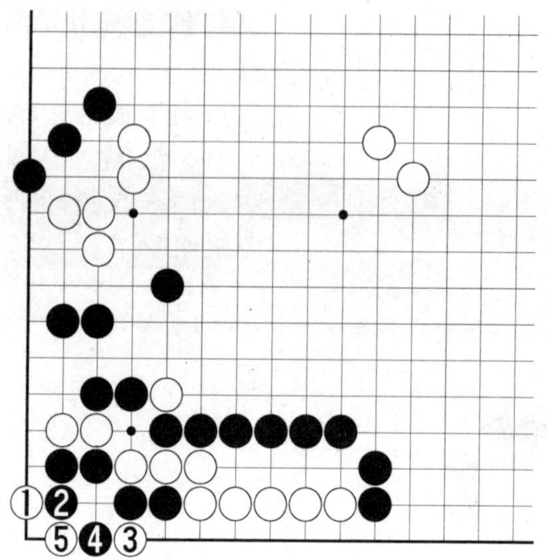

图5 无心的一手

白1点强手，黑2挡时白3夹又是一招奇手，黑4随手，白5扑即成劫杀。

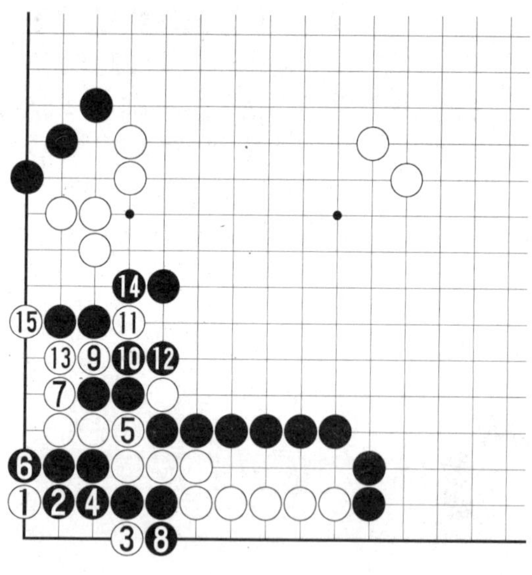

图6 安宁

白1、3强力冲击时黑4妙手一粘做活了黑角，但白9、11打后15扳也看见了活路。

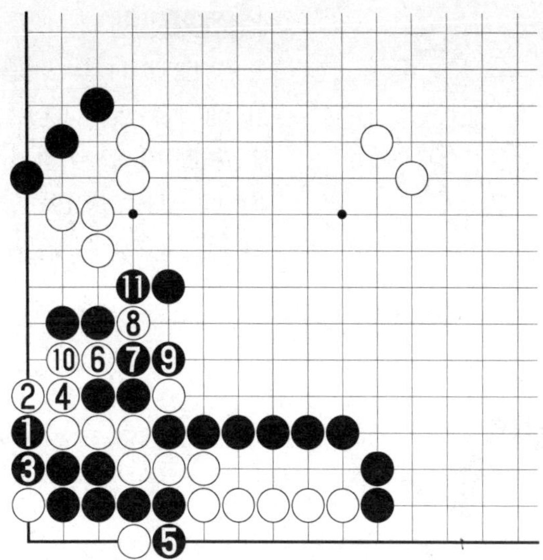

图 7　没有深算

图 6 黑 6 在 1 扳是好手，这时白 2 挡随手,5 之后白 6、8、10 则黑 11 打即可防住。

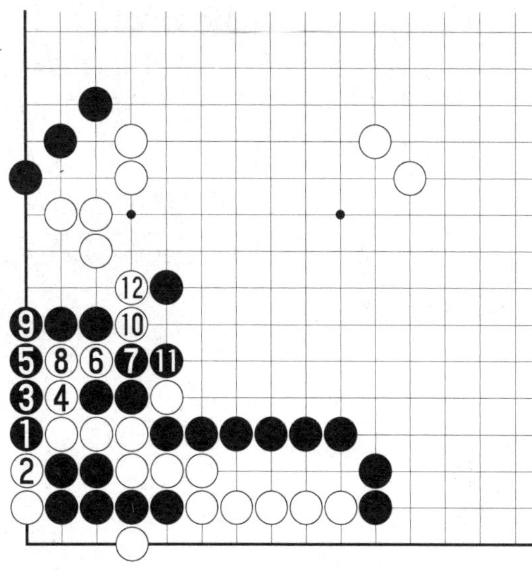

图 8　如实的下

上图黑 1 扳时白 2 扑如何？这时黑 3 长失误，反而被白 6、8 冲完打后 10、12给吃住。

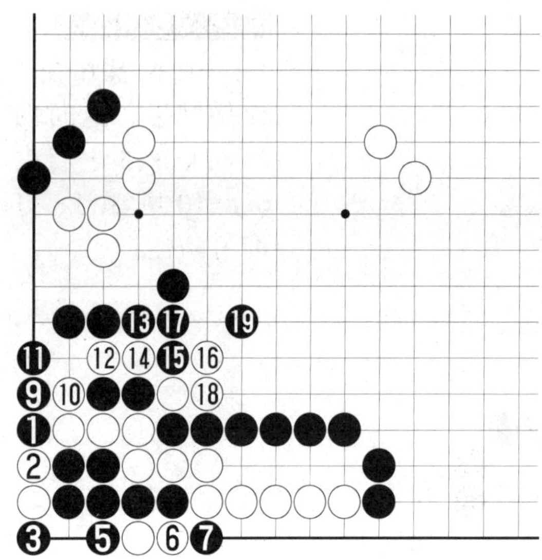

图 9　封锁

白 2 时黑 3 提正确，黑 5 打吃后 7 先提再于 9 跑，白 12 打时黑 13 长好手，至 19 白无路可逃。

④=②　⑧=⑥

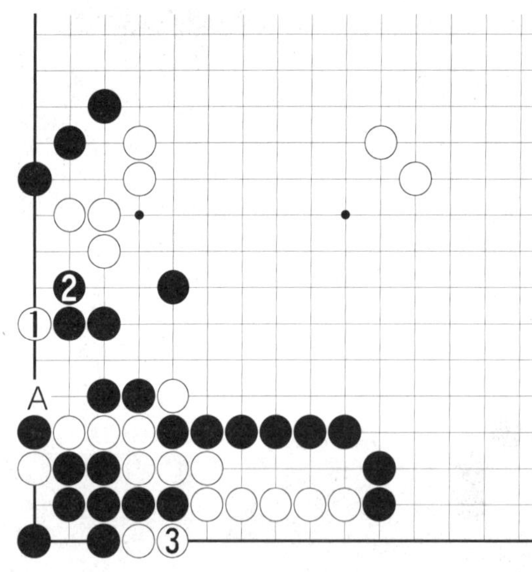

图 10　无味

图 9 白 6 如 1 托一路可谓奇手，为的是防止黑 A 跑出，黑 2 退无谋，白 3 送一子后黑无棋可下。

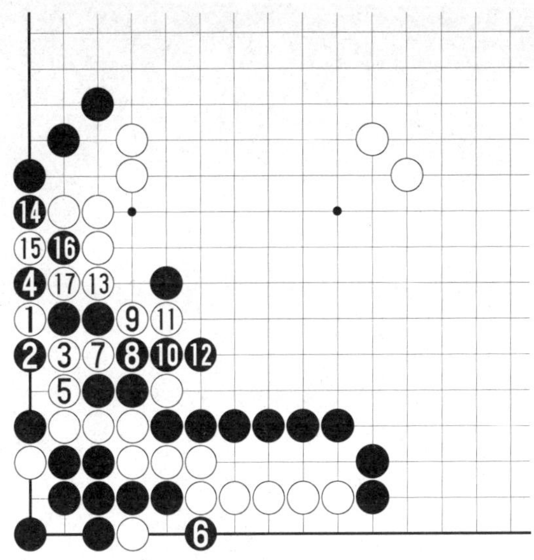

图 11 劫

白 1 托时黑 2、4 提一子是最强的应手，但 6 活角太急，白 7 打出后至 14 黑得渡过，白 15 扑后即成打劫。

❽=①　⑲=⑮

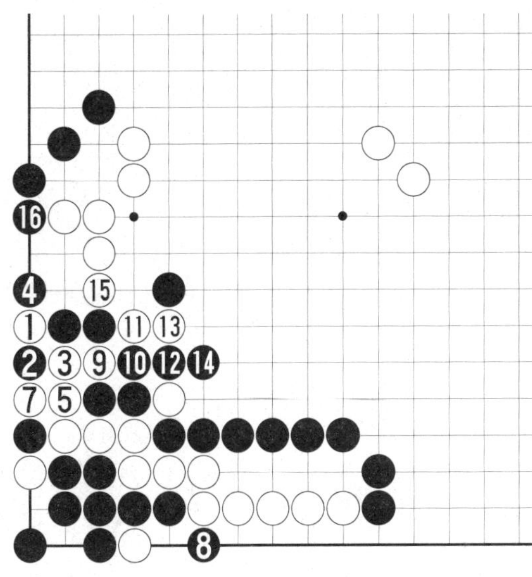

图12 正解

黑 6 单粘是绝妙的一手，白 7 只有提，黑 8 扳，此时白再 9 打出至 16 则白失去打劫的变化，白棋难逃一死。

❻=①